中國學術思想 研究輯刊

七 編

林 慶 彰 主編

第 11 冊

五禮名義考辨

吳 安 安 著

花木蘭文化出版社

國家圖書館出版品預行編目資料

五禮名義考辨／吳安安 著 — 初版 — 台北縣永和市：花木蘭
文化出版社，2010〔民 99〕

目 4+186 面；19×26 公分

（中國學術思想研究輯刊 七編；第 11 冊）

ISBN：978-986-254-170-8（精裝）

1. 五禮　2. 研究考訂

532　　　　　　　　　　　　　　　　　99002259

ISBN - 978-986-254-170-8

9 789862 541708

中國學術思想研究輯刊

七　編　第十一冊　　　　　　ISBN：978-986-254-170-8

五禮名義考辨

作　　者	吳安安
主　　編	林慶彰
總 編 輯	杜潔祥
出　　版	花木蘭文化出版社
發 行 所	花木蘭文化出版社
發 行 人	高小娟
聯絡地址	台北縣永和市中正路五九五號七樓之三
	電話：02-2923-1455／傳眞：02-2923-1452
網　　址	http://www.huamulan.tw 信箱 sut81518@ms59.hinet.net
印　　刷	普羅文化出版廣告事業
封面設計	劉開工作室
初　　版	2010 年 3 月
定　　價	七編 24 冊（精裝）新台幣 40,000 元

五禮名義考辨

吳安安　著

作者簡介

吳安安，國立臺灣師範大學國文研究所碩士、博士。現任新生醫護管理專科學校助理教授。長期致力於禮學思想的詮解及闡發，著有《五禮名義考辨》、《《儀禮》飲食品物研究》等書，近年尤其關注飲食、醫藥、婦女生活等相關議題，並曾發表多篇論文。

提　　要

　　《五禮名義考辨》，旨在探討「五禮」這個名詞的定義，及其形成原因。

　　「五禮」，是禮目的分類，在經學研究中，經常被用來對應儀制的類別；但是前人大多迻述為：吉禮、凶禮、賓禮、軍禮、嘉禮五個類目，迄至目前為止，幾乎沒有人對此一名詞的定義和訂定原因，做過系統、深入的研究與分析。以「五禮」的名義為探究主題，是想要以此作為敲門磚，期望藉由對禮制分類的了解，得以對禮的發展體系，建立初步的概念。

　　在進行研究探討時，有幾個發現：首先，「五禮」這個名詞，在先秦時期出現得並不頻繁，只有《尚書》的〈舜典〉、〈皋陶謨〉；《周禮》〈地官‧大司徒〉、〈地官‧保氏〉和〈春官‧小宗伯〉和《大戴禮記‧曾子天圓》，共計使用六次。而各篇經文本身，都沒有解釋「五禮」的意義。其次，一般來說都將「五禮」解釋為：吉禮、凶禮、賓禮、軍禮、嘉禮五項，吉、凶、賓、軍、嘉這個系列，目前最早的使用，是見於《周禮‧春官‧大宗伯》，然而大宗伯的職文中，並沒有「五禮」這個名詞。也就是說，「五禮」與吉、凶、賓、軍、嘉，未曾同時於同一篇章中出現；最早將此二者牽合在一起的，已是東漢的鄭眾、馬融、鄭玄等人。其三，在《尚書》之〈舜典〉、〈皋陶謨〉及《周禮‧地官‧大司徒》，都有與吉、凶、賓、軍、嘉相異的說解。譬如：鄭玄、賈公彥主張〈舜典〉的「修五禮」所修的是公、侯、伯、子、男之禮；對於〈皋陶謨〉，鄭玄、王肅、偽孔《傳》、孔穎達等人，有天子、諸侯、卿大夫、士、庶民；王、公、卿、大夫、士；公、侯、伯、子、男等，位階等級方面的解釋。至於〈地官‧大司徒〉，則有孫詒讓《周禮正義》，主張是大司徒十二教的祀禮、陽禮、陰禮、樂禮、儀禮。其四，「五禮」是戰國學者對於禮的分類方式，然而從先秦乃至於兩漢，禮的分類方法，大多十分簡約，僅有吉凶二分，或是概略的類名表述；唯有〈春官〉「五禮」的歸類，在當時算是較有系統的呈現。

　　禮經過長時期的發展，到周代時，無論是儀節的數量或程序都日趨繁複，為便於了解與施行，自然發展出分類的方式。因此，本論文在架構的安排上，也依循此一順序，由禮的起源開端，接著分析「五禮」的定義，進而由先秦兩漢禮的分類概況，探討〈春官〉「五禮」的訂定原因。

目次

第一章 緒 論

　　《五禮名義考辨》旨在探討「五禮」的意義，及其形成的背景和原因。
本章說明研究動機、研究方法、材料的取捨，與架構的安排。

第一節　研究動機

　　禮與人們的生活息息相關，可概分爲典章制度與禮儀兩方面。禮儀指社
會上一切與行爲舉止相關的規範。典章制度包含官爵、土地、稅賦、刑律、
朝覲、祭祀、喪葬、學校、養老等各種制度。由現存最早記載禮制的《周禮》、
《儀禮》、《禮記》觀察，其中包含典章制度、儀節程序、人際交往等等內容。
顯示當時禮制的體系，已發展得相當完整，且儀式之多，足以涵蓋生活中的
各個層面。

　　在禮學的範疇中，「五禮」是一個耳熟能詳的名詞，談到禮的類別，幾乎很
少有不提到它的。「五禮」是對於眾多禮儀的一種分類方式，周代重視禮治，禮
發展至此時，數量與儀節程序都日趨繁複，爲便於了解與施行，自然發展出分
類的方式。歷來學者針對禮，提出的分類方法很多，譬如漢代鄭玄引用劉向《別
錄》的標目，將《禮記》分爲通論、制度、喪服、祭祀、吉事、吉禮、明堂陰
陽記、明堂陰陽、世子法、子法、樂記，共十一類。宋代朱熹《儀禮經傳通解》
將《儀禮》分家禮、鄉禮、學禮、邦國、王朝、喪禮、祭禮七類。近人鄒昌林
《中國古禮研究》認爲《三禮》及《大戴禮記》所載之禮，依性質可區分爲人
生禮儀、生產禮儀、交接之禮、祭禮、凶禮、軍禮、其他等等，八、九十項。
〔註1〕但在禮學的範疇中，應用最廣泛的分類法，應屬「五禮」。

〔註1〕 鄒昌林：《中國古禮研究》，頁 155（臺北：文津出版社，大陸地區博士論文叢

　　雖然「五禮」的定義，眾所周知就是指吉禮、凶禮、賓禮、軍禮、嘉禮。然而，在對使用「五禮」一詞的篇章進行了解時，發現許多特殊現象。首先，前人之於「五禮」的解釋，不只一說。《尚書·舜典》與《尚書·皋陶謨》，都有不同的說解，有公、侯、伯、子、男五等之禮，或是天子至庶民之禮等主張。而孫詒讓於《周禮正義》認為《周禮·地官·大司徒》之「五禮」，並非吉、凶、賓、軍、嘉五類。其次，「五禮」與吉禮、凶禮、賓禮、軍禮、嘉禮的系列，從未在同一篇經文中出現，目前所知最早的將此二者牽合在一起者，已是東漢鄭眾、馬融、鄭玄。其三，吉、凶、賓、軍、嘉的組合為《周禮》之前所未有，且於同時期未發現他書使用此概念。基於對上述種種問題深感興趣，遂期望藉此論文作一釐清。

　　歷來對於「五禮」的詞意，多直接說解為吉禮、凶禮、賓禮、軍禮、嘉禮，較少涉及深入研究。實際上，「五禮」可供研究的範圍十分廣泛，除了本文述及的名詞定義、出現原因之外，吉、凶、賓、軍、嘉各禮之間的次第，或其個別意涵於歷代的沿革等等，諸如此類都可供研究，然而因涉及的課題範圍過廣，受時、力所限，以定義與出現為主，針對名詞本身進行研究，至於其他部分，尚待日後有機會完成。

第二節　研究方法

　　禮學素稱難治，其原因據黃侃〈禮學略說〉：

> 禮學所以難治，其故可約說也：一曰，古書殘缺；一曰，古制茫昧；
>
> 一曰，古文簡奧；一曰，異說紛賾。〔註2〕

書籍的亡佚、史料的不足，使得可供參考的資料不完全。又去古已遠，許多古代制度早已渺不可知，時間距離愈久所能知道的愈有限。《孟子·萬章》下：

> 北宮錡問曰：「周室班爵祿也，如之何？」孟子曰：「其詳不可得聞
>
> 也。諸侯惡其害己也，而皆去其籍。」〔註3〕

周代的制度，在戰國時就已經不為人所知，更何況是數千年後的現代。加以

　　　刊，1992 年 9 月初版）。

〔註2〕 黃侃：《黃侃論學雜著》，頁 444（臺北：學藝出版社，1969 年 5 月初版）。

〔註3〕 漢·趙岐注，宋·孫奭疏：《孟子注疏》卷十上，頁 177（臺北：藝文印書館，《十三經注疏 8 孟子》，嘉慶二十一年江西南昌學堂重刊宋本，1997 年 8 月初版十三刷）。

古文簡約、深奧難懂；歷代注家說解各異。此外，禮有儀文與動作兩方面，許多動儀無法確切的形諸文字。且部分文獻為作者寓寄個人理想之作，如《周禮》並非周代真實的國家制度，而是參考實際政治制度，加入作者理想而成的作品，與現實狀況不見得盡同。這種種因素，在在增加研究的困難度。

禮制的發展，是先有禮的精神，其後發展出具體的儀文制度，儀制漸繁，於是產生以類別區分的狀況。本論文順著禮制形成的次序，由先秦典籍的記載，配合文字學、考古學、社會學、民俗學、文化人類學等學科的研究成果，看禮的起源。接著自「五禮」出現的篇章，結合後人的注疏，說明名詞定義。之後探討先秦兩漢時人對禮的分類觀，並從字義、詞義應用兩方面，尋求《周禮・春官》吉禮、凶禮、賓禮、軍禮、嘉禮訂名的合理原因。

第三節　材料的取捨

「五禮」主要使用於《尚書》、《周禮》和《大戴禮記》，但是由於《周禮》曾經長期被秘密收藏，於西漢末年方重出於秘府；且從漢代開始，學者對經書進行注解，因此探討時間，以先秦與兩漢為主。

本文使用的材料，可分直接材料、間接材料，與周邊材料三方面。首先，直接材料，即先秦典籍中使用到「五禮」的篇章，以及由東漢到現代對此詞重要的相關注解。其次，間接材料，為先秦兩漢對禮制分類的相關學說。其三、周邊材料，包括與禮相關的社會科學，如文化人類學、民俗學等等。

戰國乃至於兩漢，五行說盛行，《周禮》中即有五行的觀念；「五禮」出現於戰國時期，其數為五，令人不禁聯想是否與五行相關。《尚書・洪範》中，〔註4〕即有素樸的五行思想。《呂氏春秋》也具有五行思想。五行說的特質，依照董仲舒《春秋繁露・五行相生》：

> 天地之氣，合而為一，分為陰陽，判為四時，列為五行。行者，行也，其行不同，故謂之五行。五行者，五官也，比相生而間相勝也。

〔註4〕　《尚書・洪範》：「一五行，一曰水，二曰火，三曰木，四曰金，五曰土。水曰潤下，火曰炎上，木曰曲直，金曰從革，土爰稼穡。潤下作鹹，炎上作苦，曲直作酸，從革作辛，稼穡作甘。」
漢・孔安國傳，唐・孔穎達等正義：《尚書正義》卷十二，頁169（臺北：藝文印書館，《十三經注疏1尚書》，嘉慶二十一年江西南昌學堂重刊宋本，1997年8月初版十三刷）。

〔註5〕

五行間的關係，相生相剋：木生火、火生土、土生金、金生水、水生木；木克土、土克水、水克火、火克金、金克木。至於「五禮」，吉禮屬祭祀；凶禮含喪荒；賓禮朝覲、會同；軍禮征戰、田獵；嘉禮婚冠、宴飲、較射。彼此間界限區隔清晰，無所謂的相生，更不會相勝，因此沒有「比相生而間相勝」的關係，且五者無必然的先後順序。再者，雖然《周禮・春官・大宗伯》以吉、凶、賓、軍、嘉的次第，序列「五禮」，然而學者敘說五禮時，並未採一定的模式，如《周禮・地官・大司徒》：「以五禮防萬民之偽而教之中。」〔註6〕鄭《注》：「鄭司農云：『五禮謂吉、凶、賓、軍、嘉。』」〔註7〕又《周禮・春官・小宗伯》：「掌五禮之禁令與其用等。」〔註8〕鄭《注》爲：「鄭司農云：『五禮，吉、凶、軍、賓、嘉。』」〔註9〕鄭眾或鄭玄敘述時，次序就不一致，有前後調換的現象。此外，未見當時有將「五禮」與「五行」對照的說法。戰國時，五行說爲流行的思潮，影響深遠，學者多將五行與各類事物相對應，今將《呂氏春秋》、《黃帝內經》的說法，及宋代胡士行《尚書詳解》對《尚書》五行的整理，繪製成下表：

表一、五行對應表

五行 ＼ 對應	木	火	土	金	水
四　時	春	夏	四季	秋	冬
四　德	元	亨	利	貞	
五　方	東左	南前	中央	西右	北後
五　帝	太昊	炎帝	黃帝	少昊	顓頊
五　神	句芒	祝融	后土	蓐收	玄冥
五　岳	岱	衡	嵩	華	恆

〔註5〕 漢・董仲舒：《春秋繁露》卷十三，頁212（臺北：臺灣商務印書館，國學基本叢書四百種，聚珍本，1968年3月臺一版）。

〔註6〕 漢・鄭玄注，唐・賈公彥疏：《周禮注疏》卷十，頁161（臺北：藝文印書館，《十三經注疏3周禮》，嘉慶二十一年江西南昌學堂重刊宋本，1997年8月初版十三刷）。

〔註7〕 同上註。
　　　 本論文，凡引書正文與注、疏接連引用，遇頁碼相同時，採「同上註」方式處理；頁碼不同時，才另作註腳，下皆類此。

〔註8〕 漢・鄭玄注，唐・賈公彥疏：《周禮注疏》卷十九，頁290。

〔註9〕 同上註。

五　音	角	徵	宮	商	羽
五　聲	呼	笑	歌	哭	呻
五　色	青	赤	黃	白	黑
五　味	酸	苦	甘	辛	鹹
五　常	仁	禮	信	義	智
五　臟	肝	心	脾	肺	腎
五祭先	脾	肺	心	肝	腎
五　事	貌	視	思	言	聽
天　干	甲乙	丙丁	戊己	庚辛	壬癸
五　蟲	鱗	羽	偶	毛	介
五　臭	羶	焦	香	腥	朽
五　數	八	七	五	九	六
五　祀	戶	灶	中霤	門	行
五　氣	風	暑	濕	燥	寒
五　時	平旦	日中	日西	日入	夜半
五　應	生	長	化	收	藏
五　腑	膽	小腸	胃	大腸	膀胱
五　體	筋	脈	肉	皮毛	骨
五　官	目	舌	口	鼻	耳
五　志	怒	喜	憂	悲	恐
五　脈	弦	洪	濡	浮	沈
五　穀	麥	菽	稷	麻	黍

　　五行與許多事物相應，卻從未曾看到有將「五禮」與之比附者，或許是因「五禮」與五行說為兩種不同的體系所形成，其數同為五，僅屬巧合。五行說與「五禮」的概念無關，因此不列入討論範疇。

第四節　架構的安排

　　本論文共分五章，結構如下：

第一章、〈緒論〉：說明研究動機、研究方法、材料的取捨，與架構的安排。

第二章、〈禮的起源〉：從宇宙觀、人性論、宗教崇拜、習俗四個方面，

　　　　探討禮形成的緣由。

第三章、〈五禮的定義〉:「五禮」主要使用於《尚書》的〈舜典〉、〈皋陶
　　　　謨〉,《周禮》的〈地官‧大司徒〉、〈地官‧保氏〉、〈春官‧小
　　　　宗伯〉,及《大戴禮記‧曾子天圓》;吉、凶、賓、軍、嘉的系
　　　　列,則出於《周禮‧春官‧大宗伯》,本章即據各篇內容,配合
　　　　歷代重要注解,探究「五禮」的涵義。

第四章、〈五禮出現的時代及其分類考〉:研判「五禮」出現的時間,並
　　　　據先秦兩漢禮的分類現象,分析《周禮‧春官》「五禮」訂名原
　　　　因。

第五章、〈結論〉:總結歸納各章所得論點。

　　誠如前文所言,禮的範圍極廣,牽涉的問題繁雜,初次寫作論文,必定
有許多闕漏之處,尚望師長們不吝指正。

第二章 禮的起源

第一節 前 言

　　禮的發展，是先有禮的精神，爾後約定出禮制，以表達內心的感受，因禮制的漸繁，於是有整理的工作出現，此爲一進化的自然趨向。

　　「禮」涵蓋的範疇廣闊，廣義的禮，即文化，包括人類一切活動；狹義的禮，主要是指生活中的儀制規範。其大者表現爲社會重大制度，其小者則是經過選擇的習慣和儀式。儀式的進行，表現於外者，由動作、容態、禮辭，及器物構成。職是之故，古人在談到「禮」時，所指意含有可能是禮理、禮制或禮儀等等，例如《論語・爲政》：

> 子張問：「十世可知也？」子曰：「殷因於夏禮，所損益，可知也；周
> 因於殷禮，所損益，可知也；其或繼周者，雖百世可知也。」〔註1〕

就意指文化的傳承。再如《孟子・告子》上：

> 仁義禮智，非由外鑠我也。〔註2〕

偏重的是道德層面的意義。類此所提及的禮，都不是針對禮制而言。禮制是禮的一部分，禮一旦成爲制度，就具有外在可見的形式，不再僅是內在的精神層次。《禮含文嘉》將禮分爲三，即禮理、禮事、禮名：

> 禮有三起，禮理起于大乙，禮事起于燧皇，禮名起于黃帝。〔註3〕

禮理是禮背後的理據；禮事是儀節；禮名是禮制的名稱。《禮含文嘉》是針對

〔註 1〕 魏・何晏等注，宋・邢昺疏：《論語注疏》卷二，頁 19（臺北：藝文印書館，《十三經注疏 8 論語》，嘉慶二十一年江西南昌學堂重刊宋本，1997 年 8 月）。

〔註 2〕 漢・趙岐注，宋、孫奭疏：《孟子注疏》卷十一上，頁 195。

〔註 3〕 清・黃奭：《黃氏逸書考》（二），頁 1708（日本、京都：中文出版社，影 1925 年王鑒據懷荃室藏板修補本，1986 年 10 月）。

禮的歷史起源而言。推斷先有原理，而後有行為，再後約定出名稱。並且確切的說出制定者為何人。黃侃〈禮學略說〉則說禮包含三個部分：

> 有禮之意，有禮之具，有禮之文。〔註4〕

禮意是行禮的原因及目的；禮具是行禮時的宮室、衣服、飲食、器用等等；禮文為儀節程序及各位階的施行程度。禮具和禮文，即表現於外者；禮意則是隱含於內者。黃侃所言，是對禮制的組成而言，有實際的動儀，也有內含的精神。二說皆顯現禮有精神與實際動作兩方面；人們藉由外在儀式、器物的呈現，表達內心的感受。由於禮的範圍廣大，不同的涵義，卻往往用相同的名詞——「禮」概括，這樣的情形，增加研究的困難度。

禮制經過長時期的發展，其確實的發生時間，判定不易。《管子·輕重》戊：

> 有虞之王，燒曾藪，斬群害，以為民利；封土為社，置木為閭，始民知有禮也。〔註5〕

說舜為民興利除害，建土神社廟，設置閭巷大門，從此開創了人們懂得禮儀的時代。至於《禮記正義》大題下：

> 譙周《古史考》云：「有聖人以火德王，造作鑽燧出火，教民熟食，人民大悅，號曰燧人。次有三姓乃至伏犧，制嫁娶以儷皮為禮，作琴瑟以為樂。」又《帝王世紀》云：「燧人氏沒，包犧氏代之。」以此言之，則嫁娶嘉禮始於伏犧也。……故熊氏云：「伊耆氏即神農也」。既云始諸飲食致敬鬼神，則祭祀吉禮起於神農也。又《史記》云：「黃帝與蚩尤戰於涿鹿」，則有軍禮也。《易·繫辭·黃帝九事章》云：「古者葬諸中野」，則有凶禮也。又《論語撰考》云：「軒知地利，九牧倡教。」既有九州之牧，當有朝聘，是賓禮也。若然自伏犧以後至黃帝，吉、凶、賓、軍、嘉五禮始具。〔註6〕

孔穎達就文獻記載歸納，說五禮並非在同一時期產生，嘉禮起於伏犧，吉禮起於神農，軍、凶、賓禮皆成於黃帝之時。劉師培《國學發微》：

> 虞舜修五禮，即後世吉、凶、軍、賓、嘉之禮也。伯夷典三禮，即

〔註4〕 黃侃：《黃侃論學雜著》，頁463。

〔註5〕 唐·房玄齡注：《管子》卷二十四，頁16（臺北：臺灣中華書局，聚珍仿宋四部備要子部，明吳郡趙氏本，1965年11月）。

〔註6〕 漢·鄭玄注，唐·孔穎達等正義：《禮記正義》卷一，頁5（臺北：藝文印書館，《十三經注疏5禮記》，嘉慶二十一年江西南昌學堂重刊宋本，1997年8月）。

後世天、地、人之禮也，則古禮造於唐虞。〔註7〕

以《尚書》為據，認為在舜時已五禮具備。陳剩勇則就良渚文化出土文物，認為夏代已有五禮。〔註8〕然而因史家說法的多樣性，以及考古資料的不足，實際上至今對於上古史所知仍非常有限，遑論時代更久遠前的傳說時代。禮制起源時間的探討實屬不易，因此略而不論。

關於禮的起源說法眾多，有源自天神、生於理義說、根於人性、起於治亂、或順乎民心等等。〔註9〕綜觀各說，可歸納為以下四類。

第二節　從宇宙論看禮的起源

從宇宙根源說明事物的道理，在先秦是常見的現象，尤其道家最是顯著，不過由於老莊反禮，因此相形之下，屬於雜家的《管子》，〔註10〕反而有較明顯的禮由道而生的主張。

一、禮依道而生

老莊沒有確切的談到禮的起源，對於禮，主要著眼於表達反對立場。《老子》的哲學以「道」為根柢，宇宙論也順此開展。認為宇宙的本源是「道」，第二十五章：

> 有物混成，先天地生。獨立而不改，周行而不殆，可以為天下母。
>
> 吾不知其名，字之曰道。強為之名曰大。〔註11〕

〔註7〕　劉師培：《國學發微》，頁2（臺北：廣文書局，1970年10月）。

〔註8〕　陳剩勇：〈「夏禮」初探〉，《孔孟月刊》第三十三卷、第四期，頁21（臺北：《孔孟月刊》，1994年12月28日）。

〔註9〕　劉澤華：《中國傳統政治思維》，頁363～370（吉林：吉林教育出版社，1991年10月）。

〔註10〕　《漢書・藝文志》將《管子》歸入道家，《隋書・經籍志》歸為法家。然而《管子》非成於一人一時一地之作，所包括的思想複雜。梁啟超《諸子考釋・漢書藝文志諸子略考釋》：「要之此書決非管仲所作，無待深辨。其中一小部分，當為春秋末年傳說，其大部分則戰國至漢初遞為增益，一種無系統的類書而已。〈志〉以入道家，殆因〈心術〉、〈內業〉等篇，其語有近老莊者；阮孝緒《七錄》以入法家，隋唐以下皆因之。實則援《呂氏春秋》例入雜家，或較適耳。」認為其內容實包含儒、墨、道、法等諸家學說之跡，因此歸入雜家較為適合，所言甚是。

梁啟超：《諸子考釋》，頁84（臺北：臺灣中華書局，1976年9月）。

〔註11〕　魏・王弼注：《老子》上篇，頁14（臺北：臺灣中華書局，聚珍仿宋四部備要

又第四十二章：

> 道生一，一生二，二生三，三生萬物。〔註12〕

「道」是宇宙根源的代稱，天地間的萬事萬物都是「道」化育而成。依循這個邏輯，禮是萬物中的一項，自然也是依道而生，緣道而成。但是《老子》中談到禮的篇章不多，在這些少量的文字中，沒有談到起源的部分，卻顯現其反對態度，第三十八章：

> 上德不德，是以有德；下德不失德，是以無德。上德無爲而無以爲；下德無爲而有以爲。上仁爲之而無以爲；上義爲之而有以爲。上禮爲之而莫之應，則攘臂而扔之。故失道而後德，失德而後仁，失仁而後義，失義而後禮。夫禮者，忠信之薄而亂之首。前識者，道之華而愚之始。是以大丈夫處其厚，不居其薄，處其實，不居其華。
>
> 故去彼取此。〔註13〕

禮區別人我，尊卑器用種種的不同，容易造成爭奪、嫉妒產生，因此是禍亂的開始。道家反禮，其目的在反對人爲的造作、虛僞與矯飾。《莊子》也有相同主張，如〈繕性〉：

> 禮樂徧行，則天下亂矣。〔註14〕

以同樣的理由反對禮。老莊崇尚自然，反對違反自然的人爲活動，主張無爲而治，停止對文明的追求，以期恢復原始自然的樸素與平衡，歸復原始生命形態和生存形式。

「道」於《管子》中，也具有宇宙根源的義涵，《管子·心術》上：

> 道也者，動不見其形，施不見其德，萬物皆以得，然莫知其極。
>
> 〔註15〕

《管子·內業》：

> 凡道，無根無莖，無葉無榮。萬物以生，萬物以成，命之曰道。
>
> 〔註16〕

　　子部，華亭張氏本，1965 年 11 月）。
〔註12〕魏·王弼注：《老子》下篇，頁5。
〔註13〕魏·王弼注：《老子》下篇，頁1。
〔註14〕晉·郭象注：《莊子》卷六，頁4（臺北：臺灣中華書局，聚珍仿宋四部備要子部，明世德堂本，1965 年 11 月）。
〔註15〕唐·房玄齡注：《管子》卷十三，頁6。
〔註16〕唐·房玄齡注：《管子》卷十六，頁7。

「道」不可見，廣大而無邊際，但卻生育長養宇宙間的所有事物，這其中自然也包含禮。《管子‧心術》上：

> 虛無、無形謂之道。化育萬物謂之德。君臣、父子、人間之事，謂之義。登降揖讓、貴賤有等、親疏之體，謂之禮。簡物小末一道，殺僇禁誅，謂之法。〔註17〕

《管子》由道、德，而談到義、禮、法。道是體，德是道的實際發用。義是指人倫關係；禮是將尊卑、上下、貴賤、親疏等各種不同關係制度化，使人我之間有等差秩序；法則用來禁絕不合宜的行為。《管子‧心術》上又言：

> 道在天地之間也，其大無外，其小無內，故曰不遠而難極也。……天之道，虛其無形。虛則不屈，無形則無所位赶，無所位赶，故徧流萬物而不變。德者道之舍，物得以生。生知得以職道之精。故德者得也，得也者，其謂所得以然也，以無為之謂道，舍之之謂德。故道之與德無間。故言之者不別也。間之理者，謂其所以舍也。義者，謂各處其宜也。禮者，因人之情，緣義之理，而為之節文者也。故禮者謂有理也，理也者，明分以諭義之意也。故禮出乎義，義出乎理，理因乎宜者也。法者所以同出，不得不然者也。故殺僇禁誅以一之也，故事督乎法，法出乎權，權出乎道。道也者，動不見其形，施不見其德，萬物皆以得，然莫知其極，故曰可以安而不可說也。〔註18〕

郭沫若《管子集校》：「原文當為『禮出於義，義出乎理，理因乎道。』『道』因形近誤為『宜』耳。此與下文『事督乎法，法出乎權，權出乎道。』同例。」〔註19〕宇宙間有一自然的秩序，這秩序能夠施行於各種環境，在人的社會中也是如此。如果人人各在其位、各安其分，秩序就不會被破壞，動亂也不致發生。禮本源於道，而具備「明分」的原則。可說道是根源，義、禮、法都是依道而生，為維護秩序而有的軌則，只不過由義而法，是愈發的具體化，以及更具強制性。另外於《管子‧樞言》說道：

> 人故相憎也，人之心悍，故為之法。法出于禮，禮出于治。治、禮，道也。萬物待治、禮而後定。〔註20〕

〔註17〕唐‧房玄齡注：《管子》卷十三，頁 2。
〔註18〕唐‧房玄齡注：《管子》卷十三，頁 3～4。
〔註19〕郭沫若：《管子集校》（一），頁 322（北京：人民出版社，《郭沫若全集‧歷史編》第五卷，1984 年 10 月）。
〔註20〕唐‧房玄齡注：《管子》卷四，頁 11。

此處說禮出於治，安井衡《管子纂詁》：「治以成物，禮以立等，故萬物待二者而後定。」〔註21〕將「治」解釋爲成物之理。郭沫若《管子集校》引何如璋《管子析疑》：「『治』乃『名』字，以形近而誤。觀上有『治者以其名』句，下有『故先王貴名』句，足證名者事物分別之名，道之出於實也。《論語》：『名不正則言不順，言不順則事不成』義同。」郭沫若認爲：「何說近之。然『治』與『辭』通，辭者，名之成條貫者也，與《論語》『言』字同義。」〔註22〕「治」即名理之義，是「名」的誤字。徐漢昌贊同此說，因而主張禮出於名者，表示禮之發生乃是由於正名實之需，法出於禮，是法亦出於正名。〔註23〕人和人之間彼此憎恨，因爲人心兇悍，所以必須建立制度以約束人的行爲。法與禮各是一種制度，禮是對於內在的感化，法是從外在的制約；其理皆出於道，萬事萬物須待制度形成後，方可得到正名、定位。理是指事物的道理與必然性，將禮視爲理，則禮是道理與必然性的體現。

二、禮理起於大一

　　道，又稱「大一」，因音近而作「大乙」；大音泰，於是又名「太一」、「泰一」。「大一」即「道」的同義詞，以大一爲宇宙論根源，並將其作爲事物的根據和基礎，在先秦不在少數。〔註24〕譬如，郭店楚簡〈大一生水〉：

> 大一生水，水反輔大一，是以成天。天反輔大一，是以成地。天地□□□也，是以成神明。神明復相輔也，是以成陰陽。陰陽復相輔也，是以成四時。四時復輔也，是以成滄熱。滄熱復相輔也，是以成溼燥。溼燥復相輔也，成歲而止。故歲者，溼燥之所生也。滄熱者。四時者，陰陽之所生。陰陽者，神明之所生也。神明者，天地之所生也。天地者，大一之所生也。是故大一藏於水，行於時，迿而或□□□□萬物母。〔註25〕

雖然在大一與天地之間，多了一道「大一藏於水」的程序，但並不妨礙大一

〔註21〕日‧安井衡：《管子纂詁》，卷四，頁17（臺北：河洛圖書出版社，1976年3月）。

〔註22〕郭沫若：《管子集校》（二），頁420。

〔註23〕徐漢昌：《管子思想研究》，頁161～162（臺北：臺灣學生書局，1990年6月）。

〔註24〕胡其德：〈太一與三一〉，《東方宗教研究》新三期，頁79（臺北：國立藝術學院傳統藝術研究中心，東方宗教討論會論集，1993年10月）。

〔註25〕荊門市博物館編：《郭店楚墓竹簡》，頁125（北京：文物出版社，1998年5月）。

生天地乃至於萬物的原理。

　　禮是萬物之一，也是順宇宙間的原理而成。之前提到《禮含文嘉》分別就禮理、禮事、禮名，說明禮的歷史發生程序，皇侃《禮記義疏》也有類似記載：

> 禮有三起，禮理起於太一，禮事起於遂皇，禮名起於黃帝。〔註26〕

兩段文字雷同，《禮含文嘉》作「禮理起于大乙」，〔註27〕可見「大乙」也作「太一」。對於此說，孔穎達的看法有些分歧，《禮記正義》大題下：

> 其禮理起於太一，其義通也。其禮事起於遂皇，禮名起於黃帝，其義乖也。且遂皇在伏犧之前，〈禮運〉燔黍捭豚在伏犧之後，何得以祭祀在遂皇之時。〔註28〕

孔穎達反對禮事起於遂皇的說法，但同意禮理起於大一。在《禮記‧禮運》：

> 是故夫禮必本於大一。分而爲天地，轉而爲陰陽，變而爲四時，列而爲鬼神。其降曰命，其官於天也。〔註29〕

孔《疏》：

> 必本於大一者，謂天地未分，混沌之元氣也。極大曰天，未分曰一，其氣既極大而未分，故曰大一也。禮理既與大一而齊，故制禮者用至善之大理以爲教本，是本於大一也。

禮理歸本於宇宙根源，循此理而有實際的儀式，後約定而成禮制名稱，似乎較符合邏輯順序。

三、小　結

　　「道」與「大一」是宇宙本源的代稱，萬事萬物皆依循「道」的理則生成，禮自然也不例外。禮理源自於宇宙的本源，順禮理而生的禮制，旨在使人明白自身所應謹守的分際，進而使社會秩序和諧。人們憑藉符合道的精神

〔註26〕此文見於孔穎達《禮記正義》引。清‧馬國翰《玉函山房輯佚書》所輯，南朝皇侃《禮記義疏》，未引此段。緯書《禮含文嘉》載有相同文字，清‧黃奭認爲皇侃或亦引自緯書。
　　　　皇氏之言，見漢‧鄭玄注，唐‧孔穎達等正義：《禮記正義》，頁10（臺北：藝文印書館，《十三經注疏 5 禮記》，嘉慶二十一年江西南昌學堂重刊宋本，1997年8月初版十三刷）。
　　　　黃奭之說，見清‧黃奭：《黃氏逸書考》（二），頁1708。
〔註27〕《禮含文嘉》：「禮有三起，禮理起于大乙，禮事起于燧皇，禮名起于黃帝。」清‧黃奭：《黃氏逸書考》（二），頁1708。
〔註28〕漢‧鄭玄注，唐‧孔穎達等正義：《禮記正義》，頁10。
〔註29〕漢‧鄭玄注，唐‧孔穎達等正義：《禮記正義》卷二十二，頁438。

的禮理，制定禮制，以建立秩序。老莊反禮，主要肇因於認爲禮制違反自然，對人造成制約；但是從老莊萬物皆生於道的哲理依據來看，禮理與禮制亦出於道，只因後天人爲的造就，使得禮成爲對人有害無益的事物，故而反對之。

第三節　從人性論看禮的起源

儒家重視禮的功能，強調人在社會中應盡的責任與義務，也循此解釋禮的源起。另外在《管子》也有同樣的記載。

一、禮本於人心

孔子和孟子並沒有明確的談到禮的起源，但由他們的學說，仍然可以推得其主張。《論語‧顏淵》：

> 顏淵問仁。子曰：「克己復禮爲仁。一日克己復禮，天下歸仁焉。爲
> 仁由己，而由人乎哉？」〔註30〕

由「克」與「復」二字，可見人原本是具備禮的，如此方能「歸復」。孔子的學說以「仁」爲本，禮依仁而生，內在於人心，久而放失；禮是仁的具體實踐，藉由自身的克制、改變，方可歸返內心仁德的境界。孟子將此說作了更具體的推擴，《孟子‧告子》上：

> 惻隱之心，人皆有之。羞惡之心，人皆有之。恭敬之心，人皆有之。
> 是非之心，人皆有之。惻隱之心，仁也；羞惡之心，義也；恭敬之
> 心，禮也；是非之心，智也。仁義禮智，非由外鑠我也，我固有之
> 也，弗思耳矣。〔註31〕

孟子主張性善；禮是四端之一，本來就存在於人心，不假外求，只因受外物牽引、蒙蔽，於是不知。在此，禮已偏重於道德意義。然而禮是由內而外的實踐，禮理內在於人，實際發用出來，就是有節度的行爲及禮制，可說是孔子思想的進一步發揮。

孔孟肯定人與人之間，存在著一種先天的上下、長幼、尊卑的等級秩序。此秩序根植於人心，若能喚醒這種普遍潛藏於人們內心的本性，使之成爲自覺行動，便可節制欲望的追求。主張藉助禮的疏導與教化，減少乃至消弭社

〔註30〕魏‧何晏等注，宋‧邢昺疏：《論語注疏》卷十二，頁106。
〔註31〕漢‧趙岐注，宋‧孫奭疏：《孟子注疏》卷十一上，頁195。

會混亂、協調人際關係，進而求得社會的和諧與穩定。

二、禮出於聖人

荀子重禮，明言禮的起源。《荀子·禮論篇》：

> 禮起於何也？曰：人生而有欲，欲而不得，則不能無求，求而無度
> 量分界，則不能不爭。爭則亂，亂則窮。先王惡其亂也，故制禮義
> 以分之，以養人之欲，給人之求，使欲必不窮乎物，物必不屈於欲，
> 兩者相持而長，是禮之所起也。〔註32〕

禮是聖人、先王惡人之亂，應社會需要而制定。物質有限，人的欲望無窮；
禮義的制作，是用來養人之欲、供人所求，使人們不致因爭奪，而使生活所
需匱乏，社會紛起暴亂。《荀子·性惡篇》則強調禮非人性之所本有，聖人也
是如此；之所以聖人能知禮制禮，完全是後天得來：

> 聖人積思慮，習偽故，以生禮義而起法度。然則禮義法度者，是生
> 於聖人之偽，非故生於人之性也。〔註33〕

《荀子·性惡篇》又說：

> 古者聖王以人之性惡，以爲偏險而不正，悖亂而不治；是以爲之起
> 禮義，制法度，以矯飾人之情性而正之，以擾化人之情性而導之也，
> 始皆出於治，合於道者也。……禮義者，聖人之所生也。〔註34〕

聖人因後天的積偽，於是能夠體天、知禮義，並制定禮儀法度。聖人以禮教
人，目的在導正人們的情性，使合於正道。

《管子》也有禮出於聖人之說，《管子·君臣》下：

> 古者未有君臣上下之別，未有夫婦妃匹之合，獸處群居，以力相征。
> 於是智者詐愚，強者凌弱，老弱孤獨，不得其所。故智者假眾力以
> 禁強虐，而暴人止。爲民興利除害，正民之德，而民師之。是故道
> 術德行，出於賢人。其從義理兆，形於民心，則民反道矣。名物處
> 違是非之分，則賞罰行矣。〔註35〕

秩序尚未建立的原始時期，人們相互爭奪傾軋，智者以眾人的力量爲後盾，

〔註32〕唐·楊倞注：《荀子》卷十三，頁1（臺北：臺灣中華書局，聚珍仿宋四部備
　　　　要子部，嘉善謝氏本，1965年11月）。
〔註33〕唐·楊倞注：《荀子》卷十七，頁3。
〔註34〕唐·楊倞注：《荀子》卷十七，頁2。
〔註35〕唐·房玄齡注：《管子》卷十一，頁1～2。

出而禁暴除惡，並倡導道術德行，使人們的言行符合正道。郭店楚墓竹簡〈性自命出〉：

> 詩、書、禮、樂其始出皆生於人。詩，有爲爲之也。書，有爲言之
> 也。禮、樂，有爲舉之也。聖人比其類而論會之，觀其之逐而逆訓
> 之，體其義而即之，理其情而出入之，然後復以教。教，所以生德
> 于中者也。禮，作於情，或𢾃之也，當事因方而制之。其先後之舍
> 則義道也。〔註36〕

則具體的將禮與詩、書、樂同列爲教材，期望藉由後天的教育，使得人在潛移默化之中，具備德行，懂得義理。

三、小　結

　　儒家推行禮的目的，在維持社會秩序，使人民生活安定。荀子與孔孟因學說著重點的不同，致使看法略異。孔孟傾向於自發性，主張禮本於人心，是從內而外的踐履實行；荀子則強調外在的制約，認爲禮並未內在於人，而是由聖人體天而作，因後天的教化，方可存在於人心，是由外而內的約束、改造。《管子》中包含儒家思想，因此有與《荀子》類似的觀點，都認爲禮制是由人爲制定而成。

第四節　從祭祀看禮的起源

　　原始先民的心目中，天地鬼神是在冥冥之中主宰萬物、干預人類意志的令人敬畏的力量。因此無論耕作、田獵、飲食、游樂，都須先敬鬼神，禮儀也就表現爲這種祭祀活動中的極其虔誠而莊嚴的儀式。在人類面對自然力的肆虐而感到無法認識與控制的時代，這種祭祀儀式所體現的，無疑是原始人類對自然的敬畏與崇拜。但隨著社會的發展與進步，人類對自然現象和各種社會關係的認識，不斷變化加深和豐富。於是，原始的畏懼心理，逐漸轉化爲對社會的約制、利用和改造的意識，先民們所創立的最初的禮儀，已遠不能適應日益複雜的各種現實關係，禮的內容便開始發生本質上的轉變，由禮敬不可知的力量，逐漸擴展到社會生活的各個層面，除了使人類在天地之間追求平衡與和諧之外，還開始和人際關係的平衡與調整相融合，然後衍化、

〔註36〕荊門市博物館編：《郭店楚墓竹簡》，頁179。

蛻變，進而滲透到社會、政治領域，形成一套有普遍參照意義的程式與規範，並成爲了中國倫理學的核心內容。〔註37〕

　　由殷商甲骨卜辭分析得知，殷代的祭祀活動繁多，以此可上推，可能早在遠古時期，禮的祭祀部分就已非常發達。《荀子・禮論》提到：

　　　　禮有三本：天地者，生之本也；先祖者，類之本也；君師者，治之本也。無天地，惡生？無先祖，惡出？無君師，惡治？三者偏亡焉無安人。故禮上事天，下事地，尊先祖而隆君師，是禮之三本也。〔註38〕

是以禮主敬，展現於敬天事祖以及人世間的尊敬長上；由禮敬天地鬼神，可知祭祀是禮之中相當重要的一環。

　　就字形觀察，「禮」字有祭祀的意義，依照許慎《說文解字・示部》的解釋：

　　　　禮，履也，所吕事神致福也。从示、从豊，豊亦聲。〔註39〕

禮是必須實行的，其功用爲祀神求福，段玉裁《注》：「禮有五經，莫重於祭，故禮字从示。」〔註40〕採用《禮記・祭統》經文，說明禮以祭禮最爲重要，因此以「示」爲部首。「禮」又从豊，《說文解字・豆部》：「豊，行禮之器也。从豆，象形。」〔註41〕豊是一種器型與豆相近的禮器，用來裝盛祭品。王國維《觀堂集林・釋禮》：

　　　　殷虛卜辭有豊字，其文曰：癸未卜貞礷豊。古玨、玨同字，卜辭玨字作玨、羊、羋三體。則豊即豊矣。又有珡字及琴字，珡、琴又一字。……此二字即小篆豊字所从之珡。……豊又其繁文，此諸字皆象二玉在器之形。古者行禮以玉，故《說文》曰：「豊，行禮之器。」其說古矣，惟許君不知玨字即玨字，故但以从豆象形解之。實則豊从玨在凵中，从豆乃會意字，而非象形字也。盛玉以奉神人之器謂之珡若豊。推之而奉神人之酒醴亦謂之醴，又推之而奉神人之事通謂之禮。〔註42〕

〔註37〕王琦珍：《禮與傳統文化》，頁4（南昌：江西高校出版社，中華文化通俗叢書，1994年6月）。

〔註38〕唐・楊倞注：《荀子》卷十三，頁3。

〔註39〕漢・許慎撰，清・段玉裁注：《說文解字注》卷一，頁2（臺北：天工書局，經韻樓臧版，1992年11月10日）。

〔註40〕同上註。

〔註41〕漢・許慎撰，清・段玉裁注：《說文解字注》卷九，頁208。

〔註42〕王國維：《觀堂集林》第一冊，頁290～291（北京：中華書局，1959年6月一版，1991年12月秦皇島五刷）。

由事神之器與事神之醴，推之一切事神之事皆爲禮。此外，又進一步說明「珏」是象徵祭物。古代以玉作爲祭器，這點可以從《周禮・春官・大宗伯》得到證明：「以玉作六器以禮天地四方，以蒼璧禮天，以黃琮禮地，以青圭禮東方，以赤璋禮南方，以白琥禮西方，以玄璜禮北方，皆有牲幣各放其器之色。」〔註43〕其實不必一定要由小篆字形解釋，「禮」字的甲骨文作「豐」、「豐」，〔註44〕即象禮器之形；古文作「祁」，〔註45〕象人在進行祭祀的儀式，雖不從豊，仍有祭義。小篆「禮」字造字者，以「示」、以「豊」會意祭儀，可能是想要以禮器、祭物，強調禮以祭祀爲重的意義。「示」有「神事」的意思，劉師培〈禮俗原始論〉據此認爲，古代禮制悉該於祭禮之中，凡行禮必先奉祀宗廟，故捨祭禮之外，無所謂禮制。〔註46〕「禮」以「示」、「豊」會意，可知造字之時，禮最重要的呈現，即在於祭祀天地神祇，但若因此而說所有的禮都源自於祭禮，未免有失偏頗。

求福避禍原是人類普遍的心理。原始崇拜的對象，有自然、生殖、鬼神、祖先崇拜等種類，其發生沒有一定的先後次序可言。

一、自然崇拜

大自然對人們的生活影響甚劇，先民受制於自然，畏懼其難以掌控的變化及力量，因此產生崇拜的心理。在初民的觀念中，上帝的權威極大，具有主宰的能力，至於日月星辰、水火風雨、社稷山川等自然界的事物或現象，也都有其個別的神祇，可以間接或直接的影響人類的生活。

自然物的崇拜，舉凡目力可見，如：日、月、星辰、山林、川澤、樹、石，都是古人祭祀的對象。《禮記・祭法》：

> 山林、川谷、丘陵，能出雲，爲風雨，見怪物，皆曰神。諸侯在其
> 地則祭之。〔註47〕

認爲自然物皆有神秘的力量，因此應祭拜之。以祭日爲例，從考古發掘的甲骨

〔註43〕漢・鄭玄注，唐・賈公彥疏：《周禮注疏》卷十八，頁 281～282。

〔註44〕李孝定：《甲骨文字集釋》第一，頁 49（臺北：中央研究院歷史語言研究所，中央研究院歷史語言研究所專刊之五十，1965 年 6 月）。

〔註45〕漢・許慎撰，清・段玉裁注：《說文解字注》卷一，頁 2。

〔註46〕劉師培：〈古政原始論〉，《中國現代學術經典・劉師培卷》，頁 697（河北：河北教育出版社，1996 年 8 月一版一刷）。

〔註47〕漢・鄭玄注，唐・孔穎達等正義：《禮記正義》卷四十六，頁 797。

卜辭觀察分析，遠古曾有相當繁複的祭日儀式，此因天體唯日為尊，萬物滋長必須仰賴陽光的普照。商周時期古蜀國的三星堆遺址，二號祭祀坑出土的太陽形器，似乎也說明當時蜀人有崇拜太陽的習俗。〔註48〕農業生活重視農業的發展，因此面對種種影響生產的自然變異，人們在無法解釋與左右時，只有殺牲設祭，以豐盛的祭品賄賂神明，以虔誠的祝禱求告上天，祈求在享用祭品後，能庇護生靈、消災弭難、風調雨順、五穀豐登、六畜興旺。〔註49〕周代的郊禮，依照《禮記》的記載，在進行郊祭前，要先占卜。《禮記‧郊特牲》：

> 卜郊，受命于祖廟，作龜于禰宮，尊祖親考之義也。〔註50〕

先祭祖廟，表示受命於祖先；用龜甲於禰廟進行占卜，確定郊禮的時間、用牲，都有尊敬祖先與親近先父的意義。郊禮的得名，是因其舉行地點。《禮記‧郊特牲》：

> 兆於南郊，就陽位也。掃地而祭，於其質也。器用陶匏，以象天地之性也。於郊，故謂之郊。牲用騂，尚赤也。用犢，貴誠也。郊之用辛也。〔註51〕

在國都的南郊舉行，掃乾淨地進行祭禮。用陶器裝盛祭物；周人尚赤，用毛皮是紅色的牛為祭牲。郊祭的目的有二，一是報答上天的恩德，並追念始祖。《禮記‧中庸》：

> 郊社之禮，所以事上帝也。〔註52〕

《禮記‧郊特牲》：

> 萬物本乎天，人本乎祖，此所以配上帝也。郊之祭也，大報本反始也。〔註53〕

另一是迎接冬至的到來。《禮記‧郊特牲》：

> 郊之祭也，迎長日之至也，大報天而主日也。〔註54〕

《禮記‧雜記》下：

> 孟獻子曰：「正月日至，〔註55〕可以有事於上帝。七月日至，可以有

〔註48〕四川省文物考古研究所：《商代蜀人秘寶——四川廣漢三星堆遺蹟》，頁 125（臺北：光復書局，中國考古文物之美3，1994年3月初版一刷）。
〔註49〕王琦珍：《禮與傳統文化》，頁54～55。
〔註50〕漢‧鄭玄注，唐‧孔穎達等正義：《禮記正義》卷二十六，頁498。
〔註51〕漢‧鄭玄注，唐‧孔穎達等正義：《禮記正義》卷二十六，頁497。
〔註52〕漢‧鄭玄注，唐‧孔穎達等正義：《禮記正義》卷五十二，頁887。
〔註53〕漢‧鄭玄注，唐‧孔穎達等正義：《禮記正義》卷二十六，頁500。
〔註54〕漢‧鄭玄注，唐‧孔穎達等正義：《禮記正義》卷二十六，頁497。

事於祖。」七月而禘，獻子爲之也。〔註56〕

《禮記·郊特牲》：「周之始郊，日以至。」〔註57〕周代最初舉行郊禮的日子，正是在冬至。冬至是一年當中日光時間最短的一天，之後白天逐漸變長。冬至以後的季候，按照《禮記·月令》：「陰陽爭，諸生蕩。」〔註58〕又：「芸始生，荔挺出，蚯蚓結，麋角解，水泉動。」〔註59〕表示萬物開始萌動，草木開始出芽。中國以農立國，迎接冬至的到來，重重報答天上眾神，或許正意味著爲即將來到的春耕，預做準備。

郊祭祭祀對象，以太陽爲主，另外也有配祀者。除前文所引《禮記·郊特牲》言：「大報天而主日也」外，〈曾子問〉也說道：

天無二日，士無二王，嘗、禘、郊、社，尊無二上。〔註60〕

可見郊祭兼及天上諸神，雖有合祭，但只有一個主祭對象，以祭上帝爲主。天體中，以日對萬物生長影響最大，因此以之作爲代表。郊祭很有可能是從祭日的儀式演變而來。

周人爲敬天或迎接冬至的到來，占卜確定舉行的時間、牲禮後，於國都南郊進行郊禮。郊禮以祭天爲其意義，以日爲其主祭對象。日人島邦男根據殷墟卜辭，認爲郊禮原是一種行於四方及地方，祈求上帝，賜予風調雨順、五穀豐登的禮。期望藉由祭祀上帝，燎祀於土，配祀之以河、岳及祖神，祈求豐收、寧雨、寧風、寧蟲、寧疾。至於事上帝、報天的說法，是出於受命及天道思想影響的解釋，此爲郊祭在時代意義上的變遷。〔註61〕

楊向奎根據《禮記·曲禮》上：「禮尚往來，往而不來，非禮也；來而不往，亦非禮也。」〔註62〕說禮具交易性質，報本返始，上天德厚於人，因此人必須要回報。〔註63〕人們順應天道賄賂神明的同時，也企圖借助祈求，讓

〔註55〕孟獻子是魯國大夫，提到應於正月冬至舉行郊祭。孔穎達《疏》：「周以十一月爲正其月」，周曆以十一月爲歲首，因此孟獻子所說的正月是十一月，時值冬季。漢·鄭玄注，唐·孔穎達等正義：《禮記正義》卷四十三，頁752。

〔註56〕漢·鄭玄注，唐·孔穎達等正義：《禮記正義》卷四十三，頁751～752。

〔註57〕漢·鄭玄注，唐·孔穎達等正義：《禮記正義》卷二十六，頁497。

〔註58〕漢·鄭玄注，唐·孔穎達等正義：《禮記正義》卷十七，頁346。

〔註59〕同上註。

〔註60〕漢·鄭玄注，唐·孔穎達等正義：《禮記正義》卷十八，頁367。

〔註61〕日·島邦男撰，溫天河、李壽林譯：《殷墟卜辭研究》，頁208～211（臺北：鼎文書局，中國學術類編，1975年12月初版）。

〔註62〕漢·鄭玄注，唐·孔穎達等正義：《禮記正義》卷一，頁15～16。

〔註63〕楊向奎：《宗周社會與禮樂文明》，頁258（北京：人民出版社，1997年11月

天地神明造福人類、庇佑生靈。

二、生殖崇拜

在機械力不發達的時代，人力是生產力與戰鬥力的主要來源，生育於焉成爲人生大事。爲求後代的繁盛，於是人們有求子的祭祀。一九七九年遼寧省西部紅山文化，東山嘴、牛河梁地區遺址中，發現陶塑婦女裸像。這些塑像對胸部、腹部、臀部等處作誇張處理，腹部隆起狀似懷孕。〔註 64〕似乎是一種對於女神，強調生殖能力的崇拜。珠江流域新石器時代遺址，如柳江、金蘭寺等處，發現陶祖，是對男性的生殖崇拜。原始的生殖崇拜到了商周時期，演變成爲以祭高禖爲主的求子祭祀。

高禖崇拜，可溯源到遠古時代，生命之神復活於春天的原始意識。〔註 65〕禖即媒，高禖又作「臯禖」、「郊禖」，〔註 66〕即媒神的意思。宋代羅泌認爲媒神即女媧，因創造人類，並爲人類建立婚姻制度，因而被視爲婚姻之神，受到祭祀。《路史・後紀二》：

> 太昊禱于神祇，而爲女婦正姓氏職昏，因通行媒以重萬民之判，是曰神媒……以其載媒，是以後世有國，是祀爲臯禖之神。〔註 67〕

另在「神媒」下，注引應劭《風俗通義》：

> 女媧禱祠，神祈而爲女媒，因置昏姻，行媒始此明矣。〔註 68〕

遠古神話說天地開闢時，還沒有人。女媧摶黃土爲人，並令男女婚媾，人類因而能夠繁衍。女媧因爲使男女相配合，於是成爲人類最早的媒人。

二版二刷）。

〔註 64〕遼寧省文物考古研究所：《文明曙光期祭祀遺珍——遼寧紅山文化壇廟冢》，頁 119（臺北：光復書局，中國考古文物之美 1，1994 年 6 月初版一刷）。

〔註 65〕王琦珍：《禮與傳統文化》，頁 67。

〔註 66〕王引之《經義述聞・禮記・高禖》：「高者，郊之借字。古聲高與郊同，故借高爲郊。《周官・載師》：『近郊之地』；『遠郊之地』，故書郊或爲蒿。杜子春云：『蒿讀爲郊。』文三年《左傳》：『取王官及郊。』《史記・秦本紀》郊作鄗。竝從高聲。高之爲郊，猶蒿與鄗之爲郊也。高誘注《呂氏春秋・仲春紀》曰：『《周禮》媒氏以仲春之月，合男女，因祭斯神於郊，謂之郊禖。郊音與高相近，故或言高禖。』此說是也。」
清・王引之：《經義述聞》卷十四，頁 546～547（臺北：臺灣商務印書館，國學基本叢書四百種，道光七年十二月京師壽藤書屋重刊，1968 年 3 月臺一版）。

〔註 67〕宋・羅泌：《路史》卷十一，《景印文淵閣四庫全書》第三百八十三冊，頁 383-83～383-85（臺北：臺灣商務印書館，1986 年 3 月初版）。

〔註 68〕同上註。

祭高禖的時間是春季的第二個月，目的在求子孫繁盛，《禮記・月令》：

> 仲春……是月也，玄鳥至。至之日，以大牢祠于高禖。天子親往，
> 后妃帥九嬪御。乃禮天子所御，帶以弓韣，援以弓矢，于高禖之前。
> 〔註69〕

記仲春二月，燕子飛回北方的那一天，天子與后妃帶領宮中所有嬪妃，獻牛、羊、豬三牲太牢禮，祭祀主婚嫁的禖神，禮敬懷有天子子嗣的女眷，祭祀於高禖神壇的盛況。《詩經・魯頌・閟宮》：「閟宮有侐，實實枚枚。」〔註70〕毛《傳》：「閟，閉也。先妣姜嫄之廟。在周常閉而無事，孟仲子曰：是禖宮也。」〔註71〕此詩記魯僖公修復宗廟，詩人為誇耀其功業，由周始祖后稷降生之神跡開始說起。凡廟無事則閉，閟宮是祭祀周始祖后稷母親姜嫄的廟，照孟仲子所言，也是行高禖祭典的地方。聞一多〈高唐神女傳說之分析〉認為，這首詩中所說的閟宮，就是高禖神廟。〔註72〕平常宮門深閉，但到了每年特定的時候，就會舉行隆重的儀式。按照《禮記・月令》，是指春季第二個月，燕子春暖後北返之日。候鳥歸返有一定的規律，時段前後相去不遠，但要確定是那一天卻不容易。不過這無關緊要，重要的是其象徵意義，所以只需指定某一個日子即可，古人遂將這天指定為春分。

以降生神話為例，可以發現祭祀高禖與生子之間，的確有密切的關係。殷始祖契，據說是因母親吞食燕子蛋而懷孕；也有記載是參加高禖之祀時受孕。《詩經・商頌・玄鳥》：

> 天命玄鳥，降而生商。〔註73〕

毛《傳》：「春分玄鳥降，湯之先祖有娀氏女簡狄配高辛氏帝，帝率與之祈于郊禖而生契。故本其為天所命，以玄鳥至而生焉。」〔註74〕為參加高禖之祀而受孕說。《史記・殷本紀》：

> 殷契，母曰簡狄。有娀氏之女，為帝嚳次妃。三人行浴，見玄鳥墮

〔註69〕漢・鄭玄注，唐・孔穎達等正義：《禮記正義》卷十五，頁299。

〔註70〕漢・毛公傳、鄭玄箋，唐・孔穎達等正義：《毛詩正義》卷二十二，頁776（臺北：藝文印書館，《十三經注疏 2 詩經》，嘉慶二十一年江西南昌學堂重刊宋本，1997年8月初版十三刷）。

〔註71〕同上註。

〔註72〕聞一多：《神話與詩》，頁98（臺中：藍燈文化事業股份有限公司，1975年9月30日）。

〔註73〕漢・毛公傳、鄭玄箋，唐・孔穎達等正義：《毛詩正義》卷二十之三，頁793。

〔註74〕同上註。

其卵，簡狄取吞之，因孕生契。〔註75〕

此因母親吞食燕子卵而懷孕之說。周始祖棄，則是母親參加高禖之祀，途中踩了巨人腳印，有感而成孕。《詩經·大雅·生民》：

克禋克祀，以弗無子。〔註76〕

毛《傳》：「弗，去也。去無子求有子，古者必立郊禖焉。」〔註77〕《史記·周本紀》：

姜原出野，見巨人跡，心忻然說，欲踐之。踐之而身動，如孕者。

居期而生子。〔註78〕

秦始祖大業，也是母親吃了燕子蛋而有孕。《史記·秦本紀》：

秦之先，帝顓頊之苗裔。孫曰女脩。女脩織，玄鳥隕卵。女脩吞之，

生子大業。〔註79〕

可注意這些神話的關鍵詞：燕子卵、高禖之祀。可見春天、祭高禖與生子，有極大的相關性。此外，這些始祖們一開始都是只知其母不知其父，有可能是以母為宗祖觀念的殘存痕跡，也是母系社會所子遺下來的蛛絲馬跡。而相類似的玄鳥降生傳說，顯示他們的祖先血緣或許極為接近，陳夢家就認為商與秦都是東夷之族。〔註80〕

中春之會，也和高禖之祀有關聯。《周禮·地官·媒氏》：

掌萬民之判。凡男女，自成名以上，皆書年月日名焉。令男三十而

娶，女二十而嫁。凡娶判妻入子者，皆書之。中春之月，令會男女。

於是時也，奔者不禁。若無故而不用令者罰之。〔註81〕

〔註75〕漢·司馬遷撰，日·瀧川資言考證：《史記會注考證》（一）卷三，頁196（臺北：天工書局，日本原刊本，1989年4月）。

〔註76〕漢·毛公傳、鄭玄箋，唐·孔穎達等正義：《毛詩正義》卷十七之一，頁587。

〔註77〕同上註。

〔註78〕漢·司馬遷撰，日·瀧川資言考證：《史記會注考證》（一）卷四，頁232。

〔註79〕漢·司馬遷撰，日·瀧川資言考證：《史記會注考證》（一）卷五，頁330。

〔註80〕陳夢家：〈佳夷考〉，《禹貢半月刊》第五卷第十期，頁292（北京：顧剛、馮家昇合編，《禹貢半月刊》，1936年7月16日出刊）。

根據《史記》的記載，〈殷本紀〉：「殷契，母曰簡狄。有娀氏之女，為帝嚳次妃。」〈周本紀〉：「周后稷名棄，其母有邰氏女，曰姜原。姜原為帝嚳元妃。」〈秦本紀〉：「秦之先，帝顓頊之苗裔。」可以發現殷與周皆出於帝嚳，秦為顓頊之後，三者有親族關係。與降生神話相參照，或許真的是血脈相同的分支。漢·司馬遷撰，日·瀧川資言考證：《史記會注考證》（一）卷三，頁196；卷四，頁232；卷五，頁330。

〔註81〕漢·鄭玄注，唐·賈公彥疏：《周禮注疏》卷十八，頁216～217。

古代陌生男女彼此之間，如果沒有媒聘關係，不可以隨便往來認識或互通姓名。《禮記・曲禮》上：「男女非有行媒，不相知名。」〔註82〕《禮記・坊記》也說：「男女無媒不交，無幣不相見。」〔註83〕不過在中春之會，男女可以自由認識，暫時停止這項限制。《周禮》爲參考西周實際制度寫成的著作，因此在相當大的程度上，反映當時狀態。在春秋時代，許多國家中春之月都會舉辦一年一度的聚會，地點往往固定，《墨子・明鬼》：「燕之有祖，當齊之社稷，宋之有桑林，楚之有雲夢也，此男女所屬而觀也。」〔註84〕燕國的祖澤，齊國的社稷，宋國的桑林，楚國的雲夢，皆爲祭禱的所在，也都是舉行男女聚會的地點。《詩經》中也有此類聚會的記載，如〈衛風・有狐〉：

> 有狐綏綏，在彼淇梁。心之憂矣，之子無裳。有狐綏綏，在彼淇厲，
> 心之憂矣，之子無帶。有狐綏綏，在彼淇側，心之憂矣，之子無服。
>
> 〔註85〕

沒有丈夫或妻子，就如同沒有衣裳、衣帶一樣的痛苦。《詩序》言：「有狐，刺時也。衛之男女失時，喪其妃耦焉。古者，國有凶荒則殺禮；而多昏會男女之無夫家者，所以育人民也。」〔註86〕寫實的記錄國家主政者爲失婚男女主辦活動，以幫助尋覓婚配對象。

中春之會就是在祀高禖之日，於高禖神廟附近舉行的男女社交活動。袁珂認爲，就性質宗旨來說，高禖之祀與中春之會，皆爲求子孫繁衍。未婚男女尋找對象，已婚婦女祈求子嗣。其次，從時間來看，祀高禖和中春之會同月，都是春季的第二個月舉辦。〔註87〕其三，地點方面，郭沫若說燕之祖、齊之社、宋國的桑林、楚國的雲夢，都是國家社廟的所在。楚社由宋玉的〈高唐賦〉、〈神女賦〉，敘述楚王於雲夢夢見巫山神女之事，即可得證。〔註88〕高唐神女爲楚人世奉的高禖神。〔註89〕聞一多認爲，這些地點就是祀高禖之地，

〔註82〕漢・鄭玄注，唐・孔穎達等正義：《禮記正義》卷一，頁17。

〔註83〕漢・鄭玄注，唐・孔穎達等正義：《禮記正義》卷十五，頁675。

〔註84〕清・孫詒讓：《墨子閒詁》卷八，頁207（臺北：華正書局，宣統庚戌重定本，1987年3月初版）。

〔註85〕漢・毛公傳、鄭玄箋，唐・孔穎達等正義：《毛詩正義》卷三之三，頁140。

〔註86〕同上註。

〔註87〕袁珂：《中國神話傳說》，頁147（臺北：里仁書局，1987年9月1日出版）。

〔註88〕郭沫若：〈釋祖妣〉，《郭沫若全集・考古編》第一卷，頁63（北京：新華書店，1982年9月一版一刷）。

〔註89〕張軍：《楚國神話原型研究》，頁27（臺北：文津出版社，大陸地區博士論文

也是舉行中春之會的所在。〔註90〕

　　高禖是掌握生育的神祇。高禖之祀，是一種祈求生殖力的祭祀，其初始可能只是器官象徵的崇拜，但隨著文明的進步，越趨人文化，有祭祀主神出現。先秦時期，各族間沒有統一的高禖，某族的先妣，也就是這一族的高禖，如閟宮即周人祀始祖后稷之母姜嫄的廟。先妣成為高禖崇拜對象，或許與氏族時期祖母主婚的職能有關。〔註91〕同時，也反映出母系社會只知有母不知有父的特殊現象，為了不得不交待子女之所從自，因而有種種不同的神話受孕說，於是成為中國古代諸多神話的主要來源之一。

三、鬼神崇拜

　　人類觀察自然界的變化，如風的強弱、雲的聚散、植物的生長、昆蟲的蛻變，投射到自己身上，發覺人的夢魘、癲癇及死亡等，也是一種變化。這個想法，促成了「複身」或「雙重人格」的觀念形成。以為人都有另一個身體，舉凡陰影、水中映像、夢境，都是複身的表現。複身就是所謂的「靈魂」，死後更別稱為「鬼魂」。鬼魂因脫離軀殼，於是比生時，更具有降禍賜福的能力。對於鬼魂的崇拜於焉產生，祖先崇拜就是其中最發達的一種。〔註92〕

　　由於靈魂不滅的觀念，因此對鬼不敢不加以崇奉祭祀。《論衡‧解除》：

　　　昔顓頊氏有子三人，生而皆亡。一居江水為虐鬼；一居若水為魍魎；
　　　一居歐隅之間，主疫病人。故歲終事畢，驅逐疫鬼，因以送陳迎新
　　　內吉也。〔註93〕

正因為相信鬼的存在，才有每到年終驅除厲鬼的活動。

　　周人祭祀祖先的行為，除了保留初民畏懼的心理與靈魂不滅的觀念外，由於當時文化發達的緣故，已將祖先祭祀融合於政教之中，並且表現出相當濃厚的追慕孝敬色彩。〔註94〕《國語‧魯語》上：

　　　叢刊，1994年1月初版）。
〔註90〕聞一多：《神話與詩》，頁98。
〔註91〕張軍：《楚國神話原型研究》，頁39～40。
〔註92〕林惠祥：《文化人類學》，頁302～306（臺北：臺灣商務印書館，1968年1月臺二版）。
〔註93〕漢‧王充：《論衡》卷二十五，頁6（臺北：臺灣中華書局，聚珍仿宋四部備要子部，明刻本，1965年11月臺一版）。
〔註94〕章師景明：《周代祖先祭祀制度》，頁6（臺北：國立臺灣大學中國文學研究所

> 夫聖王之制祀也，法施於民則祀之，以死勤事則祀之，以勞定國則
> 祀之，能禦大災則祀之，能扞大患則祀之。非是族也，不在祀典。
> 〔註95〕

對於宗族發展，有突出貢獻，像大禹治水除患有功於人民，或殷契、周文王德澤廣被百姓，涉及這類事功者，都會因後人追思緬懷，獲得奉祀。由「非是族也，不在祀典。」的設定條件，可知被祭者與祭祀者間，有著血緣關係。周人自天子以下，將祖先的祭祀與政教相配合，完全是一個祖先教的形態，也就是所謂的神道設教。〔註96〕其產生原因，可能是由於隨著氏族的繁衍，分支越來越多，於是人與人之間的親屬關係，也日漸淡薄，為聯繫同族人間的情感，於是形成祖先崇拜。祖先崇拜其實是家族血緣關係，在宗教觀念中的反映。順此發展，自然使祖先成為家族神。〔註97〕透過祭祀活動的舉行，可以提升家族成員的認同感，凝聚彼此的向心力。時至今日，人們仍保有祭祀列祖列宗的習慣。

　　依據考古研究發現，祖先崇拜的現象出現得相當早。距今一萬八千年前，舊石器時代晚期的山頂洞人遺址中，埋葬死者有一定的規範。在山頂洞人的下室裡，埋葬了一名年輕婦女、一名中年婦女和一名老年男子，屍骨上都撒有赤鐵礦紅色粉粒，隨葬品有燧石石器、石珠，及穿孔的獸牙等裝飾品，數量差別不大。此現象意味對氏族成員一視同仁，這是從氏族制度中產生出的行為規範表現。鮮紅的顏色象徵鮮血，代表靈魂不死。有意識的為死者放置隨葬品、裝飾品，和在屍體上撒上紅色礦石粉粒，說明山頂洞人對死亡及死者的未來，有某種聯想和思考，認為人死之後還會到另一個世界裡去，過著和人世間同樣的生活。山頂洞人對下室死者的安排，正是上室生者生活的寫照，顯示山頂洞人已有靈魂不滅的觀念。〔註98〕

　　初民相信靈魂有降禍賜福的能力，因而產生懼怕的心理，期望藉由物品的禮敬，得福免災。祖先崇拜即順此產生，人們認為祖先去世後，仍然會監

　　博士論文，1973年5月）。
〔註95〕吳・韋昭注：《國語》卷四，頁56（臺北：臺灣商務印書館，國學基本叢書四百種，重刊宋明道二年本，1968年12月臺一版）。
〔註96〕章師景明：《周代祖先祭祀制度》，頁10。
〔註97〕張鶴泉：《周代祭祀研究》，頁130（臺北：文津出版社，大陸地區博士論文叢刊，1993年5月初版）。
〔註98〕地球出版社編輯：《原始中國》（下）（中國文明史系列），（臺北：地球出版社，1991年9月1日一版），頁382。

視人世子孫的所作所爲，視情節輕重給予不同程序的賞罰，所以要供奉之。隨著時代的發展、文明的演進，才又賦與祭祖促進家族情感的社會功能。

四、小 結

崇拜的目的在避禍求福，同時也是人們對生活中不可知、無法掌握的現象，尋求心靈支持與安慰的途徑。祭祀發展至周代，仍然保留初民對大自然力量的畏懼、對子孫繁盛的祈求，以及對靈魂能力的害怕等，諸如此類的原始心理，但另外卻增加了繁複的儀節，及更多的人文精神、社會功能。

第五節　從習俗看禮的起源

禮是文明發生後的產物，雖然是由原始風俗、禮儀發展而來，但二者間仍然是有區別的。

關於禮的起源，正如探討其他事物或觀念的起源一樣，不能僅僅依靠漢字的字源學考釋來解決。如由甲骨文的「禮」字來看，「禮」字的取義，主要是在祭禮，這只能說明該字形產生時代所主要依據的情形，既不能排除在更古遠時代，「禮俗」的施行情形，也不一定可以涵蓋文字產生時，「禮」的各個層面。就周代發展的古禮體系，及人類學所了解的初民文化中的儀式、習俗來看，禮儀的原始發生，應可上溯到更爲古遠的時期。在當時，祭祀儀式可能尚未出現，或者祭祀儀式並不是整個儀式體系的主要內容，甚至還沒有開始使用文字。〔註99〕

一、俗的定義

俗就是習俗、習慣，許慎《說文解字》：「俗，習也。」〔註100〕人們在生活中每當遭遇到某些狀況，就依照這代代相傳的慣例，尋找應付的方式。俗有時可以解釋爲「風俗」，但在古人的觀念中，風與俗是有差別的。應劭《風俗通義·序》：

> 風者，天氣有寒煖，地形有險易；俗者，含血之類像之而生，水泉有美惡，草木有剛柔也。故言語歌謳異聲鼓舞之動作殊形，或直或

〔註99〕陳來：《古代宗教與倫理——儒家思想的根源》，頁239（北京：生活·讀書·新知三聯書店，三聯·哈佛燕京學術叢書，1996年3月北京一版一刷）。

〔註100〕漢·許慎撰，清·段玉裁注：《說文解字注》卷十五，頁376。

邪，或善或淫也。聖人作而均齊之，成歸於正，聖人廢則還其本俗。
〔註101〕

「風」是地理環境的差別，「俗」是因地理而產生的自然、人文變化。注意到習俗會受到外在因素影響，也有地域上的差異。元代李果《風俗通義・前序》：「上行下傚謂之風，眾心安定謂之俗。」〔註102〕認為在上位者對下民的教化，稱為「風」；在社會上廣泛流行，具有一定影響力的，稱為「俗」。《漢書・王貢兩龔鮑傳》說：

百里不同風，千里不同俗。〔註103〕

則是範圍大小之別。「風」與「俗」對舉，兩者的意義，部分能夠以「俗」概括，有時候卻又互有偏重。

張紫晨認為「俗」具有兩大要義，第一、習俗是創造、流行於民間，為民間所通行、傳習，因此有著全民性。第二、習就是指傳承習慣，大凡一種事象成為民俗，必定有一條件，即被人們共同傳承，在群眾生活中，被反覆遵照，無止境的重複出現。在立俗的初始，可能是不自覺的偶然出現，但一經傳布開來，就有長久性和多次反覆性，因而才構成慣俗。民俗以規律性的活動約束人們的行為和意識，此約束力並不仰賴法律、史書、科學、文化，而是倚靠心理信仰、傳襲力量、習慣勢力，大眾自覺尊崇，不敢逾越改變。〔註104〕

二、禮與俗的關係

禮與俗，二者的關聯密切，但彼此間仍有其區別界限。《周禮・地官・大司徒》所掌十二教，除了以「祀禮教敬」、「陽禮教讓」、「陰禮教親」之外，還有「以俗教安」。〔註105〕顯然將禮與俗，視為兩種不同性質。《禮記・曲禮》上：「教訓正俗，非禮不備。」〔註106〕《禮記・曲禮》下：「君子行禮，不求變俗。」

〔註101〕漢・應劭：《風俗通義》，頁4（臺北：中國子學名著集成編印基金會，中國子學名著集成（090），珍本初編、雜家子部，明刊白口十行本，1978年12月初版）。

〔註102〕漢・應劭：《風俗通義》，頁1。

〔註103〕漢・班固撰，唐・顏師古注：《漢書》（六）卷七十二，頁6（臺北：臺灣中華書局，聚珍仿宋四部備要史部，武英殿本，1965年11月臺一版）。

〔註104〕張紫晨：《中國民俗與民俗學》，頁39～40（臺北：南天書局，1995年8月初版一刷）。

〔註105〕漢・鄭玄注，唐・賈公彥疏：《周禮注疏》卷十，頁151。

〔註106〕漢・鄭玄注，唐・孔穎達等正義：《禮記正義》卷一，頁14。

〔註107〕《禮記‧大傳》:「百志成,故禮俗刑。禮俗刑然後樂。」〔註108〕禮、俗分立,說明俗和禮在當時的觀念中,已是截然不同的兩類事物。

俗與禮之間的關係,試條分縷析如下,以明其異同:

(一)風俗形成得比禮早,禮是習俗發展到一定階段的產物。

《管子‧侈靡》:

> 其小行之則俗也,久之則禮義。〔註109〕

俗有可能因長期施行,上升為禮制。禮有一部分可能來自於俗,譬如以婚禮為例,古代有搶婚的風氣,因此婚禮多趁天色漸暗、視線不明的黃昏時舉行,又有親友隨行以避免遭劫。再者人力即勞力,男方將女子娶走,意味著女方在某些程度上有所損失,因此,男方必須給予物資或金錢作為補償;或者女方欲考驗新郎的能力,因而會要求提出一定數量的物質作聘禮。演變到後世,風俗逐漸改變,但婚禮仍保留其原有的形式,如:黃昏舉行、有媵妾隨行、有納徵禮等程序,即為掠奪婚或買賣婚的遺俗。

(二)俗有地域性。

《禮記‧王制》:

> 凡居民材,必因天地寒煖燥濕,廣谷大川異制,民生其間者異俗,
>
> 剛柔輕重遲速異齊,五味異和,器械異制,衣服異宜。〔註110〕

習俗流行於民間,會因不同的生活環境,產生地域性的差異,如:中原地區束髮右衽,夷狄則披髮左衽、斷髮文身。《論語‧憲問》:「微管仲,吾其披髮左衽矣!」〔註111〕顯現中原與外族有部分習慣不一致。《禮記‧王制》說道:

> 東方曰夷,被髮文身,有不火食者矣;南方曰蠻,雕題交趾,有不
>
> 火食者矣;西方曰戎,被髮衣皮,有不粒食者矣;北方曰狄,衣羽
>
> 毛穴居,有不粒食者矣。〔註112〕

中原地區與周圍的異族蠻夷戎狄,因不一樣的氣候、地理條件,有相異的飲食習慣、居處方式。《墨子‧公孟》也記載:「昔者,越王句踐剪髮文身。」〔註113〕

〔註107〕漢‧鄭玄注,唐‧孔穎達等正義:《禮記正義》卷四,頁72。

〔註108〕漢‧鄭玄注,唐‧孔穎達等正義:《禮記正義》卷三十四,頁622。

〔註109〕唐‧房玄齡注:《管子》卷十二,頁17。

〔註110〕漢‧鄭玄注,唐‧孔穎達等正義:《禮記正義》卷十二,頁247。

〔註111〕魏‧何晏等注,宋‧邢昺疏:《論語注疏》卷十四,頁127。

〔註112〕漢‧鄭玄注,唐‧孔穎達等正義:《禮記正義》卷十二,頁247～248。

〔註113〕清‧孫詒讓:《墨子閒詁》卷十二,頁415。

吳越之人剪髮，並紋飾身體，與中國「身體髮膚受之父母，不敢毀傷，孝之始也。」蓄留全髮的概念互異。同樣的，禮於各地可能因制度不同而有差異，如成年禮，有拔齒〔註114〕、群毆、能力考驗、加冠等不同的形式。

（三）俗與禮的精神不相牴觸時，通常都能得到官方認可和尊重。

《禮記·王制》：

> 脩其教，不易其俗，齊其政，不易其宜。〔註115〕

主張施政時，不輕易改易各地的風俗習慣。《禮記·曲禮》上：「禮從宜，使從俗。」〔註116〕又：「入國而問俗」〔註117〕，也強調尊重當地習俗的重要性。

（四）俗與禮都有穩固性。

俗是習慣，因而可長久施行，譬如節慶活動、民間信仰等等，多數都行之久遠。以端午爲例，五月五日端午節，是夏季中最重要的節日。仲夏暑熱，正是疫癘流行的時節，俗稱「惡月」。五月的禁忌很多，依照《太平御覽》引《荊楚歲時記》：

> 是月，俗忌蓋屋及曝薦席。〔註118〕

下注又引應劭《風俗通義》：「五月蓋屋，令人頭禿。」〔註119〕可能是因日光過於強烈，因此不利於從事戶外活動；惡氣旺盛，也不適合曬床墊、被褥。五月五日爲惡日之尤，《史記·孟嘗君列傳》記孟嘗君生於五月五日，父親田嬰因爲聽說：「五月子者，長與戶齊，將不利其父母。」〔註120〕相信這一天出生的男孩，長大會剋父，因此不准他的母親養育他。端午節的習俗，據《大戴禮記·夏小正》：「蓄蘭，爲沐浴也。」〔註121〕沐浴的目的在清潔，祛除毒

〔註114〕拔齒習俗分布廣泛，據考古發掘，不分男女都很年輕，大約是少年期至青年期之間施行。形成原因很多，其中之一可能是成年儀式。

連照美：〈臺灣史前時代拔齒習俗之研究〉，《國立臺灣大學文史哲學報》第三十五期，頁228～230。

〔註115〕漢·鄭玄注，唐·孔穎達等正義：《禮記正義》卷十二，頁247。

〔註116〕漢·鄭玄注，唐·孔穎達等正義：《禮記正義》卷一，頁13。

〔註117〕漢·鄭玄注，唐·孔穎達等正義：《禮記正義》卷三，頁59。

〔註118〕宋·李昉等奉敕撰：《太平御覽》第一冊卷三十一，頁275（臺北：臺灣商務印書館，上海涵芬樓影印中華學藝社借照日本帝室圖書寮京都東福寺東京岩崎氏靜嘉堂文庫藏宋刊本，1992年1月臺一版六刷）。

〔註119〕同上註。

〔註120〕漢·司馬遷撰，日·瀧川資言考證：《史記會注考證》（五）卷七十五，頁4012。

〔註121〕清·王聘珍：《大戴禮記解詁》卷二，頁39（北京：中華書局，十三經清

氣。在此期間，一切以安靜養息爲原則，《禮記‧月令》：

> 是月也，日長至。陰陽爭，死生分。君子齊戒，處必掩身，毋躁；
> 止聲色，毋或進；薄滋味，毋致和；節者欲，定心氣。〔註122〕

因爲氣候的炎熱，情緒容易浮躁，必須多加留意，並且飲食以清淡爲宜。此外，《太平御覽》引《荊楚歲時記》：

> 五月五日，荊楚人並蹋百草，將艾以爲人，懸門户上以攘毒氣。

〔註123〕

又引司馬彪《續漢書》：

> 五月五日，朱索五色桃印，爲門户飾，以止惡氣也。〔註124〕

不同的時、地，有不一樣的過節方式，然而一致的是，對於毒濁之氣的抵除。這樣的觀念綿延數千年，至今許多端午習俗，仍舊有攘毒避疫的成分。至於禮，在長時間實施後，其精神大多仍有跡可循，《論語‧爲政》：

> 子張問：「十世可知也？」子曰：「殷因於夏禮，所損益，可知也；周
> 因於殷禮，所損益，可知也；其或繼周者，雖百世可知也。」〔註125〕

禮是由風俗中那些與社會、民生關係較大、具重大意義的部分延伸而來，如出生、家庭教育、學校教育、冠笄、婚姻、賓客、養老、祭祀、喪葬等。禮相當於制度，有教化功能，《孝經‧廣要道章》：

> 移風易俗，莫善於樂；安上治民，莫善於禮。〔註126〕

禮常作治民、安民之用。所以有必要也有可能在廣大地區採取同一法式，並於長時間內保持其穩定性。〔註127〕《禮記‧王制》：

> 命典禮，考時月，定日，同律、禮、樂、制度、衣服，正之。山川
> 神祇有不舉者爲不敬，不敬者君削以地；宗廟有不順者爲不孝，不
> 孝者君絀以爵；變禮易樂者爲不從，不從者君流；革制度衣服爲畔，

　　　人注疏，清光緒十三年廣雅書局刻本，1983 年 3 月一版，1992 年 1 月三刷）。

〔註122〕漢‧鄭玄注，唐‧孔穎達等正義：《禮記正義》卷十六，頁 317～318。

〔註123〕宋‧李昉等奉敕撰：《太平御覽》第一冊卷三十一，頁 275。

〔註124〕同上註。

〔註125〕魏‧何晏等注，宋‧邢昺疏：《論語注疏》卷十二，頁 17。

〔註126〕唐‧玄宗注，宋‧邢昺疏：《孝經注疏》卷六，頁 43（臺北：藝文印書館，《十三經注疏 8 孝經》，嘉慶二十一年江西南昌學堂重刊宋本，1997 年 8 月初版十三刷）。

〔註127〕常金倉：《周代禮俗研究》，頁 8～9（臺北：文津出版社，大陸地區博士論文叢刊，1993 年 2 月初版）。

　　畔者君討。〔註128〕

隨意改變禮制的人，被視為有二心、不從君命，是可以施以懲戒的。風俗習慣也是一種行為規範，如果某社會成員不依照這些法則，就會被視為離經叛道，而遭受輿論壓力。

　　人們長久遵行習俗，形成生活中不可或缺的一部分；俗長期積累而成規制，或經官方明令制定則成為禮。質言之，禮往往架構於俗的基礎上，所以楊寬〈冠禮新探〉：

> 「禮」的起源很早，遠在原始氏族公社中，人們已經慣於把重要行動加上特殊的禮儀。原始人常以具有象徵意義的物品，連同一系列的象徵性動作，構成種種儀式，用來表達自己的感情和願望。這些禮儀，不僅長期成為社會生活的傳統習慣，而且常被用作維護社會秩序、鞏固社會組織和加強部落之間聯繫的手段。進入階級社會後，許多禮儀還被大家沿用著，其中部分禮儀往往被統治階級所利用和改變，作為鞏固統治階層內部組織和統治人民的一種手段。我國西周以後貴族所推行的「周禮」，就是屬於這樣的性質。〔註129〕

禮起源於傳統習慣，這些習慣是氏族成員自覺遵守的規範。在社會組織、政治型態改變後，其中某些習慣被加以改變與發展，逐漸形成各種禮，以維護宗法制度和秩序。以有古遠淵源的「冠禮」為例，是由遠古社會的「成丁禮」而來。人類學家在許多原始族群中，都看到「成年禮」的普遍施行。氏族中的男女在進入青春期時，必須舉行成年禮，一般在一到數年間，由首領安排接受一定形式的考驗，在這些考驗中接受毅力、勇氣等的鍛鍊，以求具備部族成員的正式資格。就這方面來看，周代的冠禮具有與成年禮相同的特徵。

三、由俗成禮的舉例

　　由俗發展而成的禮，例證多如繁星，在此舉婚禮為例。婚禮是常行常見禮之一，關於它的起源，《禮記正義・序》：

> 譙周《古史考》云：「有聖人以火德王，造作鑽燧出火，教民熟食，人民大悅，號曰遂人。次有三姓，乃至伏犧，制嫁娶以儷皮為禮，作琴瑟以為樂。」又《帝王世紀》云：「燧人氏沒，包犧氏代之。」

〔註128〕漢・鄭玄注，唐・孔穎達等正義：《禮記正義》卷十一，頁226。
〔註129〕楊寬：《古史新探》，頁234（出版地、出版處不詳）。

以此言之，則嫁娶嘉禮，始於伏犧也。〔註130〕

孔穎達引《古史考》，認為婚儀制定於伏犧氏的時候，規定以鹿皮作為聘禮。遠古時期的實際狀況，如今難以確證，但由學者的溯及至傳說時代，可見婚制形成已久，人們長期施行，其源頭卻早已渺不可知。

周代的婚禮，其中尚保存了一部分的原始遺跡，譬如在晚上舉行親迎之禮與媒妁之言，都是非常明顯的例子。

（一）親迎呈現掠奪婚的遺俗

「親迎」是六禮之一，由周代親迎的時間及方式，可以看出掠奪婚的痕跡。

掠奪婚是男子不待女子自身及其親族同意，竟用武力奪取為妻的風俗；所掠奪來的女子，或屬己族或為異族。〔註131〕《周易》中仍有類似情況的記載，如《周易·上經·屯》：

六二，屯如邅如，乘馬班如，匪寇婚媾，女子貞不字，十年乃字。……

上六，乘馬班如，泣血漣如。〔註132〕

又如〈上經·賁〉：

六四，賁如皤如，白馬翰如，匪寇婚媾。〔註133〕

都是描寫女子被劫，在馬上傷心哭泣的情景。

為了方便搶奪，因此必須趁天色昏暗，人們精神疲憊的時候進行；這個風俗在往後演變成固定的禮制時，仍然被留存下來。「婚禮」古作「昏禮」；「昏」又作「昬」，是因舉行的時間而得名。據賈公彥《儀禮注疏》於〈士昏禮〉大題下，引鄭玄《三禮目錄·儀禮目錄》：

士娶妻之禮，以昏為期，因而名焉。必以昏者，陽往而陰來，日入三商為昏。〔註134〕

可知周代的親迎，大多在太陽下山後的三刻鐘開始進行。另就形制來說，《儀

〔註130〕漢·鄭玄注，唐·孔穎達等正義：《禮記正義》卷一，頁10。

〔註131〕林惠祥：《文化人類學》，頁191。

〔註132〕魏·王弼、韓康伯注，唐·孔穎達等正義：《周易正義》卷一，頁22（臺北：藝文印書館，《十三經注疏1周易》，嘉慶二十一年江西南昌學堂重刊宋本，1997年8月初版十三刷）。

〔註133〕魏·王弼、韓康伯注，唐·孔穎達等正義：《周易正義》卷三，頁63。

〔註134〕漢·鄭玄注，唐·賈公彥疏：《儀禮注疏》卷四，頁39（臺北：藝文印書館，《十三經注疏4儀禮》，嘉慶二十一年江西南昌學堂重刊宋本，1997年8月初版十三刷）。

禮·士昏禮》：

> 主人爵弁、纁裳、緇袘。從者畢玄端。乘墨車，從車二乘，執燭前
> 馬。婦車亦如之，有裧。〔註135〕

「執燭」，可見是視線不明的時候；用帷幕將新娘遮住，可能是爲掩護行動，或方便控制女子的殘存痕跡。至於《禮記·曾子問》：

> 孔子曰：「嫁女之家，三夜不息燭，思相離也；取婦之家，三日不舉
> 樂，思嗣親也。」〔註136〕

儒家由骨肉分離、世代交替的人情的觀點，解釋禮制。然而從另一個角度來看，也許是女家擔憂被奪的親人，徹夜不眠；男家恐女方來犯，因此隱密不用樂。〔註137〕《禮記·郊特牲》：「昏禮不用樂，幽陰之義也；樂，陽氣也。昏禮不賀，人之序也。」〔註138〕其原意或許亦如此。

自搶婚的習俗，發展到固定的婚禮制度，其初始的武力掠奪精神已然改變，唯有部分形式仍舊保存。

（二）媒妁之言

媒妁是謀合、斟酌的意思；媒妁之言，就是指經由介紹人促成婚姻的方式。雖然現代男女交往自由，多數是戀愛結婚，媒妁之言已非婚姻之要件，但婚禮舉行時，仍多會安排介紹人這個角色。

周代在婚禮舉行前，有行媒的習俗，《詩經·衛風·氓》：

> 氓之蚩蚩，抱布貿絲。匪來貿絲，來即我謀。送子涉淇，至于頓丘。
> 匪我愆期，子無良媒。將子無怒，秋以爲期。〔註139〕

詩中的女子雖已許諾男子的求婚，但仍要求請媒人登門提親。《詩經·齊風·南山》：

> 蓺麻如之何？衡從其畝；取妻如之何？必告父母。既曰告止，曷又
> 鞠止。析薪如之何？匪斧不克；取妻如之何？匪媒不得。既曰得止，
> 曷又極止。〔註140〕

〔註135〕漢·鄭玄注，唐·賈公彥疏：《儀禮注疏》卷四，頁43～44。
〔註136〕漢·鄭玄注，唐·孔穎達等正義：《禮記正義》卷十八，頁365。
〔註137〕陳顧遠：《中國婚姻史》，頁79（臺北：臺灣商務印書館，1978年11月臺五版）。
〔註138〕漢·鄭玄注，唐·孔穎達等正義：《禮記正義》卷二十六，頁506。
〔註139〕漢·毛公傳、鄭玄箋，唐·孔穎達等正義：《毛詩正義》卷三之三，頁134。
〔註140〕漢·毛公傳、鄭玄箋，唐·孔穎達等正義：《毛詩正義》卷五之二，頁196～197。

由此可知，父母之命和媒妁之言，是結婚前的兩項必備條件。《詩經・豳風・伐柯》也提到：

> 伐柯如何？匪斧不克。取妻如何？匪媒不得。
>
> 伐柯伐柯，其則不遠。我覯之子，籩豆有踐。〔註141〕

無良媒非禮，憑媒說合的風俗，東起黃河下游濱海的齊國，西至黃河上游陝西的豳地，甚至黃河中游富庶的鄭衛之地，男女戀愛成風，戀愛成熟後仍須挽請媒人說親，可見當時男女婚嫁，的確必須經過「媒妁之言」這道程序，所以「取妻如何？匪媒不得。」才會成為當時流行的習語。〔註142〕

沒有經由媒妁而私自成婚，通常會被看輕，特別是女性，尤其容易被給予德性上的批評。《周易・上經・蒙》：

> 六三，勿用取女，見金夫，不有躬，无攸利。象曰：勿用取女，行
>
> 不順也。〔註143〕

「取」與「娶」通；「勿用取女」指不宜娶親；「金夫」是指條件理想的夫婿；「無攸利」，乃是有所求則不利。蒙（☶☵）六三以陰居下卦之上，失位乘剛，不中不正。〔註144〕女子不待命而嫁，自求金夫，這樣過於主動的女子，會被視為不宜娶為妻室的對象。因此，女子對於婚姻應順其自然，靜待良緣，而不能夠積極主動的追求心目中的理想人選。〔註145〕《管子・形勢》也說：

> 自媒之女，醜而不信，未之見而親焉，可以往矣；久而不忘焉，可
>
> 以來矣。〔註146〕

《管子・形勢解》進一步解釋：

> 婦人之求夫家也，必用媒，而後家事成。故治天下而不用聖人，則
>
> 天下乖亂而民不親也。求夫家而不用媒，則醜恥而人不信也。故曰：
>
> 「自媒之女，醜而不信。」〔註147〕

自求夫婿的女子名聲醜惡，因行為不檢於是不被信任。與《周易》蒙卦相近，

〔註141〕漢・毛公傳、鄭玄箋，唐・孔穎達等正義：《毛詩正義》卷八之三，頁301。

〔註142〕裴普賢：《詩經評註讀本》（上），頁565（臺北：三民書局，1991年8月五版）。

〔註143〕魏・王弼、韓康伯注，唐・孔穎達等正義：《周易正義》卷一，頁24。

〔註144〕黃師慶萱：《周易讀本》，頁91（臺北：三民書局，1992年5月增訂初版）

〔註145〕蕭冬然：〈周易新解（7）第四章──蒙卦〉，《中華易學》第十一卷第十期，頁51。

〔註146〕唐・房玄齡注：《管子》卷一，頁8。

〔註147〕唐・房玄齡注：《管子》卷二十，頁15。

同樣的不贊同女子自覓丈夫。《孟子・滕文公》下記載：

> 丈夫生而願爲之有室，女子生而願爲之有家。父母之心，人皆有之，不待父母之命，媒妁之言，鑽穴隙相窺，踰牆相從，則父母國人皆賤之。〔註148〕

《周易》蒙卦只是柔性的勸導，《孟子》卻措詞強烈的指出，男女未經父母同意，以及媒人的介紹，而私訂終身者，是不體諒親人，會遭受輕視與唾棄。在《史記・田敬仲完世家》，有一個較爲具體的例子：

> 湣王之遇殺，其子法章變名姓爲呂太史敫家庸。敫女奇法章狀貌，以爲非恆人，憐而常竊衣食之，而與私通焉。淖齒既以去莒，莒中人及齊亡臣相聚，求湣王子欲立之。法章懼其誅己也，久之乃敢自言我湣王子也。於是莒人共立法章，是爲襄王，以保莒城。而布告齊國中，王已立在莒矣。襄王既立，立太史氏女爲王后，生子建。太史敫曰：「女不取媒，因自嫁，非吾種也，汙吾世。」終身不覩君王后。君王后賢，不以不覩故失人子之禮。〔註149〕

記呂太史敫因女兒不經許可，又無媒聘，自嫁齊襄王，因而與之斷絕父女關係。

媒妁之言是一種眾人遵循的社會習慣，但並不是沒有缺點，《戰國策・燕策一》：

> 周地賤媒，爲其兩譽也。之男家曰女美，之女家曰男富。然而周之俗不自爲取妻，且夫處女無媒，老且不嫁，舍媒而自衒，弊而不售。順而無敗，售而不弊者，唯媒而已矣。〔註150〕

媒人說話的不實在，經常爲人所詬病。然而，因習俗上不可自行招親，男女雙方必須有中介人，否則不是招致惡名，就是錯過適婚年齡。因此，只得無奈的依循這個模式，進行嫁娶。

先有約定俗成的風俗習慣，在社會上行之日久，成爲人們心中一致認定的軌則，之後才有明列爲條文的具體儀文、法規。《管子・入國》：「凡國都皆有掌媒。」〔註151〕《周禮》於地官設有媒氏一職，〔註152〕都是官方設立媒官，

〔註148〕漢・趙岐注，宋・孫奭疏：《孟子注疏》卷六上，頁 109。

〔註149〕漢・司馬遷撰，日・瀧川資言考證：《史記會注考證》（四）卷四十六，頁 3232～3233。

〔註150〕漢・高誘注：《戰國策》第二十九，頁 12（臺北：臺灣中華書局，聚珍仿宋四部備要史部，士禮居黃氏覆剜川姚氏本，1965 年 11 月臺一版）。

〔註151〕唐・房玄齡注：《管子》卷十八，頁 2。

掌理婚姻之事。在《禮記》也有類似的規定，《禮記·坊記》：

> 子云：夫禮，坊民所淫，章民之別，使民無嫌，以爲民紀者也。故
> 男女無媒不交，無幣不相見，恐男女之無別也。〔註153〕

說明爲避免社會混亂，因此限定男女無媒不交，無幣不相見。另外於《禮記·曲禮》上：

> 男女非有行媒，不相知名。非受幣，不交不親。故日月以告君，齊
> 戒以告鬼神，爲酒食以召鄉黨僚友，以厚其別也。〔註154〕

陌生男女彼此如果沒有媒聘關係，不可以隨便往來認識或互通姓名。一旦有婚約關係後，就昭告天地鬼神及諸親好友，以示其愼重。婚姻爲人生大事，必須遵守既定程序，以免貽誤終身。

　　媒妁謀合二姓以成婚媾，具有居間人的性質，或許在買賣婚就已經存在。婚姻的手續，大概不外乎掠奪、買賣、服務、交換、私奔等十餘種。買賣婚又稱購買婚，是由男方出一筆相當的代價，將女子娶回，補償女家經濟上的損失，猶如買賣貨物一樣。〔註155〕買賣婚買妻賣女的中介人，在聘娶婚可能轉變而爲媒妁，因合姓不易，須倚賴媒使往來兩家，傳遞雙方彼此意見。〔註156〕

　　晚上舉行婚禮，是掠奪婚的遺俗。至於古代男女婚嫁必須依媒妁之言，各地皆有此一風俗，不合規定者將爲人所輕賤，可見習俗對於人們的影響力。婚嫁之前必有媒妁的習慣，因長期施行，於是成爲禮制，甚至之後從唐代至清代，都有律例明白規定媒妁爲婚姻必要條件。〔註157〕由俗至禮而成爲明文規定的法律條文，除了證明禮由俗而來之外，也顯現了俗本身的穩固性。從以上的兩個例證，可以推知禮有大部分是由俗發展而成。

四、小　結

　　俗是生活中的習慣和必須遵守的規範，隨著社會組織與國家制度的建

〔註152〕漢·鄭玄注，唐·賈公彥疏：《周禮注疏》卷十八，頁216～217。

〔註153〕漢·鄭玄注，唐·孔穎達等正義：《禮記正義》卷五十一，頁871。

〔註154〕漢·鄭玄注，唐·孔穎達等正義：《禮記正義》卷二，頁37。

〔註155〕林惠祥：《文化人類學》，頁139～140。

〔註156〕高明總編輯：《中華文化百科全書》（三），頁743（臺北：黎明文化事業股份有限公司，1987年1月）。

〔註157〕王潔卿：《中國婚姻——婚俗、婚禮與婚律》，頁125（臺北：三民書局，1988年8月初版）。

立，其中部分良善的習俗，其精神和儀式，被加以延續或改變，運用來維護秩序和制度，即成爲禮。俗在民間流行，生命力強，往往歷千百年而不移；禮具備教化的功能，因而也有一定的穩固性，只不過受到政治因素影響，往往改朝換代後，禮制亦可能隨之改變。不就字源來說，單從禮制發展的整體而論，禮起源於習俗。

第六節　結　語

關於禮的起源，學者因各學派學說的偏重，相繼提出個人的主張，於是有不同的見解。有源於宇宙，有本於人心之說等等，無論何種主張，不外乎認爲「禮理」出乎自然，「禮制」出乎人爲。

禮制創設的目的，在建立制度化的社會秩序，確立一尊卑有異、親疏有漸、貧富有別、長幼有序的人倫關係。就「禮」字字形看，似乎造字時，對天地鬼神、祖先的崇拜與祭祀，已然成爲禮的主體。配合文化人類學與民俗學的研究觀察，禮與習俗的關係密不可分，一部分的禮甚或是由俗上升、演變而來。習俗是人們面對生活中林林總總的問題時，慣用來處理的方式。不同的事物，解決的方法也不一樣。禮與生活有著緊密的關聯，自有等同的狀況；禮各有其來源，祭祀也屬於習俗，初民畏懼不可知的力量，於是習慣以崇拜的方式，祈福消災，又如成丁禮，則是對氏族成員能力的考驗，以及權利義務的賦與。正因如此，隨著文明的演進，禮制因應日漸複雜的生活，也趨於漸繁，數量的繁多，容易造成混淆，於是自然出現分類的現象。

第三章　五禮的定義

第一節　前　言

　　「五禮」一詞，於先秦典籍中，主要見於《尚書》、《周禮》與《大戴禮記》。由於各篇經文均未於篇中論說其義，因此前人說解或異，共可歸納為兩說，一是指五種不同階層等級的禮，另一是指吉、凶、賓、軍、嘉，禮的五種分類項目。

　　東漢大儒鄭玄注解《三禮》時，曾分析「五禮」的名目，將其中的「五禮」都解釋為吉、凶、賓、軍、嘉之禮。自鄭玄以降，學者多奉此說。然而「五禮」此一名詞，與吉、凶、賓、軍、嘉的組合，未曾同時出現於同一篇之中，甚且於在同時期其他著作中也未見採用。另外，對於《尚書‧舜典》、《尚書‧皋陶謨》、《周禮‧地官‧大司徒》，各注家也都曾出現與吉、凶、賓、軍、嘉不同的主張。那麼，究竟「五禮」所指為何，是否悉如鄭玄等人的說解，而無異說。《尚書》之「五禮」與《三禮》的「五禮」，能否等同。此外，吉禮、凶禮、賓禮、軍禮、嘉禮，又各代表那一類型的禮。本章由「五禮」的出處，探討其可能蘊含的意義；說明吉、凶、賓、軍、嘉五類的個別特質；並分析「五禮」與吉、凶、賓、軍、嘉，彼此之間的關聯性。

第二節　位階等級之說

　　在《尚書‧舜典》與《尚書‧皋陶謨》，各有「五禮」一詞的使用。也都有是五種不同尊卑等級，或是吉、凶、賓、軍、嘉之禮的爭議。

一、五禮在〈舜典〉中的意義

〈舜典〉原爲〈堯典〉的後半段，被僞古文《尙書》分爲前後二篇。「典」這種文體在《尙書》中，是用來記載重要史事的經過，或某項史實專題。〔註1〕《尙書・舜典》：

> 歲二月，東巡守，至于岱宗，柴；望秩于山川。肆覲東后。協時、月、正日；同律度量衡。修五禮，五玉、三帛、二生、一死贄。如五器，卒乃復。〔註2〕

〈舜典〉記錄舜自三十歲被堯徵用，在官三十年，即位五十年，至一百一十二歲崩殂，其間的重要事蹟。此處所引段落，記舜祭群神。張載主張「修五禮」爲一句，「五玉、三帛、二生、一死、贄」，爲一句。〔註3〕林之奇贊同其說，更於《尙書解》補充說：

> 夫禮固有因革損益，謂之修可也。五等諸侯執圭璧來朝方岳之下，不過正品秩而已，何修之有。……二生者，卿執羔，大夫執鴈是也。一死者，士執雉也。自五玉至於一死贄，皆其所贄之物，量其貴賤輕重，以寓其等差而已，非有義理於其閒。〔註4〕

修是修五禮，至於五玉至一死，則是各級贄見時，所持的禮物，兩者不相關。因此吳才老認爲是錯簡，應作：「肆覲東后，五玉、三帛、二生、一死贄。協時、月、正日，同律度量衡，修五禮，如五器，卒乃復。」〔註5〕諸侯執五玉、三帛、卿及大夫執二生、士執一死，都是覲見東后時的贄見禮品。舜巡視、校正當地的歲時、量器、禮制、器物形制，確定無誤後才離開，繼續前往他處進行巡狩。確實此段文句有不順暢的現象，經過宋儒略作變動，文意較爲清晰，只是不知〈舜典〉原貌，是否眞有錯簡；還是作者特意按照巡行時的進行程序記錄，因此才會句意斷續。

〔註1〕 劉起釪：《尚書源流及傳本考》，頁4（瀋陽：遼寧大學出版社，1997年3月二版二刷）。

〔註2〕 漢・孔安國傳，唐・孔穎達等正義：《尚書正義》卷三，頁38。

〔註3〕 《張子全書》、《張子正蒙》均未載此言，或許爲林之奇記載所曾聽聞的橫渠見解。
宋・林之奇：《尚書解》卷二，《通志堂經解》，頁6496（臺北：漢京文化事業有限公司，《通志堂經解》11，彙編叢刊之一，1985年）。

〔註4〕 同上註。

〔註5〕 宋・蔡沈輯錄，元・董鼎纂註：《書集傳》卷一，《通志堂經解》，頁8233（臺北：漢京文化事業有限公司，《通志堂經解》13，彙編叢刊之一，1985年）。

對於舜所修五禮，《史記・五帝本紀》：

> 脩五禮，五玉、三帛、二生、一死爲贄。〔註6〕

其中「脩五禮」下，劉宋裴駰《集解》：「馬融曰：『吉、凶、賓、軍、嘉也。』」〔註7〕《史記》的文句明顯是由〈舜典〉而來，裴駰所引用的說法，可能是馬融曾經針對《尚書》進行的講解。由此可知，馬融將此文中的「五禮」，釋爲吉、凶、賓、軍、嘉之禮。僞孔《傳》亦云：

> 修吉、凶、賓、軍、嘉之禮。〔註8〕

孔穎達《疏》也說：

> 修五禮，吉、凶、賓、軍、嘉之禮。……《周禮・大宗伯》云：以
> 吉禮事邦國之鬼神示，以凶禮哀邦國之憂，以賓禮親邦國，以軍禮
> 同邦國，以嘉禮親萬民之昏姻。知五禮謂此也。帝王之名既異，古
> 今之禮或殊，而以周之五禮爲此五禮者，以帝王相承，事有損益，
> 後代之禮亦當是前代禮也。〔註9〕

孔穎達不但贊成僞孔《傳》之說，且舉《周禮・春官・大宗伯》的文句，認爲二者通同。但是，賈公彥卻於《周禮・春官宗伯》：「惟王建國，辨方正位，體國經野，設官分職，以爲民極。乃立春官宗伯，使帥其屬，而掌邦禮，以佐王和邦國。」〔註10〕下《疏》云：

> 彼〈虞書〉云：「脩五禮」下，又云：「典朕三禮」。三五不同者，鄭
> 義上云：「『脩五禮』與下『五玉』連文。」「五玉」是諸侯所執玉，
> 則「五禮」非吉、凶、賓、軍、嘉之五禮。故鄭云：「五禮，公、侯、
> 伯、子、男之禮。」〔註11〕

賈公彥或許曾經得見鄭玄的注解，附合鄭說，主張唐虞之時只有三禮，周代方有五禮，且〈舜典〉的「五禮」，是正諸侯之禮，因此與〈春官〉非一事。可說與孔穎達的看法正好相左。孔穎達是由周禮與唐虞無異立說，賈公彥則從虞禮與三代禮異，及「五禮」前後文的句意分析，二人說解的角度不同。到了宋代，程頤也說道：

〔註6〕　漢・司馬遷撰，日・瀧川資言考證：《史記會注考證》（一）卷一，頁110。
〔註7〕　同上註。
〔註8〕　漢・孔安國傳，唐・孔穎達等正義：《尚書正義》卷三，頁38。
〔註9〕　漢・孔安國傳，唐・孔穎達等正義：《尚書正義》卷三，頁38～39。
〔註10〕　漢・鄭玄注，唐・賈公彥疏：《周禮注疏》卷十七，頁259。
〔註11〕　同上註。

> 自歲二月巳下，言巡狩之事，非是當年二月便往，亦非一歲之中徧
> 歷五岳也。所至，協正時日、同其度量，正五等諸侯之秩序制度之
> 等差，是脩五禮也。五等之制古有之矣，防其亂，故巡狩所至必脩
> 明也。正其五等制度，并其君臣所執珪幣，皆使合理也。〔註12〕

天子五年一巡狩，乃是爲了避免各邦國發生僭越、混亂，因此定期巡察。程
頤認爲，「修五禮」即是正五等諸侯之制度，那麼「五禮」就是指公、侯、伯、
子、男之禮。林之奇《尚書解》贊同伊川說法，並指出：

> 五禮者，吉、凶、賓、軍、嘉也。……此言「修五禮」者，蓋禮樂
> 征伐自天子出故也。伊川云：正五等諸侯之秩序制度之等差，是修
> 五禮也。五等之制古有之矣，防其差亂，故巡守所至必修明也。正
> 其五等制度，并其君臣所執圭幣，皆使合禮也。〔註13〕

點明「修五禮」，是修公、侯、伯、子、男五等諸侯之吉、凶、賓、軍、嘉五
禮。天子巡狩的目的之一，是校正各諸侯所行禮制；吉、凶、賓、軍、嘉是
禮的類目，即以此五項統攝了所有禮制。陳大猷《書集傳或問》：

> 或問：五禮，孔氏以爲吉、凶、賓、軍、嘉之五禮，諸儒多從之。
> 今從程說，何也？曰：「陳少南推程說，曰：『修五等諸侯之秩序，
> 故以贊定其差，非謂修五禮而又修五玉也。』」愚按：五禮依程說，
> 則於下文義順；如孔說，非惟下文斷續，而於諸侯事，亦不甚相切。
> 夫既定諸侯五等之禮，則吉、凶、賓、軍、嘉之五禮皆在其中，而
> 變禮易樂、改制度、易服色之事，皆可推矣。〔註14〕

其實程頤的說法，並沒有完全推翻孔穎達的說解，只不過是站在鄭、孔之說
的基礎上，更明確的指出巡狩所修的五禮，是五等諸侯的吉、凶、賓、軍、
嘉禮。如此一來，確實使得文意較順暢，也能兼顧舜巡行四方、修正各諸侯
國制度的段落意旨。至於清儒，有將二種解釋並列，不作評判者，如劉逢祿
《尚書今古文集解》；〔註15〕也有贊同鄭玄意見者，如江聲《尚書集注音疏》

〔註12〕 宋·程顥、程頤撰，朱熹編：《二程全書》卷四十七，頁 401（日本、京都：
中文出版社，據漢籍叢刊思想三編影印和刻本，1979 年 6 月）。

〔註13〕 宋·林之奇：《尚書解》卷二，《通志堂經解》，頁 6495。

〔註14〕 宋·陳大猷：《書集傳或問》卷上，《通志堂經解》，頁 7665（臺北：漢京文化
事業有限公司，《通志堂經解》13，彙編叢刊之一，1985 年）。

〔註15〕 清·劉逢祿：《尚書今古文集解》，《皇清經解續編》卷三百二十二，頁 268～
269（臺北：藝文印書館，《續經解尚書類彙編》（一），江陰南菁書院本，1986
年 6 月）。

〔註16〕、王鳴盛《尚書後案》，〔註17〕都說唐虞時無五禮的名目，因此「五禮」不應是吉、凶、賓、軍、嘉禮。大體不脫前述二說的藩籬。舜的時候，是否五禮具全，確實的情況不是由書面材料就足以判斷的，從這個原因反對馬融等人的看法，似有不妥。

對於〈舜典〉「修五禮」一句，其中「五禮」的意義，馬融、偽孔《傳》、孔穎達《正義》都解釋為吉、凶、賓、軍、嘉禮，賈公彥、程頤等人則說是五等諸侯公、侯、伯、子、男之禮。乍看之下，似乎說的是兩種不同的範疇。實際上，吉禮、凶禮、賓禮、軍禮、嘉禮五者，是禮制的分類標目，可以用來歸納所有的禮，因此順由〈舜典〉中視察諸侯制度的文意，「修五禮」是修明各級諸侯的所有禮制，包括吉、凶、賓、軍、嘉五禮。二者並不相互違背，是因段旨而產生的偏重。

二、五禮在〈皋陶謨〉中的意義

〈皋陶謨〉敘述禹和皋陶兩人謀議的言論。主旨是說明在上位者的為政之道，在個人是勤於修身，於施政是知人安民。「謨」，《說文解字·言部》說：「謨，議謀也。」〔註18〕有計畫、討論的意思。在《尚書》中，是一種記錄臣對君的談話的文體，〔註19〕〈皋陶謨〉全文即採取對話形式，〔註20〕為一種最早的對話體。《尚書·皋陶謨》全文如下：

> 曰若稽古皋陶，曰：「允迪厥德，謨明弼諧。」禹曰：「俞，如何。」皋陶曰：「都！慎厥身修，思永。惇敘九族，庶明勵翼，邇可遠、在茲。」禹拜昌言曰：「俞。」皋陶曰：「都！在知人，在安民。」禹曰：「吁！咸若時，惟帝其難之。知人則哲，能官人；安民則惠，黎

〔註16〕 清·江聲：《尚書集注音疏》，《皇清經解》卷三百九十，頁261（臺北：藝文印書館，《皇清經解尚書類彙編》（一），江陰南菁書院本，1986年6月）。

〔註17〕 清·王鳴盛：《尚書後案》，《皇清經解》卷四百零四，頁549（臺北：藝文印書館，《皇清經解尚書類彙編》（一），江陰南菁書院本，1986年6月）。

〔註18〕 漢·許慎撰，清·段玉裁注：《說文解字注》卷五，頁91。

〔註19〕 劉起釪：《尚書源流及傳本考》，頁3。

〔註20〕 古文本《尚書》將〈皋陶謨〉分為兩篇，自篇首「曰若稽古皋陶」至「思曰贊贊襄哉」，為〈皋陶謨〉；自「帝曰來禹」至「俞，往欽哉！」為〈益稷謨〉。本文依據《十三經注疏》本，即同古文本，則僅禹與皋陶對談，未及舜的談話內容，舜的談話須另見〈益稷謨〉。若根據今文本《尚書》，則為禹、皋陶與舜的對談，即符合謨的文體特質──是臣對君的談話。

民懷之。能哲而惠，何憂乎驩兜？何遷乎有苗？何畏乎巧言令色孔壬？」皐陶曰：「都！亦行有九德；亦言其人有德，乃言曰：載采采。」禹曰：「何？」皐陶曰：「寬而栗，柔而立，愿而恭，亂而敬，擾而毅，直而溫，簡而廉，剛而塞，彊而義；彰厥有常，吉哉。日宣三德，夙夜浚明有家；日嚴祇敬六德，亮采有邦。翕受敷施，九德咸事；俊义在官，百僚師師，百工惟時，撫于五辰，庶績其凝，無教逸欲有邦。兢兢業業，一日二日萬幾。無曠庶官，天工人其代之。天敘有典，勑我五典五惇哉；天秩有禮，自我五禮有庸哉，同寅協恭，和衷哉。天命有德，五服五章哉；天討有罪，五刑五用哉。政事懋哉懋哉。天聰明，自我民聰明；天明畏，自我民明威。達于上下，敬哉有土！」皐陶曰：「朕言惠，可厎行。」禹曰：「俞，乃言厎可績。」皐陶曰：「予未有知，思日贊贊襄哉。」〔註21〕

〈皐陶謨〉大致可分為四個段落：

第一段：由「曰若稽古皐陶」，至「禹拜昌言曰：『俞。』」為皐陶述說君主應依德而行，則可因其個人的修身，而使國家長治久安，且令臣下相處和諧，能共同為君王效力。

第二段：由「皐陶曰：『都！在知人，在安民。』」至「何畏乎巧言令色孔壬」，為皐陶說明為政之道在知人與安民；禹不但表示贊同，更進一步呼應皐陶的觀點，指出知人安民的功效，在使國家無外患，君主左右無小人。

第三段：由「皐陶曰：都！亦行有九德。」至「敬哉有土」。皐陶具體陳說修德的九個項目、知人安民的方式，以及實施後的效益。

第四段：由「皐陶曰：朕言惠。」至「思日贊贊襄哉」，皐陶再次強調「九德」確實可行，並肯定對於君主的確有助益。

「五禮」出現於本篇的第三段，此段旨在說明修德、知人與安民。自「寬而栗」至「吉哉」，說明「九德」。自「日宣三德」至「天工人其代之」，是說明識人之方與用才之法。自「天敘有典」至「政事懋哉懋哉」，則是安民的方式。自「天聰明」至「敬哉有土」，是在位者修德、知人、安民之後，所得到的效益。「五禮」即為皐陶所主張的安民法則之一。

關於「天秩有禮，自我五禮有庸哉。」的「有庸」，據唐代陸德明《經典

〔註21〕漢・孔安國傳，唐・孔穎達等正義：《尚書正義》卷四，頁59～63。

釋文・尚書音義上・舜典》於「有庸」下注：「馬本作五庸。」〔註22〕於是前人有所討論，宋代林之奇《尚書解》：

> 典曰「五惇」，服曰「五章」，刑曰「五用」，而至於禮則獨曰「有庸」
> 者。王氏曰：「五典、五服、五刑之所施，非一人之身；若五禮，則
> 取於一人之身。」而楊龜山以為其說不然。龜山之說，曰：「禮雖有
> 五，而其用則非一。如五禮上自天地、社稷、宗廟，下至山林、川
> 澤以及四方百物，皆有祭焉。而其儀章器物各從其類，不可以數計，
> 吉、凶、賓、軍、嘉亦莫不然，故曰『有庸』。」然馬本直作「五庸」，
> 與五惇、五章、五用無以異。然世遠難以折中，姑兩存之。〔註23〕

王、楊兩說都主張應該是「有庸」，爭論的癥結，在於施用的範圍。王氏認為是用於天子一人，因此只作「有庸」；楊時則說禮達於天下，正因禮制繁複得無法計數，才用「有」，表示廣大的意思。其實古人在數字的使用上，經常只是用來表現一種概念，譬如「三」就表多數；「五」也不必一定要符合其數，而為五種施用，可以代指廣泛的施行，如果依照馬融本作「五庸」，反而句式較為整齊，仍不妨礙句意。如元代吳澄《書纂言》即從馬本，作「五庸」。〔註24〕

〈皋陶謨〉中「五禮」的涵義，各家說法互異。偽孔《傳》說：

> 天次秩有禮，當用我公、侯、伯、子、男五等之禮以接之，使有常。
> 〔註25〕

以為「五禮」是指公、侯、伯、子、男五等之禮。孔穎達《疏》：

> 天次敘有禮，謂使賤事貴、卑承尊，是天道使之然也。天意既然，
> 人君當順天意，用我公、侯、伯、子、男之禮以接之，使之貴賤有
> 常也。此文主於天子，天子至於諸侯，車旗、衣服、國家禮儀、饗
> 食燕好、饔餼飧牢禮，各有次秩以接之。上云天敘此云天秩者，敘
> 謂定其倫次，秩謂制其差等，義亦相通。上云勑我，此言自我者，
> 五等以教下民，須勑戒之五禮以接諸侯，當用我意，故文不同也。
> 上言五惇此言五庸者，五典施於近親，欲其恩厚；五禮施于臣下，

〔註22〕唐・陸德明：《經典釋文》卷三，頁144（上海：商務印書館，叢書集成初編，抱經堂本，1936年）。

〔註23〕宋・林之奇：《尚書解》卷五，《通志堂經解》，頁6544。

〔註24〕元・吳澄：《書纂言》卷一，《通志堂經解》，頁6544（臺北：漢京文化事業有限公司，《通志堂經解》14，彙編叢刊之一，1985年）。

〔註25〕漢・孔安國傳，唐・孔穎達等正義：《尚書正義》卷四，頁62。

欲其有常，故文異也。王肅云：『五禮謂：王、公、卿、大夫、士。』
鄭玄云：『五禮：天子也、諸侯也、卿大夫也、士也、庶民也。』此
無文以據，各以意說耳。〔註26〕

由孔《疏》的引用可知：鄭玄以「五禮」爲天子、諸侯、卿大夫、士、庶民之禮；
王肅認爲「五禮」指王、公、卿、大夫、士之禮。僞孔《傳》只針對爵秩而言；
鄭玄所指範圍最大，涉及社會各個階層；至於王肅則指所有貴族階層。三說雖然
所認定的範圍略有出入，有主張爲公、侯、伯、子、男五等爵之禮；也有指由天
子至士，甚至及於庶民的各級禮制。然而，其共同點是：都歸結爲五種不同身分
的禮儀，以求合於「五」之數。孔穎達認爲禮是由上位者以身作則，方可教化影
響下民，因此同意僞孔《傳》的說解。且由於鄭、王之說均缺乏實際相關篇章可
供舉證，因此孔氏評爲：「此無文以據，各以意說耳。」〔註27〕

宋代出現不同看法，薛季宣《書古文訓》說：

五禮，吉、凶、賓、軍、嘉也。〔註28〕

林之奇《尚書解》更以《周禮·春官·大宗伯》的文句解說「五禮」。〔註29〕
黃度《尚書說》〔註30〕、胡士行《尚書詳解》〔註31〕也持此說。元代陳師凱
《書蔡傳旁通》〔註32〕、朱祖義《尚書句解》〔註33〕、陳櫟《書集傳纂疏》

〔註26〕漢·孔安國傳，唐·孔穎達等正義：《尚書正義》卷四，頁 62～63。

〔註27〕漢·孔安國傳，唐·孔穎達等正義：《尚書正義》卷四，頁 63。

〔註28〕宋·薛季宣：《書古文訓》卷二，《通志堂經解》，頁 6319（臺北：漢京文化事
業有限公司，《通志堂經解》11，彙編叢刊之一，1985 年）。

〔註29〕「五禮，以吉禮事邦國之鬼神示，以凶禮哀邦國之憂，以賓禮親邦國，以軍
禮同邦國，以嘉禮親萬民。五者各得其常，所以助夫天之所秩也。」
宋·林之奇：《尚書解》卷五，《通志堂經解》，頁 6543（臺北：漢京文化事業
有限公司，《通志堂經解》11，彙編叢刊之一，1985 年）。

〔註30〕「五禮，吉、凶、賓、軍、嘉。出於天者，理之所固有也；修之於人者，其
事至五而盡也。」
宋·黃度：《尚書說》卷一，《通志堂經解》，頁 7232（臺北：漢京文化事業有
限公司，《通志堂經解》12，彙編叢刊之一，1985 年）。

〔註31〕「五禮，吉（祭）、凶（喪）、軍（兵）、賓（客）、嘉（冠昏）。」
宋·胡士行：《尚書詳解》卷二，《通志堂經解》，頁 7843（臺北：漢京文化事
業有限公司，《通志堂經解》13，彙編叢刊之一，1985 年）。

〔註32〕「五禮，吉、凶、軍、賓、嘉。」並於其下，直接引用《周禮·春官·大宗
伯》之內容解釋。
元·陳師凱：《書傳旁通》卷一中，《通志堂經解》，頁 8565（臺北：漢京文
化事業有限公司，《通志堂經解》14，彙編叢刊之一，1985 年）。

〔註33〕於「天秩有禮」下，注解：「天秩敘人，有主吉、凶、軍、賓、嘉之五禮。」

〔註34〕等人，皆如此義。這可能是因爲他們都將「五禮」視爲禮制全體的代稱。

清代學者回復漢、唐位階等級之禮的看法。江聲《尚書集注音疏》：

> 禮自天子出，天子所以待臣下，不應天子在五禮之中。又案：〈曲禮〉云：「禮不下庶人」，蓋庶人通用士禮，不別爲庶人制禮。鄭君說，五禮兼數天子、庶民。竊以爲未然。故改其說云：五禮，五等諸侯爲三者，後世之制多因前代。據鄭君〈王制〉《注》：「殷代合伯、子、男爲一」，則殷之諸侯爵三等。《周禮·典命》云：「上公九命，其國家、宮室、車旗、衣服、禮義，皆以九爲節。侯伯七命，其國家、宮室、車旗、衣服、禮義，皆以七爲節。子、男五命，其國家、宮室、車旗、衣服、禮義，皆以五爲節。」然則周之諸侯爵雖五等，而禮止三等。……是五等諸侯爲三也。云卿大夫四，士五也者。〔註35〕

認爲禮自天子出，是天子用來治理臣下，因此五等不應包括天子。又據《周禮》和《禮記》，說殷、周諸侯制度，依儀制等級，實分公、侯伯、子男三等，加上卿大夫、士，則爲五等。與僞孔《傳》、鄭《注》、孔《疏》說法都不相同。孫星衍《尚書今古文注疏》反對江聲之說：

> 〈曲禮〉云：「天子穆穆，諸侯皇皇，大夫濟濟，士蹌蹌，庶人僬僬。」又云：「天子之妃曰后，諸侯曰夫人，大夫曰孺人，士曰婦人，庶人曰妻。」〈王制〉殯、葬、廟祭之禮，皆自天子達於庶人。江氏聲以「禮不下庶人」，疑鄭說之無本，非也。〔註36〕

認爲《禮記》〈曲禮〉、〈王制〉諸篇所載之禮，皆自天子達於庶人，故鄭玄的說解是正確的。王鳴盛《尚書後案》也贊同鄭玄之說：

> 〈堯典〉五禮是天子巡守諸侯來朝而修之，故鄭以爲公、侯、伯、子、男之禮。此經五禮，泛言平日通于天下，故鄭兼天子及庶民言之。〔註37〕

元·朱祖義：《尚書句解》卷二，《通志堂經解》，頁8727（臺北：漢京文化事業有限公司，《通志堂經解》14，彙編叢刊之一，1985年）。

〔註34〕《纂疏》：「吉、凶、軍、賓、嘉之五禮」。
元·陳櫟：《書集傳纂疏》卷一，《通志堂經解》，頁8831（臺北：漢京文化事業有限公司，《通志堂經解》14，彙編叢刊之一，1985年）。

〔註35〕清·江聲：《尚書集注音疏》，《皇清經解》卷三百九十一，頁277。

〔註36〕清·孫星衍：《尚書今古文注疏》，《皇清經解》卷七百三十七，頁57（臺北：藝文印書館，《皇清經解尚書類彙編》（一），江陰南菁書院本，1986年6月）。

〔註37〕清·王鳴盛：《尚書後案》，《皇清經解》卷四百零五，頁569～570。

鄭玄在〈舜典〉，對「五禮」的解釋是：公、侯、伯、子、男之禮，與馬融等人的吉、凶、賓、軍、嘉之意不同。王鳴盛在此將〈舜典〉與〈皋陶謨〉中的「五禮」，等同視之。在〈皋陶謨〉爭論的是，究竟「天秩有禮，自我五禮有庸哉。」之「五禮」是及於那些位階的禮。欲求了解「五禮」一詞在〈皋陶謨〉中的可能意義，以下針對〈皋陶謨〉本身的內容進行分析。

〈皋陶謨〉中，「五禮」所代表的含義，可據其所處的段落與文句作推論。首先，就整個述說安民法則的段落分析：

> 天敘有典，勅我五典五惇哉；天秩有禮，自我五禮有庸哉。同寅協恭，和衷哉。天命有德，五服五章哉；天討有罪，五刑五用哉。政事懋哉懋哉。〔註38〕

「五典」、「五禮」、「五服」、「五刑」，明顯的是指四種制度。「五惇」、「五庸」、「五章」、「五用」，是針對此四制的施用。而「同寅協恭，和衷哉。」及「政事懋哉懋哉」，則是施行後的效果。「五典」指五常，即父義、母慈、兄友、弟恭、子孝；「五服」指天子、諸侯、卿、大夫、士的服制；〔註39〕「五刑」指五種刑罰或五種法律。〔註40〕「五典」、「五服」、「五刑」所包含的項目都是五項。則據此判斷，「五禮」也是一種制度，並且也包括五個項目。就施行對象而言，「五典」和「五刑」都是可遍行於廣土眾民，但是「五服」卻只及於士階層，因此無法由此判斷「五禮」應合於那一類。

其次，就文句而論：「天秩有禮，自我五禮有庸哉。」「秩」古文《尚書》作「豑」，《說文·豐部》：「豑，爵之次第也。……〈虞書〉曰：『平豑東作』。」

〔註38〕 漢·孔安國傳，唐·孔穎達等正義：《尚書正義》卷二，頁21。

〔註39〕 五服在《尚書》與《周禮》中的意義是相同的，都是指五種位階的服制：
《尚書·皋陶謨》：「五服五章哉。」偽孔《傳》：「五服，天子、諸侯、卿、大夫、士之服也。」
《周禮·春官·小宗伯》：「辨吉凶之五服。」鄭《注》：「五服，王及公、卿、大夫、士之服。」
漢·孔安國傳，唐·孔穎達等正義：《尚書正義》卷四，頁62。
漢·鄭玄注，唐·賈公彥疏：《周禮注疏》卷十九，頁291。

〔註40〕 「五刑」有二義：一、《周禮·秋官·大司寇》：「以五刑糾萬民，一曰野刑，上功糾力；二曰軍刑，上命糾守；三曰鄉刑，上德糾孝；四曰官刑，上能糾職；五曰國刑，上愿糾暴。」指農事、軍隊、民事、職官及國法，五種法律。
二、《周禮·秋官·司刑》：「掌五刑之法，以麗萬民之罪。墨罪五百，劓罪五百，宮罪五百，刖罪五百，殺罪五百。」是墨、劓、宮、刖、殺，五種刑罰。
漢·鄭玄注，唐·賈公彥疏：《周禮注疏》卷三十四、卷三十六，頁516、539。

〔註 41〕指酒器——爵的等級。禮制嚴明的時代，位階的層級不同，自然使用器物的品級也有所差異。故由酒器的品級，可引申至社會身分方面。周代實際官制，於戰國時已多不可考，據《孟子・萬章》下：

> 北宮錡問曰：「周室班爵祿也，如之何？」孟子曰：「其詳不可得聞也。諸侯惡其害己也，而皆去其籍。然而軻也，嘗聞其略也。天子一位，公一位，侯一位，伯一位，子、男同一位，凡五等也。君一位，卿一位，大夫一位，上士一位，中士一位，下士一位，凡六等。」〔註 42〕

在此「五等」指：天子、公、侯、伯、子男五等。然而，依照朱熹於《四書章句集注》所言：

> 此班爵之制，公、侯、伯、子、男，五等通於天下；君、卿、大夫、上士、中士、下士，六等施於國中。〔註 43〕

又《禮記・王制》：

> 王者之制祿爵，公、侯、伯、子、男，凡五等。諸侯之上大夫卿、下大夫、上士、中士、下士，凡五等。〔註 44〕

天下是指周天子所擁有的疆域；國中則指諸侯國。由此可知，周代的爵制，自天子以下，為公、侯、伯、子、男五等。各諸侯國中，則為卿、大夫、上士、中士、下士五等。「五禮」是否僅限於爵等而已，《周禮・秋官・掌交》：「九禮之親」之「九禮」，鄭玄認為是「九儀」之禮，〔註 45〕那麼將「五禮」類推為「五儀」之禮，依《周禮・春官・典命》：

> 掌諸侯之五儀、諸臣之五等之命〔註 46〕

「五儀」用於諸侯，「五等」用於諸臣，「五儀」在此僅及爵等。因此，若「豑」解釋為「爵秩」，則「五禮」指公、侯、伯、子、男五等爵之禮。然而，今文《尚書》中，「天豑有禮」的「豑」作「秩」，另外《尚書・堯典》：「平豑東作」的「豑」，今文本也作「秩」。〔註 47〕可見「豑」與「秩」，於古代音義相

〔註 41〕漢・許慎撰，清・段玉裁注：《說文解字注》卷九，頁 208。
〔註 42〕漢・趙岐注，宋・孫奭疏：《孟子注疏》卷十九，頁 177。
〔註 43〕宋・朱熹：《四書章句集注》卷十，頁 316（臺北：長安出版社，1991 年 2 月出版）。
〔註 44〕漢・鄭玄注，唐・孔穎達等正義：《禮記正義》卷十一，頁 212。
〔註 45〕漢・鄭玄注，唐・賈公彥疏：《周禮注疏》卷三十八，頁 588。
〔註 46〕漢・鄭玄注，唐・賈公彥疏：《周禮注疏》卷二十一，頁 321。
〔註 47〕漢・孔安國傳，唐・孔穎達等正義：《尚書正義》卷二，頁 21。

通。僞孔《傳》：

> 秩，序也。〔註48〕

《說文‧禾部》：

> 秩，積兒。〔註49〕

段《注》：「積之必有次敘，成文理，是曰秩。」〔註50〕是「秩」有次第、秩序的意思。因而「秩」字不必一定要解釋成「爵秩」，引申爲「次第」義即可。全句解釋爲：以禮明分上下，使得社會有秩序。

〈皋陶謨〉中有濃厚的天命思想，既言「自我」，則是自天子自身開始。「秩」的引申義爲「次第」，那麼「天秩有禮，自我五禮有庸哉。」可以解釋爲：社會各階層，皆因遵循禮制，而有秩序；且若要契合段旨皋陶對舜的安民建議，則擴大至社會各階層，也並無不妥。此篇之「五禮」，依照鄭玄所說，自天子達於庶人，似乎較爲允當。

三、小　結

「五禮」一旦成其五，則表示已上升成爲一種制度，明顯的已與單純的儀文規範有所不同。

〈舜典〉中的「五禮」，馬融、僞《孔》傳、孔《疏》，均說是吉、凶、賓、軍、嘉之禮。鄭玄、賈公彥，卻指公、侯、伯、子、男之禮。程頤也視此篇的「五禮」，是五等諸侯之禮。然而，透過林之奇對程氏說解的闡發，使得〈舜典〉的句意更加明確，說明「修五禮」，是天子巡行天下時，修校公、侯、伯、子、男五等諸侯之吉禮、凶禮、賓禮、軍禮、嘉禮。實際上，公、侯、伯、子、男之制，並非是遠古時期以來的定制，據《尚書》中可信爲西周之作的八誥分析，西周時的五服爲侯、甸、男、采、衛，這一點前人如元代黃鎮成等，〔註51〕早有發現。〈舜典〉是戰國學者述古之作，自然不免以今律古，以爲虞舜時期亦有五服的制度。不過，這對於文章的理解並不會造成妨礙，之於「五禮」的詞意也不產生影響。「五禮」仍可用來統稱所有禮制。

僞孔《傳》、鄭玄、王肅與孔穎達，都將〈皋陶謨〉中的「五禮」，作社

〔註48〕同上註。
〔註49〕漢‧許愼撰，清‧段玉裁注：《說文解字注》卷十三，頁325。
〔註50〕同上註。
〔註51〕元‧黃鎮成：《尚書通考》卷十，《通志堂經解》，頁9113（臺北：漢京文化事業有限公司，《通志堂經解》15，彙編叢刊之一，1985年）。

會位階方面解釋。《禮記‧曲禮》上：「夫禮者，所以定親疏、決嫌疑、別同異、明是非也。」〔註52〕禮的用意就在於讓人明白其個人分際，強調的是各在其位、各安其分，而不是對於身分地位的歧視。為求社會安定，社會中的每一分子，自然都應同心協力，各盡職責；人民生活安定，政事必然運作順暢。偽孔《傳》的主張，是否前有所本，不得而知；鄭玄與王肅有無可能是承繼師說，今已不可考。宋代薛季宣、林之奇、黃度、胡士行，元代陳師凱等人，都將「五禮」解釋作：吉、凶、賓、軍、嘉；吉、凶、賓、軍、嘉五禮是一種禮制，也是五項，又可用作教民，解釋成：以五種禮制教導人民，使禮的觀念根植民心，進而使社會有序；並不違背〈皋陶謨〉的意旨與章法原則。但是，在對〈皋陶謨〉的說解中，鄭氏與王氏甚至偽孔《傳》，都朝社會階層之方向說解，可能是基於文意的偏重，因此作位階層級寬、狹的討論。兩篇相異之處，在於〈舜典〉段旨為天子巡狩天下，故僅及於諸侯；〈皋陶謨〉說的是社會秩序方面，自然可由天子遍及庶民。

　　《尚書》中的「五禮」，可以作吉、凶、賓、軍、嘉禮說解，惟因文章的偏重，於是傾向由位階等級的方向解說。

第三節　吉、凶、賓、軍、嘉之說

　　「五禮」在《周禮》〈地官‧大司徒〉、〈地官‧保氏〉、〈春官‧小宗伯〉各篇中的意義，一般都解釋為吉、凶、賓、軍、嘉。唯獨〈地官‧大司徒〉，自清代孫詒讓等人，有不同的主張。

　　由於吉、凶、賓、軍、嘉以一個組合的形式出現，目前可見最早的記載是《周禮‧春官‧大宗伯》，因此在了解吉、凶、賓、軍、嘉五者，各代表何種類型的禮儀，及包含那些儀節項目時，根據〈春官‧大宗伯〉所列原則，並參考相關文獻，進行分析歸納，以助於明瞭和「五禮」間的關係。

一、吉、凶、賓、軍、嘉的定義

　　東漢學者將「五禮」解釋為吉、凶、賓、軍、嘉。吉、凶、賓、軍、嘉同篇出現，最初見於《周禮‧春官‧大宗伯》。大宗伯所掌之禮，是否分為吉、凶、賓、軍、嘉五項，金春峰認為，《周禮》並未將其分為五大類，這些禮都

〔註52〕漢‧鄭玄注，唐‧孔穎達等正義：《禮記正義》卷一，頁14。

是並列不相隸屬的。因此，《周禮》所謂的的「五禮」，不是指吉、凶、賓、軍、嘉。〔註53〕其實按照句式觀察：「以吉禮事邦國之鬼神示」、「以凶禮哀邦國之憂」、「以賓禮親邦國」、「以軍禮同邦國」、「以嘉禮親萬民」，應該是五類；而且各類之下統類所屬各門，都有其個別的序列方式：吉禮，天神以「祀」、〔註54〕地祇以「祭」、〔註55〕人鬼以「享」分類；〔註56〕凶禮以「哀」；〔註57〕賓禮以「見」；〔註58〕軍禮以「眾」；〔註59〕嘉禮以「親」歸類，〔註60〕證明〈大宗伯〉所掌之禮，確實是五大項。

　　吉、凶、賓、軍、嘉五禮，所代表的禮儀類型。以《周禮・春官・大宗伯》的說法來看，「吉禮」是對天地鬼神的祭祀；「凶禮」指對於傷亡、災禍等不幸的慰問；「賓禮」包括天子與諸侯間，致貢、朝覲、會見等禮節；「軍禮」為軍事上的出動與訓練，以及國家戶口與地政的調查、王宮和城邑的修護等；「嘉禮」則是除前四禮之外，與社交相關的禮儀，如飲食、饗燕、成年禮、婚禮、賓射等儀節。

〔註53〕金春峰：《周官之成書及其反映的文化與時代新考》，頁106（臺北：東大圖書股份有限公司，滄海叢刊，1993年11月）。

〔註54〕《周禮・春官・大宗伯》：「以禋祀祀昊天上帝；以實柴祀日月星辰；以槱燎祀司中、司命、飌師、雨師。」
漢・鄭玄注，唐・賈公彥疏：《周禮注疏》卷十八，頁270。

〔註55〕《周禮・春官・大宗伯》：「以血祭祭社稷五祀五嶽；以貍沈祭山林川澤；以疈辜祭四方百物。」
漢・鄭玄注，唐・賈公彥疏：《周禮注疏》卷十八，頁271。

〔註56〕《周禮・春官・大宗伯》：「以肆獻祼享先王；以饋食享先王；以祠春享先王；以禴夏享先王；以嘗秋享先王；以烝冬享先王。」
漢・鄭玄注，唐・賈公彥疏：《周禮注疏》卷十八，頁273。

〔註57〕《周禮・春官・大宗伯》：「以喪禮哀死亡；以荒禮哀凶札；以弔禮哀禍烖；以禬禮哀危敗；以恤禮哀寇亂。」
漢・鄭玄注，唐・賈公彥疏：《周禮注疏》卷十八，頁275。

〔註58〕《周禮・春官・大宗伯》：「春見曰朝；夏見曰宗；秋見曰覲；冬見曰遇；時見曰會；殷見曰同；時聘曰問；殷覜曰視。」
漢・鄭玄注，唐・賈公彥疏：《周禮注疏》卷十八，頁275～276。

〔註59〕《周禮・春官・大宗伯》：「大師之禮，用眾也；大均之禮，恤眾也；大田之禮，簡眾也；大役之禮，任眾也；大封之禮，合眾也。」
漢・鄭玄注，唐・賈公彥疏：《周禮注疏》卷十八，頁276～277。

〔註60〕《周禮・春官・大宗伯》：「以飲食之禮親宗族兄弟；以昏冠之禮親成男女；以賓射之禮親故舊朋友；以饗燕之禮親四方之賓客；以脤膰之禮親兄弟之國；以賀慶之禮親異姓之國。」
漢・鄭玄注，唐・賈公彥疏：《周禮注疏》卷十八，頁277～278。

（一）吉　禮

「吉禮」是指與祭祀相關，事鬼神以致福的典禮。《周禮・春官・大宗伯》：

> 以吉禮事邦國之鬼神示：以禋祀祀昊天上帝；以實柴祀日、月、星辰；以槱燎祀司中、司命、飌師、雨師。以血祭祭社稷、五祀、五嶽；以貍沈祭山林、川澤；以疈辜祭四方百物。以肆獻祼享先王；以饋食享先王；以祠春享先王；以禴夏享先王；以嘗秋享先王；以烝冬享先王。〔註61〕

吉禮所含的祭禮，涵蓋邦國中敬事天地神祇與祖先的禮。可分成天神、地祇、人鬼三門，共計十二類，其中天神與地祇各三項、人鬼六項。〔註62〕孔穎達《禮記正義・曲禮》大題下《疏》引鄭玄《三禮目錄・禮記目錄》：

> 祭祀之說，吉禮也。〔註63〕

孔氏又言：「禱祠祭祀之說，當吉禮也。」〔註64〕較具體的點出，吉禮是祭祀之禮。

1. 天　神

祭祀天神的三種祭禮，都是將祭物加於柴上焚燒，使煙氣上升，祀天以回報降福的恩德。三祀可統名為「禋祀」，析名可別為禋祀、實柴、槱燎。三者的區別，主要在祭祀的對象及祭物的數量兩方面。

（1）禋　祀

禋祀的祭祀對象是天帝。《周禮・春官・大宗伯》：

> 以禋祀祀昊天上帝。〔註65〕

鄭玄《注》：「禋之言煙。周人尚臭，煙氣之臭聞者。……三祀皆積柴實牲體焉，或有玉帛，燔燎而升煙，所以報陽也。」〔註66〕又《周禮・春官・大祝》：

> 凡大禋祀、肆享、祭示，則執明水火而號祝。〔註67〕

〔註61〕漢・鄭玄注，唐・賈公彥疏：《周禮注疏》卷十八，頁270～273。

〔註62〕賈公彥《疏》：「天、地各三享，人鬼有六，故十二也。」
漢・鄭玄注，唐・賈公彥疏：《周禮注疏》卷十八，頁270。

〔註63〕鄭玄《三禮目錄》，原書已佚，幸孔穎達《禮記正義》多所引用，得以保留部分內容。
漢・鄭玄注，唐・孔穎達等正義：《禮記正義》卷一，頁11。

〔註64〕同上註。

〔註65〕漢・鄭玄注，唐・賈公彥疏：《周禮注疏》卷十八，頁270。

〔註66〕同上註。

〔註67〕漢・鄭玄注，唐・賈公彥疏：《周禮注疏》卷二十五，頁388。

鄭玄《注》：「禋祀，祭天神也。」〔註68〕賈公彥《疏》：「〈大宗伯〉昊天稱禋祀，日月稱實柴，司中之等稱槱燎。通而言之，三者之禮皆有禋義，則知禋祀祀天神，通星辰已下。」〔註69〕得知禋祀可單獨指祭祀昊天上帝的禮，又因禋祀、實柴、槱燎三祀都有燃燒樹枝生煙，以達天庭的儀式，因此也用來統稱一切祭天神的禮。禋之得義，即在於升煙的形式。

（2）實　柴

實柴，是一種將幣帛與牲加於柴上焚燒，使升煙，以祭祀日、月、星辰的禮。《周禮・春官・大宗伯》：

> 以實柴祀日、月、星辰。〔註70〕

鄭玄《注》：「實柴，實牛柴上也。玄謂……祀五帝亦用實柴之禮云。」〔註71〕是實柴以牛爲祭牲。另外據鄭說，除祭日、月、星辰外，祭五方天帝也行實柴。

實柴又省稱爲「柴」。《尚書・舜典》：

> 至于岱宗，柴。〔註72〕

《經典釋文・尚書音義上・舜典》引馬融云：「祭時，積柴加牲其上而燔之。」〔註73〕又《說文・示部》：「祡，燒柴尞祭天也。」〔註74〕則字亦可從示，作「祡」。

（3）槱　燎

槱燎，是積木焚燎以祭天神。《詩經・大雅・棫樸》：

> 芃芃棫樸，薪之槱之。〔註75〕

是槱燎用柴之證。《說文・火部》段《注》認爲「燎」當作「尞」，如此才具有祭天之義。〔註76〕

槱燎的祭祀對象爲司中、司命、飌師、雨師。《周禮・春官・大宗伯》：

> 以槱燎祀司中、司命、飌師、雨師。〔註77〕

〔註68〕同上註。
〔註69〕同上註。
〔註70〕漢・鄭玄注，唐・賈公彥疏：《周禮注疏》卷十八，頁270。
〔註71〕同上註。
〔註72〕漢・孔安國傳，唐・孔穎達等正義：《尚書正義》卷三，頁38。
〔註73〕唐・陸德明：《經典釋文》卷三上，頁138。
〔註74〕漢・許慎撰，清・段玉裁注：《說文解字注》卷一，頁4。
〔註75〕漢・毛公傳・鄭玄箋，唐・孔穎達等正義：《毛詩正義》卷十六之三，頁556。
〔註76〕漢・許慎撰，清・段玉裁注：《說文解字注》卷十八，頁480。
〔註77〕漢・鄭玄注，唐・賈公彥疏：《周禮注疏》卷十八，頁270。

鄭玄《注》：「司中、司命，文昌第五、第四星。」〔註78〕《史記‧天官書》：

> 斗魁戴匡六星曰文昌宮，一曰上將，二曰次將，三曰貴相，四曰司
> 命，五曰司中，六曰司祿。〔註79〕

司馬貞《索隱》引《春秋元命包》：「⋯⋯司命主災咎，司中主左理也。」〔註80〕
司中、司命同為星官；司中掌災禍，司命主左理。飌師指風神；雨師指雨神。
同前文所引《周禮‧春官‧大宗伯》：「以槱燎祀司中、司命、飌師、雨師。」
鄭玄《注》引鄭司農：「風師，箕也。雨師，畢也。」〔註81〕「飌」即「風」的
古文，古代以箕星為風神，以畢星為雨神。《風俗通義‧祀典》：

> 《周禮》以槱燎祀風師。風師者，箕星也。箕主簸揚，能致風氣。《易》
> 巽為長女也，長者伯，故曰風伯。鼓之以雷霆，潤之以風雨，養成
> 萬物，有功於人，王者祀以報功也。〔註82〕

祭祀風神與雨神，是為求祈求風調雨順。槱燎祭祀的對象都是以星為代表，
而實柴也有祭祀星辰，二者不相牴觸，特別別出一項，或許是因為司中、司
命、風師、雨師所掌，與季候、民生較為相關。

　　禋祀、實柴、槱燎三種祀天禮，在祭物數量上的區別，最多的是禋祀，
其次是實柴，最少的為槱燎。《周禮‧春官‧肆師》：

> 立大祀用玉、帛、牲牷；立次祀用牲、幣；立小祀用牲。〔註83〕

鄭玄《注》：「鄭司農云：『大祀天地；次祀日月星辰；小祀司命已下。』玄謂
大祀又有宗廟；次祀又有社稷、五祀、五嶽；小祀又有司中、風師、雨師、
山川、百物。」〔註84〕據兩鄭《注》，則禋祀層級最高屬大祀，祭物包含玉、
幣帛、牲。實柴屬次祀，祭器用幣帛與牲，無玉。槱燎屬小祀，僅有加牲於
柴上，無玉與幣帛。

　　禋祀、實柴、槱燎三禮的祭祀的對象等級不同，依次為天帝、日月星辰
及司中、司命、風師、雨師，影響祭物的數量，也依等級遞減：禋祀用玉、
幣帛、牲；實柴用幣帛與牲；槱燎只用牲。

〔註78〕同上註。
〔註79〕漢‧司馬遷撰，日‧瀧川資言考證：《史記會注考證》（三）卷二十七，頁1811。
〔註80〕同上註。
〔註81〕漢‧鄭玄注，唐‧賈公彥疏：《周禮注疏》卷十八，頁270。
〔註82〕漢‧應劭：《風俗通義》卷八，頁206。
〔註83〕漢‧鄭玄注，唐‧賈公彥疏：《周禮注疏》卷十九，頁295。
〔註84〕同上註。

〈春官〉吉禮天神類，表列如下，俾供參考：

表二、《周禮・春官》吉禮──天神類分析表

區分 類別	祭祀 名稱	祭祀對象	祭祀方式
天神	禋祀	昊天上帝	將玉、帛、牲置於積材上，燃燒使生煙。
	實柴	日、月、星辰	將帛與牲置於積材上，燃燒使生煙。
	槱燎	司中、司命、飌師、雨師	將牲置於積材上，燃燒使生煙。

2. 地　祇

祭地禮，包括血祭、貍沈、疈辜三類。這三種禮是依照祭祀對象及祭祀方式區隔。

（1）血　祭

血祭是以牲血滴地，祭地之禮。《周禮・春官・大宗伯》：

> 以血祭祭社稷、五祀、五嶽。〔註85〕

鄭玄《注》：「不言祭地，此皆地祇，祭地可知也。陰祀自血起，貴氣臭也。」〔註86〕社爲土神，稷爲穀神；五祀爲五行之神：木正句芒、火正祝融、金正蓐收、水正玄冥、土正后土；五嶽爲五大山：西嶽華山、東嶽泰山、南嶽衡山、北嶽恆山、中嶽嵩山。三類都與土地相關，皆屬地祇，因此血祭爲祭地禮。

血祭的祭祀方式，據清代金鶚《求古錄禮說・燔柴瘞埋考》：

> 血祭蓋以血滴于地，如鬱鬯之灌地也。氣爲陽，血爲陰。故以煙氣
> 上升而祀天，以牲血下降而祭地，陰陽各從其類也。然血爲氣之凝，
> 血氣下達淵泉，亦見周人尚臭之意也。〔註87〕

金氏同於鄭說，說明周人招神，祭天生煙、祭地用氣味，各因其屬性而施行。

（2）貍　沈

貍沈是將玉、帛、牲，埋於地祭山林，或沉於水祭川澤。「貍」同「埋」，亦可稱「瘞」。《周禮・春官・大宗伯》：

〔註85〕漢・鄭玄注，唐・賈公彥疏：《周禮注疏》卷十八，頁272。

〔註86〕同上註。

〔註87〕清・金鶚：《求古錄禮說》，《皇清經解續編》（十）卷六百六十三，頁7193（臺北：復興書局，《皇清經解續編》，南菁書院本，1972年11月初版）。

以貍沈祭山林、川澤。〔註88〕

鄭玄《注》：「祭山林曰埋，川澤曰沈。順其性之舍藏。」〔註89〕貍沈是貍與沈二祭，貍祭山神，沈祭水神。《儀禮·覲禮》：「祭川沈，祭地瘞。」〔註90〕《禮記·祭法》：「燔柴於泰壇，祭天也；瘞埋於泰折，祭地也。用騂犢。」〔註91〕是「貍」可作「埋」，又可作「瘞」之明證。

貍與沈所用的祭物，孫詒讓《周禮正義》：

> 貍沈兼牲、玉、幣言之。〈祭法〉云：『埋少牢于泰昭，祭時也。』
> 《山海經·北山經》說祠山神云：『用一雄雞、彘，瘞。』〈小子〉
> 云：『凡沈辜侯禳，飾其牲。』是貍沈有牲也。《山海經》說瘞祠之
> 禮，用玉者尤多。〈南山經〉云：『用一璋，玉用一璧。』〈西山經〉
> 云：『用百瑜，用一吉玉。』〈北山經〉云：『用一珪』。〈中山經〉云：
> 『用一藻玉』。《左傳·襄十八年》云：『沈玉以濟』；〈昭二十四年〉
> 云：『王子朝以成周之寶珪湛於河』；〈定三年〉云：『蔡侯歸，及漢，
> 執玉而沈。』《管子·形勢篇》亦有淵深沈玉之文。是貍沈有玉也。
> 《穆天子傳》說禮河有沈璧、沈牛、馬、豕、羊。亦沈祭牲玉兩有
> 之證。〈禮運〉云：『瘞繒』，《注》云：『埋沈曰瘞，幣帛曰繒。』是
> 貍有幣，則沈亦有幣可知。故鄭〈司巫〉注云：『瘞謂若祭地祇，有
> 埋牲、玉者也。』鄭彼注不言幣者，文偶不具耳。〔註92〕

說明貍沈的祭物，有玉、幣帛、牲三者，有單獨用玉、帛或牲者，有同時用玉和牲兩種的，不過沒有玉、幣帛、牲三種一起用的。

（3）疈辜

疈辜，指劈牲之胸，析其體為兩半，以祭四方小神。「疈辜」有稱「辜」，亦可稱「磔」，或稱「磔攘」。《周禮·春官·大宗伯》：

> 以疈辜祭四方百物。〔註93〕

鄭玄《注》：「故書……疈為罷。鄭司農云：『……罷辜，披磔牲以祭，若今時

〔註88〕漢·鄭玄注，唐·賈公彥疏：《周禮注疏》卷十八，頁272。
〔註89〕同上註。
〔註90〕漢·鄭玄注，唐·賈公彥疏：《儀禮注疏》卷二十七，頁331。
〔註91〕漢·鄭玄注，唐·孔穎達等正義：《禮記正義》卷四十六，頁797。
〔註92〕清·孫詒讓：《周禮正義》（九）卷三十三，頁3175（臺北：藝文印書館，1967年3月臺一版）。
〔註93〕漢·鄭玄注，唐·賈公彥疏：《周禮注疏》卷十八，頁272。

磔狗祭以止風。』……玄謂疈,疈牲胸也。疈而磔之謂磔攘。」〔註 94〕「疈辜」又可稱「磔攘」,是剖開牲體胸腹部,張開使之乾枯,以求止災之禮。《周禮・夏官・小子》:

> 凡沈、辜、侯禳,飾其牲。〔註95〕

鄭玄《注》引鄭司農云:「辜,謂磔牲以祭也。」〔註96〕是疈辜亦稱「辜」。《爾雅・釋天》:

> 祭風曰磔。〔註97〕

郭璞《注》:「今俗當大道中磔狗,云以止風。」〔註98〕《禮記・月令》:

> 季春……命國難,九門磔攘。〔註99〕

鄭玄《注》:「磔牲以攘於四方之神,所以畢止其災也。」〔註100〕單言「辜」、「磔」,或複言「磔攘」,義均相同,都是剖牲祭四方小神,祈求災難停止。

　　血祭、貍沈、疈辜三種祀地禮,在祭祀對象及祭祀方式上,互有差異。血祭祭社稷、五祀、五嶽;貍沈爲二,貍祭山林,沈祭川澤;疈辜祭四方小神。祭法上的差別爲:血祭以牲血滴地;貍將祭物埋至地下,沈則沉入水中;疈辜剖牲體張於路中。都具有祈福止禍的目的。

　　〈春官〉吉禮地祇類,表列分析如下,以清眉目:

表三、《周禮・春官》吉禮──地祇類分析表

類別　　　　區分	祭　祀 名　稱	祭　祀　對　象	祭　祀　方　式
地　祇	血　祭	社稷、五祀、五嶽	以牲血滴地。
	貍　沈	山林川澤	將祭物埋於地祭山林;沉入水祭川澤。
	疈　辜	四方百物	剖祭牲胸腹,張設於大道。

〔註94〕　同上註。
〔註95〕　漢・鄭玄注,唐・賈公彥疏:《周禮注疏》卷三十,頁 457。
〔註96〕　同上註。
〔註97〕　晉・郭璞注,宋・邢昺疏:《爾雅注疏》卷六,頁 99（臺北:藝文印書館,《十三經注疏 8 爾雅》,嘉慶二十一年江西南昌學堂重刊宋本,1997 年 8 月初版十三刷）。
〔註98〕　同上註。
〔註99〕　漢・鄭玄注,唐・孔穎達等正義:《禮記正義》卷十五,頁 305。
〔註100〕　同上註。

3. 人 鬼

大宗伯祭先王的禮，包括肆獻祼、饋食、祠春、禴夏、嘗秋、烝冬六項。

（1）肆獻祼

「肆」作爲祭名，指肆解牲體以祭。《周禮・春官・大宗伯》：

> 以肆獻祼享先王。〔註101〕

鄭玄《注》：「肆者，進所解牲體，謂薦孰時也。」〔註102〕是以肆解的牲體爲祭品。《周禮・春官・典瑞》：

> 祼圭有瓚，以肆先王，以祼賓客。〔註103〕

鄭玄《注》：「肆，解牲體以祭，因以爲名。」〔註104〕肆因其禮爲獻肆解的牲體饗先王，因而得名。

「獻」作爲祭名，指天子祭先王，在行祼禮，解牲後，薦腥血，酌醴獻尸。亦稱「獻禮」。《周禮・春官・大宗伯》：「以肆獻祼享先王。」〔註105〕鄭玄《注》：「獻，獻醴，謂薦血腥也。」〔註106〕賈公彥《疏》：「此是朝踐節，當二灌後。王出迎牲，祝延尸出戶，坐於堂上，南面。迎牲入，豚解而腥之，薦於神坐，以玉爵酌醴齊，以獻尸。后亦以玉爵酌醴齊以獻尸，故云謂薦腥也。」〔註107〕獻禮爲行祼禮及肆禮之後，獻牲血予代表先王的尸。

「祼」是以圭瓚酌鬱鬯灌地以降神。常用於宗廟祭祀；王會大賓客亦有用祼禮。字亦作「果」，或作「灌」。廟祭的祼禮，《周禮・春官・大宗伯》：「以肆獻祼享先王。」〔註108〕鄭玄《注》：「祼之言灌，灌以鬱鬯，謂始獻尸求神時也。」〔註109〕賈公彥《疏》：「凡宗廟之祭，迎尸入戶，坐於主北。先灌，謂王以圭瓚酌鬱鬯以獻尸，尸得之，瀝地祭訖，啐之，奠之，不飲。尸爲神象灌地，所以求神，故云始獻尸求神時也。」〔註110〕行宗廟祭祀時，使用玉製的禮器，盛鬯草製成的酒獻尸，尸不飲，灌地，以鬯的香氣祈請神明降臨。《禮

〔註101〕漢・鄭玄注，唐・賈公彥疏：《周禮注疏》卷十八，頁273。
〔註102〕同上註。
〔註103〕漢・鄭玄注，唐・賈公彥疏：《周禮注疏》卷二十，頁314。
〔註104〕同上註。
〔註105〕漢・鄭玄注，唐・賈公彥疏：《周禮注疏》卷十八，頁273。
〔註106〕同上註。
〔註107〕漢・鄭玄注，唐・賈公彥疏：《周禮注疏》卷十八，頁274。
〔註108〕漢・鄭玄注，唐・賈公彥疏：《周禮注疏》卷十八，頁273。
〔註109〕同上註。
〔註110〕漢・鄭玄注，唐・賈公彥疏：《周禮注疏》卷十八，頁274。

記‧郊特牲》：

> 周人尚臭，灌用鬯臭，鬱合鬯，臭陰達於淵泉，灌以圭璋，用玉氣
> 也。〔註111〕

說明祼禮不僅以有香氣的酒招請先王，就連所使用的祭器用玉，也結合了以氣味降神的目的。《禮記‧祭統》：

> 君執圭瓚祼尸。大宰執璋瓚亞祼。〔註112〕

孔穎達《疏》：「天子諸侯之祭禮，先有祼尸之事，乃後迎牲者。」〔註113〕《論語‧八佾》：

> 子曰：禘，自既灌而往者，吾不欲觀之矣。〔註114〕

皇侃《義疏》引鄭玄《尚書大傳‧注》：「灌是獻尸。尸乃得獻，乃祭酒以灌地也。」〔註115〕此皆言祭祀先公先王，以祼尸為先。祼禮除用於祭祀，另於王饗賓客時，也可稱祼。《周禮‧春官‧典瑞》：

> 祼圭有瓚，以肆先王，以祼賓客。〔註116〕

鄭玄《注》：「爵行曰祼。」〔註117〕賈公彥《疏》：「此《周禮》祼，皆據祭而言，而於生人飲酒，亦曰祼。故〈投壺〉禮云：『奉觴賜灌』，是生人飲酒爵行，亦曰灌也。」〔註118〕酌酒請賓客，也稱「祼」。又如《周禮‧秋官‧大行人》：

> 上公之禮，……王禮再祼而酢。……諸侯之禮……王禮壹祼而
> 酢。……諸伯……王禮壹祼不酢。〔註119〕

鄭玄《注》引鄭司農云：「祼，讀為灌。再灌，再飲公也。而酢，報飲王也。」〔註120〕王祼賓，不同的級別，禮數也各異。君不酢臣，《周禮‧春官‧大宗伯》：

> 大賓客，則攝而載果。〔註121〕

鄭玄《注》：「載，為也。果，讀為祼。代王祼賓客以鬯。君無酢臣之禮，言

〔註111〕漢‧鄭玄注，唐‧孔穎達等正義：《禮記正義》卷二十六，頁507。
〔註112〕漢‧鄭玄注，唐‧孔穎達等正義：《禮記正義》卷四十九，頁832。
〔註113〕同上註。
〔註114〕魏‧何晏等注，宋‧邢昺疏：《論語注疏》卷三，頁27。
〔註115〕魏‧何晏集解、梁‧皇侃疏：《論語集解義疏》卷二，頁25（臺北：世界書局，中國學術名著第六輯，十三經注疏補正第十四冊，1963年5月初版）。
〔註116〕漢‧鄭玄注，唐‧賈公彥疏：《周禮注疏》卷二十，頁314。
〔註117〕同上註。
〔註118〕同上註。
〔註119〕漢‧鄭玄注，唐‧賈公彥疏：《周禮注疏》卷三十，頁562。
〔註120〕同上註。
〔註121〕漢‧鄭玄注，唐‧賈公彥疏：《周禮注疏》卷十八，頁284。

－60－

為者，攝酌獻耳，拜送則王也。」〔註122〕大宗伯的職務之一，是代王奉爵獻賓客。因此是大宗伯代替王行祼禮。對上公是王祼兩次，上公回敬一次；對諸侯是王祼一次，諸侯回敬一次；對諸伯是王祼一次，諸伯不必回敬。因祼賓客與祼祭類近，都有「獻」的形式，故雖所獻對象相異，施行場合不同，仍可稱祼。由《詩經》作「祼」；《周禮》「祼」、「果」兼用；《論語》、《禮記》始用「灌」字。推測或許「果」為最初的借字，代指祭名；「祼」從示，表示為一種祭祀，乃後造的本字；「灌」為較晚的借字，因其古音同而可假借。

（2）饋　食

「饋食」指祭祀時，薦蒸熟的黍稷的禮。《周禮・春官・大宗伯》：「以饋食享先王。」〔註123〕鄭玄《注》：「禘言饋食者，著有黍稷，互相備也。」〔註124〕天子、諸侯之祭先王，先祼，次肆，後獻醴、薦血腥，之後薦熟饋食；大夫、士之祭，則無祼、薦血腥朝踐之事，只有薦饋食，如《儀禮・特牲饋食禮》、《儀禮・少牢饋食禮》，為諸侯之士及卿大夫，於歲時祭其祖禰之禮，都是從薦熟食黍稷開始，沒有獻醴和薦牲血的程序。《儀禮・特牲饋食禮》：

> 特牲饋食之禮不言取日。〔註125〕

鄭玄《注》：「祭祀自孰始曰饋食。饋食者，食道也。」〔註126〕因祭祀自饋食開始，故稱饋食禮。

（3）四時廟祭

「祠」為春祭先王，「禴」為夏祭先王，「嘗」為秋祭先王，「烝」為冬祭先王於宗廟。《周禮・春官・大宗伯》：

> 以祠春享先王，以禴夏享先王，以嘗秋享先王，以烝冬享先王。
> 〔註127〕

《爾雅・釋天》：

> 春祭曰祠，夏祭曰礿，秋祭曰嘗，冬祭曰烝。〔註128〕

由兩段文字，可看出祠、禴、嘗、烝均為祭名，分別指春、夏、秋、冬四時

〔註122〕同上註。
〔註123〕漢・鄭玄注，唐・賈公彥疏：《周禮注疏》卷十八，頁273。
〔註124〕同上註。
〔註125〕漢・鄭玄注，唐・賈公彥疏：《儀禮注疏》卷四十四，頁519。
〔註126〕同上註。
〔註127〕漢・鄭玄注，唐・賈公彥疏：《周禮注疏》卷十八，頁273。
〔註128〕晉・郭璞注，宋・邢昺疏：《爾雅注疏》卷六，頁99。

祭先王。而「礿」同「禴」，「嘗」又作「甞」。

天子、諸侯四時祭宗廟的名稱，隨時代略有更動。《禮記·王制》：

> 天子、諸侯宗廟之祭，春曰礿，夏曰禘，秋曰嘗，冬曰烝。〔註129〕

鄭玄《注》：「此蓋夏、殷之祭名。周則改之，春曰祠，夏曰礿。以禘爲殷祭。《詩·小雅》曰：『礿祠烝嘗，于公先王。』此周四時祭宗廟之名。」〔註130〕鄭玄認爲春祭之名，於夏、殷二代稱礿，周代稱祠；夏祭夏、殷二代稱禘，周稱礿；秋祭與冬祭之祭名，三代皆同。

祭先王的供品，因不同的時節，內容也隨之改變，依照前段所引《爾雅·釋天》：

> 春祭曰祠，夏祭曰礿，秋祭曰嘗，冬祭曰烝。〔註131〕

郭璞《注》：「祠之言食；新菜可礿；嘗新穀；進物品也。」〔註132〕說明祠春薦食，但食物的種類不確定。禴夏薦新收成的時菜。嘗秋進秋季收穫的穀物，《公羊·桓公八年·傳》：

> 烝者何？冬祭也。春曰祠，夏曰礿，秋曰嘗，冬曰烝。〔註133〕

何休《注》：「麥始熟可礿，故曰礿。」〔註134〕可知嘗秋所進的穀物，是新熟的麥子。至於烝冬，郭《注》只說進物品；不過，由《周禮·夏官·大司馬》：

> 遂以苗田，如蒐之灋。車弊，獻禽，……以享礿。〔註135〕

又：

> 入，獻禽以享烝。〔註136〕

鄭玄《注》：「入，又以禽祭宗廟。」〔註137〕此指冬狩之禮。冬祭先王，以狩獵所得獻宗廟。

肆獻祼含肆禮、獻禮、祼禮三者，實際上的順序，應爲先祼、次肆、後

〔註129〕漢·鄭玄注，唐·孔穎達等正義：《禮記正義》卷十二，頁242。

〔註130〕同上註。

〔註131〕晉·郭璞注，宋·邢昺疏：《爾雅注疏》卷六，頁99。

〔註132〕同上註。

〔註133〕漢·何休注，唐·徐彥疏：《春秋公羊傳注疏》卷五，頁59（臺北：藝文印書館，《十三經注疏7公羊傳》，嘉慶二十一年江西南昌學堂重刊宋本，1997年8月初版十三刷）。

〔註134〕同上註。

〔註135〕漢·鄭玄注，唐·賈公彥疏：《周禮注疏》卷二十九，頁444。

〔註136〕漢·鄭玄注，唐·賈公彥疏：《周禮注疏》卷二十九，頁448。

〔註137〕同上註。

獻，可能是因以祼始，因此置於後，以爲禮名。饋食爲肆獻祼後薦熟黍稷之禮。天子、諸侯行肆獻祼後，行饋食。《周禮》作者依照其行禮的先後，作次序安排。至於祠春、禴夏、嘗秋、烝冬，則爲四時祭名。四時祭祀，都有供奉當令的食物，可看出周人對祖先愛敬的心理。肆獻祼和饋食，鄭玄認爲分別是祫祭、禘祭。〔註138〕對於鄭氏之說，學者多所爭議，經錢玄〈肆獻祼、饋食非祫禘辨〉歸納分析，依據《周禮》行文雖多採並列形式，但內容卻不見得並列，並參照古籍所載，主張肆獻祼、饋食是四時祭的方式，〈大宗伯〉於祭先王之禮，僅列舉四時祭。〔註139〕肆獻祼與饋食都是行祭禮時的形式及程序，因而〈大宗伯〉所列祭先王的六個項目，實可大分爲二類，前兩項說明祭祀方式，後四項方爲祭名。

　　《周禮・春官》吉禮人鬼類，表列如下，以清眉目：

表四、《周禮・春官》吉禮──人鬼類分析表

類別＼區分	祭祀名稱	祭祀對象	祭　祀　方　式
人　鬼	肆獻祼	先　王	向尸獻酒，尸灌地不飲。迎牲入，肆解牲體。薦血腥。
	饋　食	先　王	薦熟黍稷。
	祠　春	先　王	薦食。
	禴　夏	先　王	薦新菜。
	嘗　秋	先　王	薦新穀。
	烝　冬	先　王	薦獵獲物。

　　總而言之，〈春官〉吉禮分天神、地祇、人鬼三大類，其下各有屬項。天神類有禋祀、實柴、槱燎三種祭禮。都有燒樹枝以生煙，使煙氣上達神明的儀式，因此亦可統名爲禋祀。三者的祭祀對象：禋祀祀昊天上帝；實柴祀日、月、星辰；槱燎祀司中、司命、飌師、雨師。地祇類的祭祀對象：血祭祭社神、稷神、五祀、五嶽；貍沈祭山林、川澤；疈辜祭四方小神。人鬼類：皆爲享先王，肆獻祼、饋食，四時祠春、禴夏、嘗秋、烝冬。

〔註138〕漢・鄭玄注，唐・賈公彥疏：《周禮注疏》卷十八，頁271。
〔註139〕錢玄：《三禮通論》，頁627～633（南京：南京師範大學出版社，中國傳統文化研究叢書，1996年10月一版一刷）。

祭禮，必須投被祭者之所好，才比較容易獲致得福受賞、消災解厄的目的。天神類的禮，都重升煙的形式。地祇類，血祭滴牲血於地；貍沈將玉璧、牲畜、繒帛埋於地或沉於水；疈辜則於大道上祭獻剖開的牲體。人鬼類，都以薦食物爲主，尤其祠、禴、嘗、烝四時享先王，供奉的更是當令的時鮮。因此宋代王安石《周官新義》說：

> 天祀用物氣，而貴精。地祭用物形，而貴幽。鬼享而貴人義，而貴
> 時。〔註140〕

各類皆循祭祀對象的特質，提供祭品，以滿足神明、祖先的需要。

（二）凶　禮

凶禮的特質，據《周禮・春官・大宗伯》：

> 以凶禮哀邦國之憂：以喪禮哀死亡；以荒禮哀凶札；以弔禮哀禍災；
> 以禬禮哀圍敗；以恤禮哀寇亂。〔註141〕

凶禮的作用，在表達對於哀悽不幸的慰問。包括對於喪亡的弔慰，以及對遭受災禍者的救助和撫慰。其施行對象及於本國及同盟國、鄰國的受難者。種類共計喪禮、荒禮、弔禮、禬禮、恤禮五項。

1. 喪　禮

喪禮即喪葬之禮。《周禮・春官・大宗伯》：

> 以喪禮哀死亡。〔註142〕

喪禮是對逝世親人的悼念，及在世者哀傷之情的表達及抒解。

《周禮》是針對天子而設計，因此被弔唁者，可能是邦國中具貴族身分的親屬。《周禮・春官・司服》：

> 凡喪，爲天王斬衰，爲王后齊衰；王爲三公六卿錫衰，爲諸侯緦衰，
> 爲大夫、士疑衰，其首服皆弁絰。〔註143〕

凡遇喪事，諸侯、諸臣爲王服斬衰，爲王后服齊衰；王爲三公六卿服錫衰，爲諸侯服緦衰，爲大夫、士服疑衰，各服都頭戴弁絰。可見天子爲之服喪的對象，由公卿到士。

〔註140〕宋・王安石：《周官新義》卷八，頁 114（臺北：臺灣商務印書館，國學基本叢書四百種，永樂大典本，1968 年 3 月臺一版）。
〔註141〕漢・鄭玄注，唐・賈公彥疏：《周禮注疏》卷十八，頁 274～275。
〔註142〕漢・鄭玄注，唐・賈公彥疏：《周禮注疏》卷十八，頁 275。
〔註143〕漢・鄭玄注，唐・賈公彥疏：《周禮注疏》卷十八，頁 326。

2. 荒　禮

荒禮即遇災荒時所行之禮，施行於本國，也及於他國。《周禮・春官・大宗伯》：

> 以荒禮哀凶札。〔註144〕

鄭玄《注》：「荒，人物有害也。〈曲禮〉曰：『歲凶，年穀不登。君膳不祭肺，馬不食穀，馳道不除，祭事不縣，大夫不食粱，士飲酒不樂。』」〔註145〕均為本國遇災荒，如饑荒時，君臣上下共體時艱，自動貶損器用之禮。此外，《周禮・秋官・小行人》：

> 若國札喪，則令賻補之；若國凶荒，則令賙委之。〔註146〕

他國有疫癘、災禍，應當有以財貨賙補之禮，亦屬荒禮之範疇。

3. 弔　禮

弔禮是慰問遭遇自然災害，水災或火災者之禮。《周禮・春官・大宗伯》：

> 以弔禮哀禍烖。〔註147〕

鄭玄《注》：「禍災，謂遭水火。」〔註148〕弔禮所弔問的並非所有災禍，而是僅針對水災與火災。《左氏・莊公十一年・傳》：

> 秋，宋大水，公使弔焉。曰：天作淫雨，害於粢盛，若之何不弔？〔註149〕

是魯莊公遣使弔盟國之水災。《禮記・雜記》下：

> 廄焚，孔子拜鄉人為火來者。拜之，士壹，大夫再，亦相弔之道也。〔註150〕

是記孔子的馬廄失火，鄉人來行弔禮，孔子拜謝之事。可證當時遇水、火兩災，確實有行弔禮。

4. 禬　禮

〔註144〕漢・鄭玄注，唐・賈公彥疏：《周禮注疏》卷十八，頁275。

〔註145〕同上註。

〔註146〕漢・鄭玄注，唐・賈公彥疏：《周禮注疏》卷三十七，頁569。

〔註147〕漢・鄭玄注，唐・賈公彥疏：《周禮注疏》卷十八，頁275。

〔註148〕同上註。

〔註149〕晉・杜預注，唐・孔穎達等正義：《春秋左傳正義》卷九，頁153（臺北：藝文印書館，《十三經注疏6左傳》，嘉慶二十一年江西南昌學堂重刊宋本，1997年8月初版十三刷）。

〔註150〕漢・鄭玄注，唐・孔穎達等正義：《禮記正義》卷四十三，頁753。

　　襘禮爲以財貨資助因戰敗，國力有所損失的侯國或他國。《周禮‧春官‧大宗伯》：

　　　　以襘禮哀圍敗。〔註151〕

鄭玄《注》：「同盟者合會財貨，以更其所喪。」〔註152〕說明襘禮是盟國集聚財物，幫助有兵難損傷的國家。賈公彥《疏》：「此經本不定，若馬融以爲『國敗』，正本多爲『圍敗』。」〔註153〕因是國家的危敗，故有「國敗」之說。孫詒讓認爲應作「國敗」。〔註154〕《周禮‧秋官‧小行人》：

　　　　若國師役，則令檮襘之。〔註155〕

鄭玄《注》：「師役者，國有兵寇，以匱病者也。使鄰國合會財貨以與之，《春秋‧定五年》：『夏，歸粟於蔡。』是也。」〔註156〕蔡國被楚國圍困，兵飢民乏，魯國送糧食以救濟之。可見襘禮不必許多國家共同提供物資，單由一國救助也可以。《周禮‧秋官‧大行人》：

　　　　致襘以補諸侯之裁。〔註157〕

是對諸侯國亦行襘禮。

5. 恤 禮

　　恤禮指鄰國有外寇內亂，遣使慰問之禮。《周禮‧春官‧大宗伯》：

　　　　以恤禮哀寇亂。〔註158〕

鄭玄《注》：「恤，憂也。鄰國相憂，兵作於外爲寇，作於內爲亂。」〔註159〕恤禮是用來對鄰國的禍亂表示關心，盡國際之間的情誼。

　　〈春官〉凶禮可大分爲三類：喪禮獨自成類，是慰問逝世親人之用。荒禮與弔禮一類，皆用來慰問受災的地區或國家；但荒禮是針對疾疫、饑荒，

〔註151〕漢‧鄭玄注，唐‧賈公彥疏：《周禮注疏》卷十八，頁275。

〔註152〕同上註。

〔註153〕同上註。

〔註154〕「依賈説，蓋唐時鄭《注》本有作國敗者，與馬本正同。賈〈大行人〉《疏》及〈小行人〉《注》引此經，並作『國敗』，可證也。『國敗』猶《左‧哀十三年‧傳》云：『國勝』。蓋據國爲敵所勝言之，則曰『國勝』；據國見敗於敵，言之則曰『國敗』，義實同也。」
　　　　清‧孫詒讓：《周禮正義》（九）卷三十四，頁3255。

〔註155〕漢‧鄭玄注，唐‧賈公彥疏：《周禮注疏》卷三十七，頁569。

〔註156〕同上註。

〔註157〕漢‧鄭玄注，唐‧賈公彥疏：《周禮注疏》卷三十七，頁561。

〔註158〕漢‧鄭玄注，唐‧賈公彥疏：《周禮注疏》卷十八，頁275。

〔註159〕同上註。

弔禮是針對水災或火災，二者賑救的災害不同。檜禮與恤禮一類，都是慰問有戰事的國家，但檜禮的受取國已確定為戰敗者，恤禮則不然。凶禮的次序，王安石《周官新義》：

> 死亡、凶札、禍烖，天事也。死亡為重，凶札次之，禍烖為輕。圍
> 敗、寇亂，人事也。圍敗為重，寇亂為輕。〔註160〕

先列天命所致的不幸，後序人為災禍，並按照情況的輕重，安排順序。

〈春官〉凶禮的內容，列表分析如下，以清眉目：

表五、《周禮・春官》凶禮分析表

區分＼類別	名　稱	施行原因	施　行　對　象
死　亡	喪　禮	死　亡	各不同地位的死者及喪家。
天　災	荒　禮	凶　札	發生饑饉或疫癘等不幸的地區或國家。
	弔　禮	災　禍	遭受災禍的他國或摯友。
人　禍	檜　禮	危　敗	被敵國侵犯的國家。
	恤　禮	內亂或外患	遭受外侮或內亂的鄰國。

（三）賓　禮

賓禮是接待賓客之禮，賓客於此指諸侯。《周禮・春官・大宗伯》：

> 以賓禮親邦國：春見曰朝；夏見曰宗；秋見曰覲；冬見曰遇；時見
> 曰會；殷見曰同。時聘曰問；殷頫曰視。〔註161〕

賓禮的作用在會見，施行對象是邦國之間，包括：朝、宗、覲、遇、會、同、問、視八項。孔穎達《禮記正義・曲禮》大題下《疏》引鄭玄《三禮目錄・禮記目錄》：

> 致貢朝會之說，賓禮也。〔註162〕

孔氏又言：「五官致貢曰享，天子當宁而立曰朝，相見於郤地曰會，如此之類是致貢朝會之說，當賓禮也。」〔註163〕說明賓禮是天子與諸侯會見之禮儀。

〔註160〕宋・王安石：《周官新義》卷八，頁115。
〔註161〕漢・鄭玄注，唐・賈公彥疏：《周禮注疏》卷十八，頁275～276。
〔註162〕漢・鄭玄注，唐・孔穎達等正義：《禮記正義》卷一，頁11。
〔註163〕同上註。

1. 四時會見

四時會見，指四季諸侯朝天子之禮。春、夏、秋、冬不同的季節，禮的名稱也隨之改變，唯有覲禮保存至今。

「朝」指諸侯春季朝見天子，「宗」指諸侯夏季朝天子，「覲」是諸侯秋朝于天子，「遇」是諸侯冬朝天子。《周禮·春官·大宗伯》：

> 春見曰朝，夏見曰宗，秋見曰覲，冬見曰遇。〔註164〕

鄭玄《注》：「朝猶朝也，欲其來之早。宗，尊也。欲其尊王。覲之言勤也。欲其勤王之事。遇，偶也。欲其若不期而俱至。」〔註165〕朝見之禮的目的，在使諸侯尊王，凝聚諸侯們的向心力，以效忠周王室。

四時朝見的區別，在施行時間的不同，而非儀式或內容上的差別。《周禮·秋官·大行人》：

> 春朝諸侯而圖天下之事，秋覲以比邦國之功，夏宗以陳天下之謨，
> 冬遇以協諸侯之慮。〔註166〕

鄭玄《注》：「圖、比、陳、協，皆考績之言。王者春見諸侯，則圖其事之可否；秋見諸侯，則比其功之高下；夏見諸侯，則陳其謀之是非；冬見諸侯，則合其慮之異同。六服以其朝歲，四時分來，更迭如此而徧。」〔註167〕又《禮記·曲禮》下：

> 天子當依而立，諸侯北面而見天子，曰「覲」。天子當宁而立，諸
> 公東面，諸侯西面，曰「朝」。〔註168〕

鄭玄《注》：「諸侯春見曰朝，受贄於朝，受享於廟，生氣文也。秋見曰覲，一受之於廟，殺氣質也。朝者位於內，朝而序進。覲者位於廟門外而序入，王南面立於依宁而受焉。夏宗依春，冬遇依秋。」〔註169〕鄭玄認為四時朝見，都是為考察諸侯的事功。其差異在各季呈報項目不同：春見共商國事；夏見討論施政計畫；秋見比較各侯國間事功；冬見則檢討磋商各國提出的意見。然而後人多不表贊同，如金鶚《求古錄禮說·朝覲考》說道：

> 朝、宗、覲、遇，特以時而異其名，其禮必不有異。均是諸侯，乃

〔註164〕漢·鄭玄注，唐·賈公彥疏：《周禮注疏》卷十八，頁275。
〔註165〕同上註。
〔註166〕漢·鄭玄注，唐·賈公彥疏：《周禮注疏》卷三十七，頁560。
〔註167〕同上註。
〔註168〕漢·鄭玄注，唐·孔穎達等正義：《禮記正義》卷五，頁90。
〔註169〕同上註。

春夏來者寬以待之，秋冬來者嚴以接之，果何義邪？……凡諸侯見
天子，無論何時，皆謂之覲。《書》言肆覲東后，於春時言之，可知
覲不專於秋也。《詩》言韓侯入覲，《左傳》言晉侯出入三覲，〈郊特
牲〉言覲禮天子不下堂而見諸侯，此皆諸侯見天子稱覲，不必在秋，
否則天子春夏皆下堂而見諸侯，有是禮乎？……朝亦四時之通稱，
不必在春。然諸侯相見亦稱朝，君臣每日相見亦稱朝。惟覲則專屬
諸侯見天子，不可混稱，故《儀禮‧覲禮》一篇特名曰覲，亦所以
別於常朝也。〔註170〕

主張四時朝見名異，但禮不必有異，孫詒讓認為足正鄭說之誤。〔註171〕

「朝」為通稱，平時或四時朝見天子，均得稱「朝」。《尚書‧禹貢》：

江漢朝宗于海。〔註172〕

朝、宗連言，宗亦有朝義。朝見亦稱「覲」，但覲為諸侯朝天子的專稱，其他
身分者見天子不得稱「覲」。如《詩經‧大雅‧韓奕》：

韓侯入覲，以其介圭，入覲于王。〔註173〕

即是諸侯見王；且證明覲不必在秋時。另由《儀禮‧覲禮》，亦可證覲禮不必
是限於秋朝天子之禮。賈公彥《儀禮注疏》於〈覲禮〉大題下，引鄭玄《三
禮目錄》：

三時禮亡，唯此存爾。〔註174〕

四時朝見之禮：「朝」、「宗」、「覲」、「遇」，至漢代《儀禮》僅存覲禮可供參考。

2. 四時之外的會見

四時會見之外，天子亦得會見諸侯。《周禮‧春官‧大宗伯》載有時見、
殷見、時聘、殷覜四項。

「會」謂天子有事會合諸侯。《周禮‧春官‧大宗伯》：

時見曰會。〔註175〕

鄭玄《注》：「時見者，言無常期，諸侯有不順服者，王將有征討之事，則既

〔註170〕清‧金鶚：《求古錄禮說》，《皇清經解續編》（十）卷六百七十五，頁7372～
　　　　7373。
〔註171〕清‧孫詒讓：《周禮正義》（九）卷三十四，頁3268。
〔註172〕漢‧孔安國傳，唐‧孔穎達等正義：《尚書正義》卷六，頁83。
〔註173〕漢‧毛公傳、鄭玄箋，唐‧孔穎達等正義：《毛詩正義》卷十八之四，頁680。
〔註174〕漢‧鄭玄注，唐‧賈公彥疏：《儀禮注疏》卷二十六下，頁318。
〔註175〕漢‧鄭玄注，唐‧賈公彥疏：《周禮注疏》卷十八，頁275。

朝覲，王爲壇於國外，合諸侯而命事焉。《春秋傳》曰：『有事而會，不協而盟。』是也。」〔註176〕王欲征討叛離的諸侯，即集合諸侯宣告其將採取的行動，及分派各諸侯的任務。

「同」是王不巡守，於京師會見四方六服之諸侯。《周禮・春官・大宗伯》：

> 殷見曰同。〔註177〕

鄭玄《注》：「殷見，四時分來，終歲則徧。」〔註178〕天子會見諸侯，諸侯不同時朝見，而是輪流前往，則一年可以會見完畢。金鶚《求古錄禮說・會同考》：

> 會同之禮有四：一是王將有征討，會一方之諸侯。《周官・大宗伯》
> 云：『時見曰會』。……一是王不巡守，四方諸侯皆會京師。〈大宗
> 伯〉云：『殷見曰同』。……此二者皆行於境內者也。一是王巡守
> 諸侯，會於方岳。《尚書・周官篇》所謂：『王乃時巡諸侯，各朝
> 於方岳。』也。……一是王不巡守，而殷國諸侯，畢會於近畿。
> 若周宣王會諸侯于東都，《詩》言『會同有繹』是也。此二者皆行
> 於境外者也。時見時巡，所會皆止一方諸侯，是會同之小者也；
> 殷見殷國，所會則四方六服，諸侯畢至，故曰殷，是會同之大者
> 也。〔註179〕

說明因朝見地點與規模大小的差異，王與諸侯的會見之禮，可分爲四種。會與同都是在王畿範圍內舉行，都屬於規模較小者；會與同之異，在天子有事與無事之別。此說與鄭玄之說會在國外舉行不同。

「問」是天子有事，諸侯遣臣聘問天子，因無常期，故亦稱「時聘」。《周禮・秋官・大行人》：

> 時聘以結諸侯之好，殷覜以除邦國之慝。〔註180〕

鄭玄《注》：「此二事者，亦以王見諸侯之臣使來者爲文也。時聘者，亦無常期。天子有事，諸侯使大夫來聘，親以禮見之，禮而遣之，所以結其恩好也。天子無事則已。」〔註181〕指王有事，諸侯派大夫代表自己朝見天子，天子須

〔註176〕同上註。
〔註177〕同上註。
〔註178〕同上註。
〔註179〕清・金鶚：《求古錄禮說》，《皇清經解續編》（十）卷六百七十五，頁7374。
〔註180〕漢・鄭玄注，唐・賈公彥疏：《周禮注疏》卷三十七，頁561。
〔註181〕同上註。

給予使者應有的款待。《周禮・秋官・大行人》有三問、三勞，爲賓尚在道中，主君即使卿大夫前往迎接問好。唯今《儀禮》有聘禮，而無問禮。

「視」是諸侯定期遣臣聘問天子，亦稱「殷覜」，又可單言「覜」。《周禮・春官・大宗伯》：

　　殷覜曰視。〔註182〕

鄭玄《注》：「殷，猶眾也，十二歲王如不巡守，則六服盡朝，朝禮既畢，王亦爲壇，合諸侯以命政焉。所命之政，如王巡守。」〔註183〕殷即眾；覜即視。殷覜爲王會見眾諸侯以命政。《周禮・秋官・大行人》：

　　殷覜以除邦國之慝。〔註184〕

鄭玄《注》：「殷覜，謂一服朝之歲也。慝，猶惡也。一服朝之歲，五服諸侯皆使卿以聘禮來覜天子。天子以禮見之，命以政禁之事，所以除其惡行。」〔註185〕諸侯派卿大夫擔任使者，向天子行聘問之禮。天子以禮相待，並告知施政上須留意的事項，讓使者回國報告主政者，以期端正各侯國的政治。《周禮・春官・大宗伯》：「殷覜曰視。」鄭玄《注》又云：「一服朝在元年、七年、十一年。」〔註186〕凡是六服諸侯，朝天子有定期：侯服年年朝，甸服二年一朝，男服三年一朝，采服四年一朝，衛服五年一朝，要服六年一朝。故從天子十二歲開始巡守後算起，第一、七、十一年，僅有侯服諸侯一服來朝。因來朝者少，所以規定於一、七、十一年，其他五服諸侯均須使卿大夫來聘。《周禮・春官・典瑞》：

　　瑑圭璋璧琮，繅皆二采一就，以覜聘。〔註187〕

鄭玄《注》：「大夫眾來曰覜，賓來曰聘。」〔註188〕覜即殷覜，殷有眾義。因爲有各侯國的大夫陸續前來，所以稱爲眾；由侯國而來，爲各國諸侯的代表，故稱賓。殷覜，每十二年舉行三次。

〈春官〉賓禮，就舉行時間而言，分定時與不定時兩大類。四時會見與殷覜爲定時，時見、殷見、時聘爲不定時。另外，就行禮者而言，時聘與殷

〔註182〕漢・鄭玄注，唐・賈公彥疏：《周禮注疏》卷十八，頁275。
〔註183〕同上註。
〔註184〕漢・鄭玄注，唐・賈公彥疏：《周禮注疏》卷三十七，頁561。
〔註185〕同上註。
〔註186〕漢・鄭玄注，唐・賈公彥疏：《周禮注疏》卷十八，頁276。
〔註187〕漢・鄭玄注，唐・賈公彥疏：《周禮注疏》卷二十，頁313。
〔註188〕同上註。

覲爲諸侯派遣使者朝見天子，其他各項則爲諸侯親自前往。

〈春官〉賓禮的內容，列表分析如下，以清眉目：

表六、《周禮·春官》賓禮分析表

區分 類別	會見時間	意義
朝	春 季	諸侯春見天子。
宗	夏 季	諸侯夏見天子。
覲	秋 季	諸侯秋見天子。
遇	冬 季	諸侯冬見天子。
會	不定時	天子將出兵征討，宣告諸侯。
同	不定時	天子無事會諸侯。
問	不定時	天子有事，諸侯派使聘問。
視	每十二年的第一、七、十一年	天子無事，諸侯派使聘問。

（四）軍　禮

軍禮統攝征伐、田獵、築城邑、平均徭役、稅賦等等之禮，《周禮·春官·大宗伯》：

> 以軍禮同邦國：大師之禮，用眾也；大均之禮，恤眾也；大田之禮，
> 簡眾也；大役之禮，任眾也；大封之禮，合眾也。〔註189〕

軍禮的作用是統一國家制度，其施行對象是民眾，種類包括：大師之禮、大均之禮、大田之禮、大役之禮、大封之禮五種。孔穎達《禮記正義·曲禮》大題下，引鄭玄《三禮目錄·禮記目錄》：

> 兵車旌鴻之說，軍禮也。〔註190〕

孔氏又云：「兵車不式，前有水則載青旌，如此之類是兵車旌鴻之說，當軍禮也。」〔註191〕鄭玄與孔穎達指出〈春官〉之軍禮，有軍事行動一項。

1. 大師之禮

大師之禮，是天子出兵征伐之禮。《周禮·春官·大宗伯》：

> 大師之禮，用眾也。〔註192〕

〔註189〕漢·鄭玄注，唐·賈公彥疏：《周禮注疏》卷十八，頁276～277。
〔註190〕漢·鄭玄注，唐·孔穎達等正義：《禮記正義》卷一，頁11。
〔註191〕同上註。
〔註192〕漢·鄭玄注，唐·賈公彥疏：《周禮注疏》卷十八，頁276。

鄭玄《注》：「用其義勇。」〔註193〕賈公彥《疏》：「大師者，謂天子六軍，諸侯大國三軍，次國二軍，小國一軍。出征之法，用眾。」〔註194〕周代戰爭方式，有車戰與步戰，需要使用到大量的人力，因此說是「用眾」。《周禮・夏官・大司馬》：

> 若大師，則掌其戒令，涖大卜，帥執事，涖釁主及軍器。及致，建
> 大常，比軍眾，誅後至者。〔註195〕

鄭玄《注》：「大師，王出征伐也。」〔註196〕大師之禮，含出征時的各項戒令、祭祀、器械，依先秦典籍的敘述，出師有宗廟謀議、命將出師、載主遠征、凱旋獻俘等程序。此禮為大宗伯與大司馬所共掌。

2. 大均之禮

大均之禮，指校正戶口、調整賦稅之事。《周禮・春官・大宗伯》：

> 大均之禮，恤眾也。〔註197〕

鄭玄《注》：「均其地政、地守、地職之賦，所以憂民。」〔註198〕減輕人民的稅金，為民解憂，因此說是「恤眾」。《周禮・地官・均人》：

> 掌均地政，均地守，均地職，均人民牛馬車輦之力政。〔註199〕

又云：

> 三年大比，則大均。〔註200〕

鄭玄《注》：「政，讀為征。地征，謂地守、地職之稅也。」〔註201〕均人的工作有平均土地稅，及為國家重大建設，所需徒役、牛馬、車輦，而開徵的稅。每三年做一次對地政、地守、地職的調整。因為是以平均稅賦及力役等為目的，遂稱「大均」。此禮為大宗伯與均人共掌。

3. 大田之禮

大田之禮，為田獵及操練檢閱士兵之事。《周禮・春官・大宗伯》：

〔註193〕同上註。
〔註194〕同上註。
〔註195〕漢・鄭玄注，唐・賈公彥疏：《周禮注疏》卷二十九，頁448。
〔註196〕同上註。
〔註197〕漢・鄭玄注，唐・賈公彥疏：《周禮注疏》卷十八，頁276。
〔註198〕同上註。
〔註199〕漢・鄭玄注，唐・賈公彥疏：《周禮注疏》卷十四，頁210。
〔註200〕同上註。
〔註201〕同上註。。

大田之禮，簡眾也。〔註202〕

鄭玄《注》：「古者因田習兵，閱其車徒之數。」〔註203〕為養成戰力，平時必須給予軍民訓練。大田亦作「大蒐」，《周禮・春官・小宗伯》：

若大蒐則有司而餹獸于郊，遂頒禽。〔註204〕

小宗伯在田獵結束後，率有司將獵得的禽獸獻祭四郊群神，然後分予群臣。大蒐即大田。

大田之禮，是非戰時的軍事訓練。在古代，授獵既是謀生的方式，也是戰術演練。《左氏・隱公五年・傳》：

春蒐、夏苗、秋獮、冬狩，皆於農隙以講事也。〔註205〕

隨季節更遞，授獵名稱與方式也隨之改變，春天用火、夏天用車、秋天用網、冬天圍獵。在農忙之後空閒的時間，藉打獵、圍捕野獸的活動，教導民眾攻戰的方法。之所以軍事演習可以借田獵舉行，楊寬《古史新探》認為，因為古時候狩獵和戰爭的方式，都採圍攻，應用的工具一致，且皆須聽從指揮，事後也都有獻獵獲物、戰利品的形式，因此自然會形成此禮。〔註206〕

4. 大役之禮

大役之禮，是為築王宮、城邑，而發動的徒役之事。《周禮・春官・大宗伯》：

大役之禮，任眾也。〔註207〕

鄭玄《注》：「築宮邑，所以事民力強弱。」〔註208〕古代人民有徒役的義務，修築王宮、修建城牆，即屬於力役的工作項目。

5. 大封之禮

大封之禮，是指校正封國疆界。《周禮・春官・大宗伯》：

大封之禮，合眾也。〔註209〕

鄭玄《注》：「正封疆溝塗之固，所以合聚其民。」〔註210〕賈公彥《疏》：「諸

〔註202〕漢・鄭玄注，唐・賈公彥疏：《周禮注疏》卷十八，頁277。

〔註203〕同上註。

〔註204〕漢・鄭玄注，唐・賈公彥疏：《周禮注疏》卷十九，頁293。

〔註205〕晉・杜預注，唐・孔穎達等正義：《春秋左傳正義》卷三，頁59。

〔註206〕楊寬：《古史新探》，頁263～264。

〔註207〕漢・鄭玄注，唐・賈公彥疏：《周禮注疏》卷十八，頁277。

〔註208〕同上註。

〔註209〕同上註。。

〔註210〕同上註。

侯相侵境界，民則隨地遷移者，其民庶不得合聚，今以兵而正之，則其民合聚，故云：『大封之禮，合眾也。』」〔註211〕由於諸侯國之間相互侵越，而使疆界變動。疆界的變異，容易使得人民在納稅、服役、遵循政令等方面，產生無所適從的困擾。故須以兵力正之，好讓民生安定。

〈春官〉軍禮的範圍很廣，並非只有軍事上的平時訓練及戰時戒律，還包括地政、力役等項目。出征時，部隊的成員有貴族、有平民，因此與軍禮相關的對象，不僅有貴族而已。大均、大役、大封之禮，不與征戰相關，但是因為都須借助軍事力量，因此歸於軍禮。軍禮中各禮的次第，據王安石《周官新義》：

> 用眾，用其命。恤眾，恤其事。簡眾，簡其能。任眾，任其力。合眾，合其志。地有定域，民有常主，則所以合其志也。……軍禮，以其用命為主，以合其志為終始。〔註212〕

軍禮的目的在集合眾人的力量，用以達成保衛國家、修建宮室城邑、校定疆界等國家事務。由要求人民效力，到減輕民眾負擔、培養戰力、發動徒役，藉由團體性的活動，最後得到凝聚共識的目標。

〈春官〉軍禮的內容，列表分析如下，以清眉目：

表七、《周禮・春官》軍禮分析表

類別　　區分	意　　義
大師之禮	出征時軍中之戒規。
大均之禮	校正戶口，調整稅賦與勞役。
大田之禮	平時的軍事訓練。
大役之禮	修護宮室、城牆。
大封之禮	校正諸侯國的疆界。

（五）嘉　禮

嘉禮是維繫天子與宗族和諸侯間情感的禮，《周禮・春官・大宗伯》：

> 以嘉禮親萬民：以飲食之禮親宗族兄弟；以昏冠之禮親成男女；以

〔註211〕同上註。
〔註212〕宋・王安石：《周官新義》卷八，頁116。

　　賓射之禮親故舊朋友；以饗燕之禮親四方之賓客；以脹膰之禮親兄

　　弟之國；以賀慶之禮親異姓之國。〔註213〕

嘉禮的作用在使彼此相親相愛，其實施對象包括各種親疏關係，有：宗族兄
弟、男女、朋友、賓客、兄弟之國、異姓之國。包括飲食、昏冠、賓射、饗
燕、脹膰、賀慶六項。

1. 飲　食

　　飲食是飲與食二者。《周禮・春官・大宗伯》：

　　以飲食之禮親宗族兄弟。〔註214〕

是天子欲藉飲與食的機會，增進和宗族兄弟間的情誼。

　　「飲」原爲酒漿的總稱。《周禮・天官・膳夫》：

　　掌王之食、飲、膳、羞，以養王及后、世子。〔註215〕

鄭玄《注》：「食，飯也。飲，酒漿也。膳，牲肉也。羞，有滋味者。」〔註216〕
鄭玄所謂的酒漿，包括所有飲料。關於王用的飲料，《周禮・天官・膳夫》又云：

　　凡王之饋，……飲用六清。〔註217〕

鄭玄《注》引鄭司農云：「六清：水、漿、醴、醇、醫、酏。」〔註218〕六清，
即水、酸味的酒、一宿熟的甜酒，與其他三種濃淡程度不同的粥。另外天官
酒正也掌理與酒相關的政令，所掌五齊是供祭祀用的飲料，三酒和四飲才供
人飲用。《周禮・天官・酒正》：

　　辨三酒之物，一曰事酒，二曰昔酒，三曰清酒。辨四飲之物，一曰

　　清，二曰醫，三曰漿，四曰酏。〔註219〕

四飲爲六清之漿、醴、醫、酏。三酒爲三種經過濾去滓的酒：有事而釀的新
酒；釀造時間較新酒長，冬釀春熟的昔酒；製造時間更久，冬釀夏熟的清酒。
合六清三酒，總名爲飲。飲禮指行禮時，只飲用飲料的禮。

　　食禮是烹大牢款待賓客之禮。無酒，以飯爲主。食禮，盛者九舉九飯，
其次七舉七飯，再次五舉五飯。《禮記・王制》：

〔註213〕漢・鄭玄注，唐・賈公彥疏：《周禮注疏》卷十八，頁277～278。

〔註214〕漢・鄭玄注，唐・賈公彥疏：《周禮注疏》卷四，頁277。

〔註215〕漢・鄭玄注，唐・賈公彥疏：《周禮注疏》卷四，頁57。

〔註216〕同上註。

〔註217〕同上註。

〔註218〕同上註。

〔註219〕漢・鄭玄注，唐・賈公彥疏：《周禮注疏》卷五，頁77。

凡養老⋯⋯般禮以食禮。〔註220〕

孔穎達《疏》：「食禮者，有飯有殽，雖設酒而不飲，其禮以飯爲主，故曰食也。」〔註221〕食禮席上所設的食物，有飯、有菜，因其所食以飯爲主，而稱食禮。秦蕙田《五禮通考》：

> 《儀禮》有〈公食大夫禮〉，有〈鄉飲酒禮〉，有〈燕禮〉。〈鄉飲酒〉與〈燕〉，其牲皆狗，然骨體致敬，庶羞盡愛，亦可云食。而曰飲者，飲者有舉有薦，薦爲舉設，故曰飲也。〈公食大夫〉其牲則牢，其儀則具饌于東房，而無尊，雖酒亦實於觶，加於豐而賓，引奠于薦右而不飲，其後有卒食之文，而無卒爵之文，故曰食禮。〔註222〕

說明飲禮與食禮的區別，二者皆有設置飲料和食物，但飲禮只用飲料，食物是爲薦祖先而設；食禮只用飯菜，酒也是爲奠祭祖先而用。

飲禮與食禮各因典禮進行時的特色得名，飲禮只飲不食，食禮只食不飲。《周禮》作者或許就是因這種算是互補的特質，將此二禮歸爲一類。

2. 昏　冠

昏冠，即婚禮與冠禮之合稱。

冠禮是男子成人之禮。男子行冠禮後，即具備其應有的權利和開始擔負須盡的義務。對於天子的冠禮，由於文獻不足，因此僅能由保存較完整的士冠禮，推測其梗概。

舉行冠禮的年齡，因階層而或異。按《禮記・曲禮》上：「二十而弱，冠。」〔註223〕男子二十歲稱冠，那麼似乎一般來說，應該在年滿二十那年行冠禮。另據《左氏・襄公九年・傳》：

> 晉侯曰：「十二年矣，是謂一終，一星終也。國君十五生子，冠而生子，禮也。君可以冠矣。」〔註224〕

孔穎達《疏》：「案此傳文，則諸侯十二加冠也。文王十三生伯邑考，則十二加冠，親迎于渭，用天子之禮。則天子十二冠也。〈晉語〉柯陵會趙武冠，見

〔註220〕漢・鄭玄注，唐・孔穎達等正義：《禮記正義》卷十三，頁263。

〔註221〕同上註。

〔註222〕清・秦蕙田著：《五禮通考》（五）卷一百四十三，頁3（臺北：聖環圖書公司，味經窩藏板，1994年5月一版一刷）。

〔註223〕漢・鄭玄注，唐・孔穎達等正義：《禮記正義》卷一，頁16。

〔註224〕晉・杜預注，唐・孔穎達等正義：《春秋左傳正義》卷三十，頁529。

范文子。冠時年十六七，則大夫十六冠也。士庶則二十而冠。」〔註225〕孔穎達推測，周代天子與諸侯十二歲行冠禮，大夫十六歲，士庶二十歲。《荀子·大略》：

> 天子、諸侯子，十九而冠。〔註226〕

楊倞《注》：「先於臣下一年也。」〔註227〕天子與諸侯的兒子十九歲行冠禮；說法與《左傳》略有不同，但據此說猶可知，天子、諸侯、大夫，及其子之冠禮舉行的時間，均早於士。

周代冠禮的程序，今因《儀禮·士冠禮》尚存，可資了解當時士階層的冠禮形式，據以推測天子冠禮。依照《左氏·襄公九年·傳》：

> 君冠必以裸享之禮行之，以金石之樂節之，以先君之祧處之。〔註228〕

諸侯之冠禮於祖廟舉行，須用樂、行裸禮。士階層的冠禮以三加為主要節目，諸侯的冠禮與士冠禮程序相同，僅有部分些微的差別，《大戴禮記·公冠》：

> 公冠自為主，迎賓，揖升自阼，立于席。既醴，降自阼。其餘自為
> 主者，其降也自西階以異，其餘皆與公同也。公玄端與皮弁皆韠，
> 朝服素韠。公冠四加玄冕。饗之以三獻之禮，無介，無樂，皆玄端。
> 其醻幣朱錦采，四馬，其慶也同。天子儗焉。太子與庶子，其冠皆
> 自為主，其禮與士同，其饗賓也皆同。〔註229〕

首先，在服飾方面：諸侯的冠禮四加，較士的緇布冠、皮弁、爵弁多了玄冕。其次，饗賓客方面：公冠饗賓三獻；士醴賓一獻。其三，酬賓方面：公冠酬賓朱色的幣帛、彩色的錦，以及四匹馬；士酬賓束帛、儷皮。天子的冠禮，比照諸侯的冠禮，不過於服飾上，《禮記·冠義》：「故冠於阼以著代也，醮於客位，三加彌尊，加有成也。」〔註230〕孔穎達《疏》：「諸侯尚四加，則天子亦當五加袞冕也。」〔註231〕孔氏認為天子五加，又較諸侯增加袞冕。

「昬」即「昏」字。昏禮就是結婚典禮，周代天子婚禮的詳細狀況已不

〔註225〕同上註。
〔註226〕唐·楊倞注：《荀子》卷十九，頁13～14。
〔註227〕同上註。
〔註228〕晉·杜預注，唐·孔穎達等正義：《春秋左傳正義》卷三十，頁529。
〔註229〕清·王聘珍：《大戴禮記解詁》卷十三，頁247～248。
〔註230〕漢·鄭玄注，唐·孔穎達等正義：《禮記正義》卷六十一，頁998。
〔註231〕漢·鄭玄注，唐·孔穎達等正義：《禮記正義》卷六十一，頁999。

可知，如今當時的婚儀，因《儀禮・士昏禮》尚存，僅有士階級的婚禮所知稍多。

婚禮的意義，根據《禮記・昏義》：

> 昏禮者，將合二姓之好，上以事宗廟，而下以繼後世也，故君子重
> 之。〔註232〕

婚禮是以兩姓宗族的結合、祖先的祭祀，及生命的延續爲其目的。

婚禮舉行的年齡，《禮記・曲禮》上：「三十而壯，有室。」〔註233〕男子三十歲成家，但依前引《左氏・襄公九年・傳》文：

> 國君十五生子，冠而生子，禮也。〔註234〕

可知不同位階的適婚年齡可能不同。在婚娶對象方面，《左氏・僖公二十三年・傳》：

> 男女同姓，其生不蕃。〔註235〕

可知爲求子孫的綿延，結婚的對象，不應爲同姓者。至於婚禮的時間，賈公彥於《儀禮・士昏禮》大題下引鄭玄《三禮目錄》：

> 士娶妻之禮，以昏爲期，因而名焉。必以昏者，陽往而陰來，日入
> 三商爲昏。〔註236〕

鄭說太過紆曲，依據文化人類學的觀點，婚禮在黃昏時舉行，爲劫掠婚的遺俗。

冠禮象徵成人；婚禮象徵成家。冠禮與婚禮皆爲人倫大禮，因此於〈大宗伯〉合爲一項。

3. 賓　射

賓射指王與諸侯射之禮，《周禮・春官・大宗伯》：

> 以賓射之禮親故舊朋友。〔註237〕

鄭玄《注》：「射禮，雖王亦立賓主也。王之故舊朋友，爲世子時共在學者，天子亦友諸侯之義。武王誓曰：『我友邦冢君』是也。〈司寇〉職有『議故之

〔註232〕同上註。
〔註233〕漢・鄭玄注，唐・孔穎達等正義：《禮記正義》卷一，頁16。
〔註234〕晉・杜預注，唐・孔穎達等正義：《春秋左傳正義》卷三十，頁529。
〔註235〕晉・杜預注，唐・孔穎達等正義：《春秋左傳正義》卷十五，頁252。
〔註236〕漢・鄭玄注，唐・賈公彥疏：《儀禮注疏》卷四，頁39。
〔註237〕漢・鄭玄注，唐・賈公彥疏：《周禮注疏》卷十八，頁277。

辟』、『議賓之辟』。」〔註238〕說明故舊朋友指王在學時的同學。天子在國學接受教育，國學是在王朝國都及諸侯邦都城所設的學校，國學中又分小學與大學兩個階段，西周在周王畿的大學，稱爲「辟雍」。國學的學生稱國子，即王、侯、卿大夫、上士的子弟。《周禮‧地官‧師氏》：

> 以三德教國子。〔註239〕

鄭《注》：「國子，公、卿大夫之子弟，師氏教之，而世子亦齒也。」〔註240〕《禮記‧王制》：

> 春秋教以禮樂，冬夏教以詩書，王大子、王子、群后之大子、卿大
> 夫、元士之適子、國之俊選，皆造焉。〔註241〕

鄭《注》：「王子，王之庶子也。群后，公及諸侯。」〔註242〕天子昔日的同學皆爲貴族，賓射即天子與有同窗之誼的同姓或異姓諸侯、大夫、士較射。杜佑《通典》：

> 射有三焉，一曰大射，……二曰賓射，爲列國諸侯來朝於王，或諸
> 侯自相朝聘，或孤卿以下禮賓而射，謂之賓禮。皆行之於朝，或行
> 於廟。三曰燕射……〔註243〕

杜佑認爲賓射可行於王與諸侯間、諸侯彼此間、或諸侯與其下屬間。然而就〈大宗伯〉的敘述而論，賓射在《周禮》的設計，應是王與昔日同學，不必只限於諸侯。此外，也不是諸侯間或諸侯與所屬官吏的比射。

　　賓射其禮已亡，或許與《儀禮‧大射儀》略近，有射前的燕飲、射箭比賽、射後的續燕。〈大射儀〉爲諸侯行大祭祀前，與群臣舉行射箭比賽，以挑選與祭者。另由《周禮‧春官‧眂瞭》：「賓射，皆奏其鍾鼓。」〔註244〕《周禮‧春官‧鎛師》：「凡祭祀，鼓其金奏之樂，饗食、賓射，亦如之。」〔註245〕可知賓射進行時，也有用樂。

4. 饗　燕

〔註238〕同上註。
〔註239〕漢‧鄭玄注，唐‧賈公彥疏：《周禮注疏》卷十四，頁210。
〔註240〕同上註。
〔註241〕漢‧鄭玄注，唐‧孔穎達等正義：《禮記正義》卷十三，頁256。
〔註242〕同上註。
〔註243〕唐‧杜佑：《通典》卷七十七，頁418（上海：商務印書館，萬有文庫第二集，十通第一種，武英殿本，1935年9月初版）。
〔註244〕漢‧鄭玄注，唐‧賈公彥疏：《周禮注疏》卷二十三，頁359。
〔註245〕漢‧鄭玄注，唐‧賈公彥疏：《周禮注疏》卷二十四，頁367。

饗燕是饗禮與燕禮。《周禮・春官・大宗伯》：

> 以饗燕之禮親四方之賓客。〔註246〕

王以饗、燕的方式，招待四方來聘的諸侯或諸侯的使者，增進彼此情誼。

饗爲待賓之禮。《說文・食部》：「饗，鄉人飲酒也。」〔註247〕段《注》：「饗字之本義也。」〔註248〕說明「饗」的本義是飲酒之禮。饗禮的種類，秦蕙田《五禮通考》：

> 饗之禮有三：天子享元侯，一也；兩君相見，二也；凡饗賓客，三也。〔註249〕

饗禮有三類：（1）天子款待諸侯；（2）兩侯國國君相見；（3）凡是招待賓客，都舉行饗禮。饗又作「享」，如《國語・晉語》四：

> 楚成王以周禮享之，九獻，庭實旅百。〔註250〕

韋昭《注》：「九獻，上公之享禮也。」〔註251〕是上公於饗禮行九獻。

饗禮進行的方式，《周禮・秋官・大行人》：「上公之禮，……饗禮九獻，食禮九舉。……諸侯之禮，饗禮七獻，食禮七舉。……諸伯執躬圭，其他皆如諸侯之禮。諸子，饗禮五獻，食禮五舉。……諸男執蒲璧，其他皆如諸子之禮。」〔註252〕「九獻」乃：主人酌獻賓，賓酢主人，主人酬賓。合獻、酢、酬，謂之一獻。如是九次，爲九獻。侯、伯、子、男的七獻、五獻，依此類推。至於《儀禮・聘禮》待賓，有饗、食、燕三禮，饗禮最重，有大牢、有酒。《儀禮・聘禮》：

> 公于賓，壹食再饗，燕與羞倗獻無常數。〔註253〕

鄭玄《注》：「饗，謂享大牢以飲賓也。」〔註254〕聘禮之饗，是烹大牢以享賓。也行九獻、七獻、或五獻之禮。饗禮待上公以三饗、三食、三燕，侯伯、子男則遞減。如《周禮・秋官・掌客》記載，凡諸侯之禮，上公，三饗、三食、

〔註246〕漢・鄭玄注，唐・賈公彥疏：《周禮注疏》卷十八，頁277。

〔註247〕漢・許慎撰，清・段玉裁注：《說文解字注》卷十，頁220。

〔註248〕同上註。

〔註249〕清・秦蕙田著：《五禮通考》（五）卷一百五十六，頁1。

〔註250〕吳・韋昭注：《國語》卷十，頁126。

〔註251〕同上註。

〔註252〕漢・鄭玄注，唐・賈公彥疏：《周禮注疏》卷三十七，頁562。

〔註253〕漢・鄭玄注，唐・賈公彥疏：《儀禮注疏》卷二十二，頁267。

〔註254〕同上註。

三燕；侯伯，三饗、再食、再燕；子男，壹饗、壹食、壹燕。〔註255〕三饗、三食、三燕的程序為：先饗、食、燕，次再饗、再食、再燕，後三饗、三食、三燕。

　　燕禮，也是為安樂群臣而行的禮。燕又作「宴」，《說文・宀部》：「宴，安也。」〔註256〕段《注》：「引申為宴饗，經典多叚燕為之。」〔註257〕「燕」與「宴」因音同而假借，《國語・周語中》：「親戚宴饗，則有餚烝。」〔註258〕是燕亦作宴之例。燕禮的種類，《儀禮・燕禮》大題下，賈公彥《疏》：

> 案：上下經注，燕有四等：《目錄》云，諸侯無事而燕，一也；卿大夫有王事之勞，二也；卿大夫有聘而來，還與之燕，三也；四方聘客與之燕，四也。〔註259〕

燕禮有四種：（1）國君閒暇無事，與群臣歡飲，結君臣之好；（2）卿大夫有為王辛勞之功的慰勞；（3）卿大夫代替諸侯來聘，將回國前王為他設宴餞行；（4）異國使者來聘，王給予接待。遇以上情況，往往舉行燕禮。其中前兩項，為王燕本國之諸侯及卿大夫，《儀禮・燕禮》近乎此類。後兩項為王燕來朝聘者，《周禮・春官・大宗伯》、《周禮・秋官・大行人》、《周禮・秋官・掌客》即屬此類。除了賈公彥所提出的四項外，還有為養老而行的燕禮，如《禮記・王制》：

> 凡養老，有虞氏以燕禮。〔註260〕

遠古時代的禮已不可知，但學者多有此說。

　　饗與燕的區別，分別呈現於進行方式、目的、參與對象、舉行場所等方面。《左氏・宣公十六年・傳》：

> 王享有體薦，宴有折俎。公當享，卿當宴，王室之禮也。〔註261〕

饗有薦牲體於俎，但只是設而不食。燕所設的俎，其上的牲肉是可以食用的。此外，王為諸侯所設為饗禮，為諸侯的卿大夫則設置燕禮。《左氏・成公十二年・傳》：

〔註255〕漢・鄭玄注，唐・賈公彥疏：《周禮注疏》卷三十八，頁582～583。

〔註256〕漢・許慎撰，清・段玉裁注：《說文解字注》卷十四，頁339。

〔註257〕同上註。

〔註258〕吳・韋昭注：《國語》卷二，頁21。

〔註259〕漢・鄭玄注，唐・賈公彥疏：《儀禮注疏》卷十四，頁158。

〔註260〕漢・鄭玄注，唐・孔穎達等正義：《禮記正義》卷十三，頁263。

〔註261〕晉・杜預注，唐・孔穎達等正義：《春秋左傳正義》卷二十四，頁411。

世之治也，諸侯間於天子之事則相朝也。於是乎有享宴之禮，享以
訓共儉，宴以示慈惠。〔註262〕

杜預《注》：「享有體薦，設几而不倚，爵盈而不飲，肴乾而不食，所以訓共
儉。宴則折俎，相與共食。」〔註263〕也說明饗禮的酒食並不飲用。另外，饗
禮的目的在倡導恭敬勤儉的精神，燕禮則是賓主同歡，懂得感恩。據褚寅亮
《儀禮管見・燕禮》大題下云：

待賓之禮有三：饗也、食也、燕也。饗重於食，食重於燕。饗主於
敬，燕主於歡，而食以明養賢之禮。饗則體薦而不食，爵盈而不飲，
設几而不倚，致肅敬也。食以飯為主，雖設酒漿，以漱不以飲，故
無獻儀；燕以飲為主，有折俎而無飯，行一獻之禮，說屨升坐以盡
歡。此三者之別也。饗、食於廟，燕則於寢，此處亦不同矣。〔註264〕

饗、食、燕都有設飲設食，但饗禮不飲不食，食禮不飲只食，燕禮只飲不食。
饗主敬，燕主歡。至於行禮的場所，饗禮與食禮在宗廟，燕禮在寢。秦蕙田
《五禮通考》則說：

饗則君親獻，燕則不親獻。〔註265〕

饗禮須行獻禮，且王親自行禮，不必官員替代；燕禮不飲，也不行獻禮。

　　饗禮與燕禮因性質相近，都用以待賓客，因此〈春官・大宗伯〉將二禮
合為一項。秦蕙田《五禮通考》：

饗禮之大者有二：〈秋官・掌客〉及定王所言，天子饗諸侯之禮；卻
至所言，兩君相見之禮。而〈大宗伯〉饗燕之禮實該之。〔註266〕

秦氏認為〈春官・大宗伯〉之饗燕，包括天子設宴待諸侯，及兩諸侯國國君
相見二義。不過《周禮》是為天子設計之體制，或許僅及於前項。

5. 脤　膰

　　脤膰是分贈祭肉之禮。《周禮・春官・大宗伯》：

以脤膰之禮親兄弟之國。〔註267〕

〔註262〕晉・杜預注，唐・孔穎達等正義：《春秋左傳正義》卷二十七，頁458～459。
〔註263〕同上註。
〔註264〕清・褚寅亮：《儀禮管見》（一）卷上之六，頁45（上海：商務印書館，叢書
　　　　集成初編，粵雅堂叢書本，1935年12月初版）。
〔註265〕清・秦蕙田著：《五禮通考》（五）卷一百五十六，頁1。
〔註266〕清・秦蕙田著：《五禮通考》（五）卷一百五十六，頁3。
〔註267〕漢・鄭玄注，唐・賈公彥疏：《周禮注疏》卷十八，頁278。

鄭玄《注》：「脤膰，社稷宗廟之肉，以賜同姓之國，同福祿也。兄弟，有共先王者。」〔註268〕賈公彥《疏》：「鄭揔云：『脤膰，社稷宗廟之肉。』分而言之，則脤是社稷之肉，膰是宗廟之肉。」〔註269〕脤膰原是祭肉，後用作禮名，指分祭肉予宗族兄弟。

脤是祭社稷之肉，膰是祭宗廟之肉，有時祭宗廟之肉亦得稱「脤」。《周禮‧秋官‧大行人》：「歸脤以交諸侯之福。」〔註270〕不言膰，只言脤，即是祭宗廟之肉，亦稱「脤」。《左氏‧昭公十六年‧傳》：

> 喪祭有職，受脤，歸脤。〔註271〕

杜預《注》：「受脤謂君祭以肉賜大夫。歸脤謂大夫祭歸肉於公。」〔註272〕天子使臣以祭社稷宗廟之肉賜諸侯，天子諸侯賜祭肉于大夫，均可謂之歸脤。不言祭社，而稱脤，可知脤為祭社稷宗廟之肉的統稱。《說文‧肉部》無「脤」、「膰」二字，而有「祳」與「燔」二字。〈示部〉：

> 祳，社肉。盛以蜃，故謂之祳。〔註273〕

〈炙部〉：

> 燔，宗廟火熟肉，天子所以饋同姓。〔註274〕

解釋祳為祭社之肉，以蜃蛤為祭器裝盛；燔為贈送同姓兄弟，用火烤熟，祭宗廟的肉。二者為祭器與祭祀對象之別。《公羊‧定公十四年‧傳》：

> 天王使石尚來歸脤，石尚者何？天子之士也。脤者何？俎實也。腥曰脤，熟曰燔。〔註275〕

以脤、燔為生肉、熟肉之分，與鄭說、許說不同，可備一說。《左氏‧襄公二十二年‧傳》：

> 公孫夏從寡君以朝于君，見於嘗酎，與執燔焉。〔註276〕

記曾助祭，分得膰肉之事。

6. 賀　慶

〔註268〕同上註。
〔註269〕同上註。
〔註270〕漢‧鄭玄注，唐‧賈公彥疏：《周禮注疏》卷三十七，頁561。
〔註271〕晉‧杜預注，唐‧孔穎達等正義：《春秋左傳正義》卷四十七，頁827。
〔註272〕同上註。
〔註273〕漢‧許慎撰，清‧段玉裁注：《說文解字注》卷一，頁7。
〔註274〕漢‧許慎撰，清‧段玉裁注：《說文解字注》卷十九，頁491。
〔註275〕漢‧何休注，唐‧徐彥疏：《春秋公羊傳注疏》卷二十六，頁333～334。
〔註276〕晉‧杜預注，唐‧孔穎達等正義：《春秋左傳正義》卷三十五，頁599。

賀慶是諸侯有可賀可慶之事，王派遣使臣前往，以禮物表賀慶之意。《周禮·春官·大宗伯》：

> 以賀慶之禮親異姓之國。〔註277〕

對異姓諸侯國有賀慶之禮。《周禮·秋官·大行人》：

> 閒問以諭諸侯之志，歸脈以交諸侯之福，賀慶以贊諸侯之喜，致襘
> 以補諸侯之裁。〔註278〕

鄭玄《注》：「此四者，王使臣於諸侯之禮也。」〔註279〕邦國諸侯有同姓，也有異姓，對同姓之國自然也有賀慶之禮。不過在〈春官·大宗伯〉強調的是異姓之國。王安石《周官新義》：

> 以脈膰之禮親兄弟之國者，與之同福祿也。異姓之國，則不與同福
> 祿矣，故與賀慶之禮親之。〔註280〕

主張脈膰與賀慶都是親諸侯之禮，但因同姓血緣近，因此同享祭肉，同霑祖先的庇蔭。異姓關係遠，所以只贈送禮物，表示祝賀的心意。

　　嘉禮的項目雖然只列六項，但飲食、昏冠、饗燕、脈膰、賀慶大致均可二分，故細分下來可得十一種禮儀。嘉禮的施行對象較其他四禮複雜，雖說是「親萬民」，但大體上應該還是以貴族爲主，並非擴及黎民百姓。其主要目的在增進天子與親屬、朋友、賓客等之間的情誼。嘉禮的內容，在五禮中最顯駁雜，有宴飲、行婚禮與冠禮、較射、分享祭品、致贈禮物。嘉禮的次序，王安石《周官新義》：

> 親宗族兄弟，然後親成男女，以尊及卑也。親故舊朋友，然後親四
> 方之賓客，以近及遠也。四方之賓客，以禮來接我者也；兄弟異姓
> 之國，則我以禮往加焉。此嘉禮之序也。〔註281〕

禮有遠近親疏之別，嘉禮由同宗族的兄弟，而至族外因婚姻關係結合的姻親；由同學朋友，而列國賓客。關係是從血親、姻親、友人，到各國賓客。構思極爲細密。

　　〈春官〉嘉禮的內容，列表分析如下，以清眉目：

〔註277〕漢·鄭玄注，唐·賈公彥疏：《周禮注疏》卷十八，頁278。
〔註278〕漢·鄭玄注，唐·賈公彥疏：《周禮注疏》卷三十七，頁561。
〔註279〕同上註。
〔註280〕宋·王安石：《周官新義》卷八，頁116。
〔註281〕同上註。

表八、《周禮・春官》嘉禮分析表

類別 \ 區分	施 行 方 式	施 行 對 象
飲　食	只用飲料或只用飯。	宗族兄弟
昏　冠	行成人禮或婚禮。	男女
賓　射	天子與賓比賽射箭。	故舊朋友
饗　燕	不飲不食或只飲不食。	四方之賓客
脤　膰	分贈祭肉。	兄弟之國
賀　慶	王派使帶禮物慶賀諸侯。	異姓之國

　　禮用來規範行為、節制情感，形成禮制是為讓人們有所依循。〈春官〉「五禮」就功能來說，以吉禮表現對天地神鬼以及祖先的崇敬祈求降福；以凶禮表達對災禍、死亡的哀傷；以賓禮拉近國與國的距離；以軍禮訓練、維護戰力；以嘉禮使人和人之間的關係更親近。就各類所含禮制數量來說，《周禮・春官・大宗伯》所囊括的國家儀節，以吉禮十二門，數量最多；賓禮八門，居次；嘉禮六門，第三；凶禮與軍禮數量最少，皆為五門。就施行對象來說，吉禮是對鬼神的祭祀；凶禮是對喪家、災區、有難的同盟國及鄰國的慰問；賓禮是行於天子與諸侯間；軍禮是政府對軍民百姓；嘉禮是除前四禮之外，王與同姓、異姓諸侯間的社交性禮儀，及於各個貴族層級。〈春官〉「五禮」的設計，充分體現禮制於國家中的價值及重要性。

二、五禮在《周禮》中的意義

　　「五禮」在《周禮》，見於〈地官・大司徒〉、〈地官、保氏〉及〈春官・小宗伯〉。〈地官・保氏〉、〈春官・小宗伯〉之「五禮」，並未見爭議。唯獨於〈地官・大司徒〉中的定義，孫詒讓等人有不同見解。

（一）〈地官・大司徒〉之五禮解

　　《周禮》地官掌教育，〈大司徒〉中的五禮，部分學者主張應指地官職掌的職能，與春官所司之「五禮」不相同。

　　大司徒的職掌，依照《周禮・地官》所載：

　　　　大司徒之職，掌建邦之土地之圖，與其人民之數，以佐王安擾邦國。

　　　　以天下土地之圖，周知九州之地域廣輪之數。辨其山林、川澤、丘

陵、墳衍、原濕之名物，而辨其邦國都鄙之數，制其畿疆而溝封之，設其社稷之壇而樹之田主。各以其野之所宜木，遂以名其社與其野。……因此五物者民之常，而施十有二教焉。一曰，以祀禮教敬，則民不苟。二曰，以陽禮教讓，則民不爭。三曰，以陰禮教親，則民不怨。四曰，以樂禮教和，則民不乖。五曰，以儀辨等，則民不越。六曰，以俗教安，則民不偷。七曰，以刑教中，則民不虣。八曰，以誓教恤，則民不怠。九曰，以度教節，則民知足。十曰，以世事教能，則民不失職。十有一曰，以賢制爵，則民慎德。十有二曰，以庸制祿，則民興功。……以鄉三物教萬民而賓興之。一曰六德，知、仁、聖、義、忠、和。二曰六行，孝、友、睦、婣、任、恤。三曰六藝，禮、樂、射、御、書、數。以鄉八刑糾萬民，一曰不孝之刑，二曰不睦之刑，三曰不婣之刑，四曰不弟之刑，五曰不任之刑，六曰不恤之刑，七曰造言之刑，八曰亂民之刑。以五禮防萬民之僞，而教之中。以六樂防萬民之情，而教之和。……〔註282〕

大司徒掌握邦國中各地方的風土民情，並順其常性，施以不同的教化、管理方式，使民生安定。其中之一，是以五禮防止人民詐僞，使人民行爲中正合禮。鄭《注》：「鄭司農云：『五禮謂吉、凶、賓、軍、嘉。』」〔註283〕賈《疏》同樣引用鄭眾的說解。〔註284〕可見鄭玄和賈公彥都認同此說。

對〈大司徒〉之「五禮」持另說，主要是基於地官與春官職掌各有所別之故。孫詒讓認爲，《周禮・地官・大司徒》中的「五禮」，是指大司徒教民所行十二教中的項目。《周禮正義》說道：

以五禮防萬民之僞，而教之中者。此即十二教以祀禮教敬，則民不苟；以陽禮教讓，則民不爭；以陰禮教親，則民不怨之事。〔註285〕

即五禮爲《周禮・地官・大司徒》中，「十有二教焉」的祀禮、陽禮、陰禮等，而非兩鄭所認爲的吉、凶、賓、軍、嘉之「五禮」。金春峰也有類似說法，且進而提出《周官》「五禮」可能是指：祀禮、陽禮、陰禮、樂禮、儀禮。鄭眾所注「吉、凶、賓、軍、嘉」，不符《周官》原意。〔註286〕侯家駒則認爲，大

〔註282〕漢・鄭玄注，唐・賈公彥疏：《周禮注疏》卷十，頁149～162。

〔註283〕漢・鄭玄注，唐・賈公彥疏：《周禮注疏》卷十，頁161。

〔註284〕同上註。

〔註285〕清・孫詒讓：《周禮正義》（五）卷十九，頁1853。

〔註286〕金春峰：《周官之成書及其反映的文化與時代新考》，頁105。

司徒與大宗伯的職掌性質不同，春官五禮中，尤其賓禮與軍禮，與民間毫無牽涉。〈大司徒〉的「五禮」，既非指〈大宗伯〉的吉禮、凶禮、賓禮、軍禮、嘉禮，也非十二教之祀禮、陽禮、陰禮、樂禮，而是另有所指。應由地官職掌中尋覓，可能是地官州長、黨正職掌的祭祀、喪紀、鄉射、昏冠、飲酒等禮。又〈地官・大司徒〉十二教之首爲祀禮；鄉射前必先飲酒，二者可合一；昏冠實爲二禮。則祀禮、喪禮、鄉禮、婚禮、冠禮，是〈地官・大司徒〉的「五禮」。〔註287〕

「十二教」是大司徒教民方式之一。王引之《經義述聞》：

> 大司徒之職，以樂禮教和，則民不乖。家大人曰：「樂下不當有『禮』字，蓋涉上祀禮、陽禮、陰禮而衍。」《疏》云：「樂亦云禮者，謂饗燕作樂之時，舞人周旋，皆合禮節，故樂亦云禮也。」案：《經》言教和則民不乖。如賈說，則與教和之義無涉矣。且樂、禮二字義不相屬。若經文果有「禮」字，則鄭必當有注。今鄭《注》釋陽禮、陰禮而不釋樂禮，則樂下本無「禮」字可知。以祀禮教敬，以樂教和，其義皆人所共知，不煩訓釋，故鄭皆無注也。下文云：「以六樂防萬民之情，而教之和。」則此所云以樂教和也，不當有「禮」字明矣。自賈本衍「禮」字，而《開成石經》以下皆沿其誤。〈鄭風・緇衣〉《正義》引此作：「以樂教和，則民不乖。」而釋之云：「樂，謂五聲八音之樂。教之和睦，則民不乖戾。」據此則孔所見本無「禮」字，足正賈本之誤。鈔本《北堂書鈔》帝王部十，設官部四，白帖六十一，引此皆無「禮」字。〔註288〕

王引之引其父王念孫所言，並根據不同版本對照、校讎，認爲「以樂禮教和，則民不乖。」「樂」字下的「禮」字爲衍文。此說合理可信。實際上，「十二教」可分四層來討論：

1. 祀禮、陽禮、陰禮爲一組：以祀禮教民敬祖；以鄉飲酒禮教民謙讓不爭；以婚禮教民親愛。
2. 樂、儀、俗、刑並舉：以雅正的音樂使人心境平和；以禮儀教民不踰越；以善良的風俗使民安居；以刑罰懲禁暴亂。
3. 以誓戒、制度，教民勤奮、知足；教民技藝，則不至於失業。

〔註287〕 侯家駒：《周禮研究》，頁236（臺北：聯經出版事業公司，1987年6月出版）。
〔註288〕 清・王引之：《經義述聞》卷八，頁319。

4. 尊賢及獎勵有功者，即鼓勵人民起而仿傚。

如此為「十二教」的內容。「十二教」與「五禮」，都應該為一具有完整性意義的名詞，特別取出「十二教」中的五項，並不符合名詞的完整性。此外，若要說「以五禮防萬民之偽，而教之中。」的「五禮」為「十二教」之五項，則就其對句「以六樂防萬民之情，而教之和。」觀察，前後文都並未有與「六樂」相關之文句。因此不見得「五禮」在此，必須與「十二教」之中的禮等同，用來代指祀禮、陽禮、陰禮、樂、儀五者，反而可以和「六樂」一樣，另有所指。《周禮》六官：天官掌邦治、地官掌邦教、春官掌邦禮、夏官掌邦政、秋官掌邦禁、多官掌事。六官間不必界限截然劃分，大司徒「以八刑糾萬民」，刑即為秋官所掌，足見彼此應為相輔相成的互助關係。大司徒又以十二條政策救援災荒，大宗伯也有荒禮，則推知地官大司徒以春官大宗伯所掌之「五禮」教民，不見得一定不可能。另外，《春官·大宗伯》之賓禮與軍禮，絕非全與民間無涉，軍禮的大田之禮進行軍事訓練，大役之禮發動修築宮室、城邑，人民都必須參與。況且上行下效，上位者重禮、行禮，絕對會對人民產生影響。

透過對〈大司徒〉的職文分析，孫詒讓等人之說，均證據不夠充分，無法完全推翻兩鄭的說解，《周禮·地官·大司徒》之「五禮」，仍然指吉禮、凶禮、賓禮、軍禮、嘉禮為是。

（二）〈地官·保氏〉之五禮解

保氏是太子的諸多教導者之一，《禮記·文王世子》：

> 大傅在前，少傅在後。入則有保，出則有師，是以教喻而德成也。師也者，教之以事，而喻諸德者也。保也者，慎其身以輔翼之，而歸諸道者也。〔註289〕

太子有太傅、少傅、師氏、保氏教導。保氏於宮中，以身教成就太子德行。

保氏的職務，在《周禮·地官·保氏》比較具體：

> 保氏，掌諫王惡，而養國子以道。乃教之六藝，一曰五禮，二曰六樂，三曰五射，四曰五馭，五曰六書，六曰九數。乃教之六儀，一曰祭祀之容，二曰賓客之容，三曰朝廷之容，四曰喪紀之容，五曰軍旅之容，六曰車馬之容。凡祭祀、賓客、會同、喪紀、軍旅，王

〔註289〕漢·鄭玄注，唐·孔穎達等正義：《禮記正義》卷二十，頁397。

舉則從，聽治亦如之，使屬守王闈。〔註290〕
保氏掌管規諫王的錯誤，並培養世子德行。教學內容包含「六藝」、「六容」，
兼顧知識、技藝與禮儀等方面。「五禮」為六種藝能之一，鄭《注》：「五禮，
吉、凶、賓、軍、嘉也。」〔註291〕賈《疏》：「五禮，吉、凶、賓、軍、嘉。」
〔註292〕孫詒讓《周禮正義》也持此說。〔註293〕保氏以禮教世子，在此「五禮」
作為禮制總名使用。

（三）〈春官‧小宗伯〉之五禮解

吉、凶、賓、軍、嘉此一組合，最初見於《周禮‧春官‧大宗伯》。〈大
宗伯〉中，並沒有「五禮」這名詞；然而在〈小宗伯〉有「五禮」，卻無「吉
禮」、「凶禮」、「賓禮」、「軍禮」、「嘉禮」之名。二者不出現於同篇之中，基
於此一緣由，將兩篇所載職掌，並列比較，以證明〈小宗伯〉中的「五禮」，
確指〈大宗伯〉的吉、凶、賓、軍、嘉禮。

小宗伯為大宗伯的屬官，且二者有「別職同官」的關係。據賈公彥《周
禮注疏》於《周禮‧春官宗伯》：

> 禮官之屬，大宗伯，卿一人。小宗伯，中大夫二人。肆師，下大夫
> 四人。上士八人、中士十有六人、旅下士三十有二人、府六人、史
> 十有二人、胥十有二人、徒百有二十人。〔註294〕

賈《疏》解：「此一經與下五十九官為長。此官大宗伯、小宗伯、肆師，並別
職。上士已下，即三職同有此官，可謂別職同官可也。大宗伯則揔掌三十六
禮之等；小宗伯副貳大宗伯之事；肆師主陳祭位之等，此並亦轉相副貳之事
也。」〔註295〕別職是指大宗伯、小宗伯、肆師三者，有職位名稱、層級、工
作任務的區別。但因可供差遣的大小官吏，三官共用，因此是「同官」。同樣
的情形，在春官共有十組。可見大宗伯與小宗伯的職務相當密切。

小宗伯由兩名中大夫擔任，是春官的副首長之一。〈小宗伯〉的職掌，依
照《周禮‧春官‧小宗伯》：

> 小宗伯之職，掌建國之神位，右社稷，左宗廟。兆五帝于四郊，四望

〔註290〕漢‧鄭玄注，唐‧賈公彥疏：《周禮注疏》卷十四，頁212。
〔註291〕同上註。
〔註292〕漢‧鄭玄注，唐‧賈公彥疏：《周禮注疏》卷十四，頁213。
〔註293〕清‧孫詒讓：《周禮正義》（七）卷二十六，頁2462。
〔註294〕漢‧鄭玄注，唐‧賈公彥疏：《周禮注疏》卷十七，頁260。
〔註295〕同上註。

四類，亦如之。兆山川丘陵墳衍，各因其方。掌五禮之禁令，與其用等。辨廟祧之昭穆，辨吉凶之五服，車旗宮室之禁。掌三族之別，以辨親疏。其正室皆謂之門子。掌其政令，毛六牲。辨其名物而頒之于五官，使共奉之。辨六齍之名物與其用，使六官之人共奉之。辨六彝之名物，以待果將。辨六尊之名物，以待祭祀賓客。掌衣服車旗宮室之賞賜，掌四時祭祀之序事與其禮。若國大貞，則奉玉帛以詔號。大祭祀，省牲，眡滌濯。祭之日，逆齍，省鑊，告時于王，告備于王。凡祭祀、賓客，以時將瓚果，詔相祭祀之小禮。凡大禮，佐大宗伯，賜卿大夫士爵，則儐。小祭祀，掌事，如大宗伯之禮。大賓客，受其將幣之齍。若大師，則帥有司而立軍社，奉主車，若軍將有事，則與祭有司將事于四望。若大旬，則帥有司而饁獸于郊，遂頒禽。大裁，及執事禱祠于上下神示。王崩，大肆，以秬鬯渳。及執事眡大斂小斂，帥異族而佐，縣衰冠之式于路門之外。及執事眡葬，獻器，遂哭之，卜葬兆，甫竁，亦如之。既葬，詔相喪祭之禮，成葬而祭墓，爲位。凡王之會同、軍旅、甸役之禱祠，肄儀，爲位。國有禍裁，則亦如之。凡天地之大裁，類社稷宗廟，則爲位。凡國之大禮，佐大宗伯。凡小禮，掌事，如大宗伯之儀。〔註296〕

小宗伯佐助大宗伯，主要工作是：

1. 安設國中祭祀神位如祭五帝於四郊設壇，祭山川丘陵、日月星辰也都如此。
2. 掌五禮的禁令與用等。
3. 辨別親族的關係遠近。
4. 辨別器用的等級與種類，如六牲、六齍、六彝、六尊。
5. 王賞賜群臣的事務；四時祭祀的程序。
6. 爲重要大事舉行貞問時的詔號。
7. 正式行禮前，檢視祭器、祭物、祭服的等級，是否合乎規定。
8. 於各典禮中幫助大宗伯，如大賓客收受賓客贈送的禮物，大師設軍社等等。

　　小宗伯以協助大宗伯爲主，因此說：「凡大禮，佐大宗伯。」又：「凡國之大禮，佐大宗伯。凡小禮，掌事，如大宗伯之儀。」如果說大宗伯是正式

〔註296〕漢・鄭玄注，唐・賈公彥疏：《周禮注疏》卷十九，頁290～301。

行禮前的最後檢查，那麼小宗伯就是倒數第二關檢視的執行者。「掌五禮之禁令與其用等」，為小宗伯職掌之一，但全篇中卻未解釋「五禮」所指為何。鄭《注》：「鄭司農云：『五禮，吉、凶、軍、賓、嘉。』」〔註297〕賈《疏》贊同，都以〈大宗伯〉之職文，對應「五禮」。〔註298〕

大宗伯的職掌，依照《周禮·春官·大宗伯》的記載：

> 大宗伯之職，掌建邦之天神人鬼地示之禮，以佐王建保邦國。以吉禮事邦國之鬼神示。以禋祀祀昊天上帝；以實柴祀日、月、星辰；以槱燎祀司中、司命、飌師、雨師；以血祭祭社稷、五祀、五嶽；以貍沈祭山林、川澤；以疈辜祭四方百物。以肆獻祼享先王；以饋食享先王；以祠春享先王；以禴夏享先王；以嘗秋享先王；以烝冬享先王。以凶禮哀邦國之憂。以喪禮哀死亡；以荒禮哀凶札；以弔禮哀禍烖；以禬禮哀圍敗；以恤禮哀寇亂。以賓禮親邦國。春見曰朝；夏見曰宗；秋見曰覲；冬見曰遇；時見曰會；殷見曰同；時聘曰問；殷覜曰視。以軍禮同邦國。大師之禮，用眾也；大均之禮，恤眾也；大田之禮，簡眾也；大役之禮，任眾也；大封之禮，合眾也。以嘉禮親萬民，以飲食之禮親宗族兄弟；以昏冠之禮親成男女；以賓射之禮親故舊朋友；以饗燕之禮親四方之賓客；以脤膰之禮親兄弟之國；以賀慶之禮親異姓之國。以九儀之命正邦國之位，壹命受職，再命受服，三命受位，四命受器，五命賜則，六命賜官，七命賜國，八命作牧，九命作伯。以玉作六瑞，以等邦國。王執鎮圭，公執桓圭，侯執信圭，伯執躬圭，子執穀璧，男執蒲璧。以禽作六摯，以等諸臣。孤執皮帛，卿執羔，大夫執鴈，士執雉，庶人執鶩，工商執雞。以玉作六器，以禮天地四方。以蒼璧禮天，以黃琮禮地，以青圭禮東方，以赤璋禮南方，以白琥禮西方，以玄璜禮北方，皆有牲幣各放其器之色。以天產作陰德，以中禮防之；以地產作陽德，以和樂防之。以禮樂合天地之化，百物之產，以事鬼神，以諧萬民，以致百物。凡祀大神、享大鬼、祭大示，帥執事而卜日宿眂滌濯，眂玉鬯，省牲鑊，奉玉齍，詔大號，治其大禮。詔相王之大禮，若王不與祭祀，則攝位。凡大祭祀王后不與，則攝而薦豆籩，徹，大賓客則攝而載果。朝覲會同則為上相，大喪亦如

〔註297〕漢·鄭玄注，唐·賈公彥疏：《周禮注疏》卷十九，頁290。
〔註298〕同上註。

之，王哭諸侯亦如之。王命諸侯則儐。國有大故，則旅上帝及四望。

王大封，則先告后土，乃頒祀于邦國都家鄉邑。〔註299〕

大宗伯為春官之長，監督執行邦國中的一切禮，以協助王維持邦國中的秩序。作者確實將大宗伯所職掌的禮，區分成五類，顯然以吉、凶、賓、軍、嘉禮為儀節的分類方式，不過此篇並未出現「五禮」一詞。大宗伯的職務，主要有以下諸項：

1. 統理各類禮：此項列於全篇之首，是大宗伯最重要的責任。大宗伯所掌的禮，可分為吉、凶、賓、軍、嘉五大類。

2. 掌理與禮相關的制度：包括任命、器用等方面，如九儀之命、六玉、六摯、六器，有無符合禮制。

3. 主掌禮儀的預備工作：監督所屬官員於舉行典禮前，安排所需使用的器物、祭品，並檢查物品的種類及等級，正確與否，是否合乎規定。

4. 充當主祭者因故無法出席時的替代，或協助王行禮。如王因故無法參與祭祀，則代為主祭；王賜封諸侯時，導引受封者。

將〈大宗伯〉職文與〈小宗伯〉對照，可以發現〈小宗伯〉的「五禮」，只可能與大宗伯所轄的吉禮、凶禮、賓禮、軍禮、嘉禮相關。因而「五禮」在〈小宗伯〉，可以解釋為吉、凶、賓、軍、嘉。《周禮》作者不願多作重複，故用「互文」的方式呈現。

春官掌禮，小宗伯輔助大宗伯，監督管轄此範圍內，各禮儀進行時的程序、儀制正確與否。「五禮」於《周禮・春官》，乃指吉、凶、賓、軍、嘉之五種禮制。

三、五禮在大、小戴《禮記》中的呈現

「五禮」在《大戴禮記》出現於經文之中，解釋為吉、凶、賓、軍、嘉五禮。至於《禮記・祭統》：「禮有五經。」鄭《注》亦主吉、凶、賓、軍、嘉之義。

《大戴禮記・曾子天圓》：

聖人立五禮以為民望，制五衰以別親疏，和五聲之樂以導民氣，合五味之調以察民情，正五色之位，成五穀之名。〔註300〕

〔註299〕漢・鄭玄注，唐・賈公彥疏：《周禮注疏》卷十八，頁270～285。
〔註300〕清・王聘珍：《大戴禮記解詁》卷五，頁101。

聖人訂定各種制度教民、化民。原《注》：「五禮，謂〈春官〉宗伯所掌吉、凶、賓、軍、嘉五禮也。」〔註301〕盧辯《注》：「五禮其別三十六，生民之紀在焉。」〔註302〕原《注》不知爲何人所作，可能是北周盧辯之前，二人都認爲「五禮」在此指《周禮・春官・大宗伯》所掌吉、凶、賓、軍、嘉禮。清代孔廣森〔註303〕、王聘珍〔註304〕咸主此說。「五禮」於此篇，即指聖人應天所制定的所有禮制。

《禮記》經文沒有提到「五禮」這個名詞，但是在《禮記・祭統》：

> 凡治人之道，莫急於禮；禮有五經，莫重於祭。〔註305〕

鄭《注》云：「禮有五經，謂吉禮、凶禮、賓禮、軍禮、嘉禮也。」〔註306〕鄭玄認爲「五經」即《周禮》之「五禮」。孔《疏》也說：「禮有五經者。經者，常也。言吉、凶、賓、軍、嘉，禮所常行，故云禮有五經。五經之中，於祭更急。」〔註307〕「經」原指紡織的時候縱向的線，織布時縱線不動，只有使用梭子在橫向穿梭、變換花樣，因而引伸爲原理、原則，具有恆常不變的意思。〔註308〕「禮」有五項不變的原則，其中以祭禮最重要。元代陳澔《禮記集說》〔註309〕、清代朱彬《禮記訓纂》〔註310〕、孫希旦《禮記集解》〔註311〕等，也依從鄭玄的看法。不過清代學者姚際恆於《禮記通論》說：

> 五經即五品之常經，鄭氏執《周禮》吉、凶、賓、軍、嘉之五禮解此，謬。〔註312〕

〔註301〕同上註。

〔註302〕同上註。

〔註303〕清・孔廣森：《大戴禮記補注》，《皇清經解三禮類彙編》（三）卷七百零二，頁2112（臺北：藝文印書館，江陰南菁書院本，1986年初版）。

〔註304〕清・王聘珍：《大戴禮記解詁》卷五，頁101。

〔註305〕漢・鄭玄注，唐・孔穎達等正義：《禮記正義》卷四十九，頁830。

〔註306〕同上註。

〔註307〕同上註。

〔註308〕王力：《古代漢語》（三），頁1203～1204（臺北：藍燈文化事業股份有限公司，1989年1月初版）。

〔註309〕元・陳澔：《禮記集說》卷八，頁266（臺北：世界書局，增訂中國學術名著第一輯、朱子小學及四書五經讀本第四冊，1967年9月再版）。

〔註310〕清・朱彬：《禮記訓纂》卷二十五，頁722（北京：中華書局，十三經清人注疏，咸豐元年宜祿堂校刻本，1996年9月一版、1998年12月湖北二刷）。

〔註311〕清・孫希旦：《禮記集解》卷四十七，頁1236（臺北：文史哲出版社，咸豐庚申瑞安孫氏盤谷草堂本，1980年8月文一版）。

〔註312〕姚際恆《禮記通論》是其《九經通論》之一，如今獨杭世駿《續禮記集說》

從五常倫理的角度，解釋祭禮爲眾禮之要，駁斥鄭玄的說解。然而，姚氏忽略了祭禮不光是祭祀先祖，對自然物、神明也都有崇拜的行爲，因此其說恐怕無法成立。《禮記‧祭統》此文，與《周禮‧春官‧大宗伯》五禮的設計概念接近，都認爲祭祀之禮是所有禮制中，最爲重要的部分，因此是群禮之首，顯示周代最重視祭禮。

在兩戴《禮記》，「五禮」與「五經」，或應都是指吉、凶、賓、軍、嘉之義。

四、小　結

吉、凶、賓、軍、嘉的系列，在先秦僅見於《周禮‧春官‧大宗伯》。春官掌禮，大宗伯是春官的首長。〈大宗伯〉所載「五禮」下，共計三十六門，吉禮有十二，爲：禋祀、實柴、槱燎、血祭、貍沈、疈辜、肆獻祼、饋食、祠春、禴夏、嘗秋、烝冬；肆獻祼和饋食是祭先王的方式，並非祭祀名稱。凶禮有五，分別爲喪禮、荒禮、弔禮、襘禮、恤禮。賓禮有八：朝、宗、覲、遇、會、同、問視。軍禮有五：大師、大均、大田、大役、大封。嘉禮有六：飲食、昏冠、賓射、饗燕、脤膰、賀慶。就性質來說，吉禮是祭祀之禮；凶禮統括所有與不幸相關的禮；賓禮是天子與諸侯會見之禮；軍禮包括一切必須運用軍民之力的禮；嘉禮涵蓋王的全部社交性禮儀。《周禮》作者將國家所有可能施行的禮制，幾乎都彙集於此，且在分類的設計上非常有彈性，各類所含禮制，在各朝各代，都可概分所有禮，因此迄今「五禮」仍然是禮制重要的分類法之一。

由於《周禮‧地官‧大司徒》、《周禮‧地官‧保氏》、《周禮‧春官‧小宗伯》與《大戴禮記‧曾子天圓》，各篇經文本身，仍然均未進一步解釋「五禮」的意義。單就各篇經文，只能看出「五禮」是指一種制度，功用在治民，看不出五禮與吉、凶、賓、軍、嘉的直接關連性。然而就各篇篇旨，以及後世禮學家的解釋，並將討論範圍擴大至《周禮‧春官》大、小宗伯的職掌，得知在《周禮》與《禮記》的範疇中，「五禮」即吉禮、凶禮、賓禮、軍禮、嘉禮。

加以著錄。

清‧杭世駿：《續禮記集說》卷八十二，頁 11（臺北：明文書局，浙江書局光緒乙未冬開雕田辰秋工竣，1992 年 7 月初版）。

第四節　結　語

　　五禮的定義有二說，二者是範圍大小之別，並非兩種完全不同的意義。《尚書・舜典》：「修五禮」，及《尚書・皋陶謨》：「天秩有禮，自我五禮有庸哉。」中的「五禮」，之所以歷來學者有作公、侯、伯、子、男，或天子、諸侯、卿大夫、士、庶民之類，五種不同身分的禮說解，可能是因其內容方面，涉及巡狩及社會秩序方面，為求符合篇意，必須作此限定。實際上，《周禮》作者用「五禮」統攝全部的國家禮制，「五禮」幾乎可以作為禮制的代稱；〈舜典〉和〈皋陶謨〉所修、所序之禮，分別為各階層的所有禮，自然可以是吉、凶、賓、軍、嘉五禮。因此歷來禮學上談到「五禮」，仍多專指吉、凶、賓、軍、嘉。在禮學的範疇中，「五禮」指吉、凶、賓、軍、嘉。在經學的範圍裡，才有詞義上的偏重。

　　同一名詞出現在不同的篇章中，是可以具有不同意涵的。名詞具有兩個或兩個以上的定義是常見現象，於《三禮》之中不勝枚舉，以「六禮」與「九禮」為例，就各具有四個及兩個定義。「六禮」的定義有四：

　一、冠禮、婚禮、喪禮、祭禮、鄉飲酒禮及鄉射禮、相見禮的合稱，《禮記・王制》：「司徒脩六禮以節民性。」〔註313〕又：「六禮：冠、昏、喪、祭、鄉、相見。」〔註314〕

　二、婚禮的納采、問名、納吉、納徵、請期、親迎六禮。如《儀禮・士昏禮》。

　三、祭祀宗廟的六種禮，《周禮・春官・大宗伯》：「以肆獻祼享先王；以饋食享先王；以祠春享先王；以禴夏享先王；以嘗秋享先王；以烝冬享先王。」〔註315〕賈公彥《疏》：「此一經，陳享宗廟之六禮也。」〔註316〕

　四、諸侯朝見天子的六種禮，《周禮・春官・大宗伯》：「春見曰朝；夏見曰宗；秋見曰覲；冬見曰遇；時見曰會；殷見曰同。」〔註317〕鄭玄《注》：「此六禮者，以諸侯見王為文。六服之內，四方以時分來，或

〔註313〕漢・鄭玄注，唐・孔穎達等正義：《禮記正義》卷十三，頁256。
〔註314〕漢・鄭玄注，唐・孔穎達等正義：《禮記正義》卷十三，頁269。
〔註315〕漢・鄭玄注，唐・賈公彥疏：《周禮注疏》卷十八，頁273。
〔註316〕同上註。
〔註317〕漢・鄭玄注，唐・賈公彥疏：《周禮注疏》卷十八，頁275。

朝春，或宗夏，或覲秋，或遇冬，名殊禮異，更遞而徧。」〔註318〕
「九禮」的定義有二，其一為九種等級之禮，另一為九種儀節：

　　一、即接待公、侯、伯、子、男、孤、卿、大夫、士，不同尊卑等級的九
　　　　等禮儀，《周禮・秋官・掌交》：「以論九稅之利、九禮之親、九牧之維、
　　　　九禁之難、九戎之威。」〔註319〕鄭玄《注》：「九禮，九儀之禮。」〔註
　　　　320〕「九儀」指公、侯、伯、子、男，及公、卿、大夫、士九等。

　　二、指九種禮儀，《大戴禮記・本命》：「冠、昏、朝、聘、喪、祭、賓主、
　　　　鄉飲酒、軍旅，此之謂九禮也。」〔註321〕

以此律之，可知「五禮」有兩種定義，並非特例。

　　總之，吉禮是祭祀之禮，祭天神、地祇、人鬼，以求賜福免禍；凶禮是
對急難及天災人禍的撫慰和幫助；賓禮是天子與諸侯之間的會見；軍禮是發
動軍民，為天子、國家效力；嘉禮是除前四禮外，天子與諸侯的社交活動。
吉禮的項目最多，層次也最明確，顯現祭祀為國家重要大事，在當時已經發
展得相當完備，正可對應《禮記・祭統》：「禮有五經，莫重於祭。」〔註322〕
之義。由吉而凶，由天子、諸侯，而及軍民，最後歸納其他常行之禮。《周禮》
作者安排五禮的項目，層次井然。

〔註318〕同上註。
〔註319〕漢・鄭玄注，唐・賈公彥疏：《周禮注疏》卷三十八，頁588。
〔註320〕同上註。
〔註321〕清・王聘珍：《大戴禮記解詁》卷十三，頁252。
〔註322〕漢・鄭玄注，唐・孔穎達等正義：《禮記正義》卷四十九，頁830。

第四章　五禮出現的時代及其分類考

第一節　前　言

　　「五禮」是對於禮制的一種分類分式，關於其出現的原因，探討的人極少。郭沫若《十批判書・孔墨的批判》中提到：

　　　禮是後來的字，在金文裡面我們偶爾看見有用豐字的，從字的結構
　　　上來說，是在一個器皿裡面盛兩串玉具以奉事於神，〈盤庚篇〉裡面
　　　所說的「具乃貝玉」，就是這個意思。大概禮之起起於祀神，故其字
　　　後來從示，其後擴展而為對人，更其後擴展而為吉、凶、軍、賓、
　　　嘉的各種儀制。這都是時代進展的成果。愈望後走，禮制便愈見浩
　　　繁，這是人文進化的必然趨勢，不是一個人的力量可以把它呼喚得
　　　起來，也不是一個人的力量把它叱吒得回去的。〔註1〕

由字源的觀點，說明禮制源起於祭祀，此說雖仍有討論的餘地，但是由禮制的起源，論述其發展及分類的趨勢，提供了探討五禮出現原因的方向。隨著文明的演進，人們的生活也越趨複雜、多樣化。禮與生活息息相關，因應實際上的需要，禮涵容的範圍漸廣，儀制也愈趨眾多，為幫助了解，以便於實施，並藉以推廣禮的精神，使之得以深入人心，自然有人開始對儀制加以整理分類。章景明先生認為進行此整理工作者為儒家學者，是依據禮制的性質差異，區分為吉禮、凶禮、賓禮、軍禮、嘉禮五大類，是謂五禮。〔註2〕王琦

〔註 1〕　郭沫若：《十批判書》，頁 93～94（臺北：古楓出版社，1986 年出版）。
〔註 2〕　章師景明：〈祭、喪之禮吉凶觀念之分別〉，《三禮研究論集》，頁 171（臺北：

珍也主張，五禮是儒者對各類禮節加以整理後，所得的結果。〔註3〕儒家重視禮的教化功能，整理禮制者為儒家後學，是極有可能的事。本章由「五禮」出現的篇章著手，探究其可能的出現時代，以及禮的分類，在歷史時空中所呈現的狀況。漢代開始出現對經書的注解，因此所探討的範圍，由先秦擴大至兩漢，以期了解「五禮」的施用狀況。並探討「五禮」——吉、凶、賓、軍、嘉禮的訂名原因。

在探討先秦兩漢對禮的分類現象時，針對的是當涉及眾多禮制時的表現方式，至若《論語・八佾》:「子曰：『禘自既灌而往者，吾不欲觀之矣。』」〔註4〕之類單稱禮名者，限於題目，則不列入討論。

第二節　五禮一詞的出現時代考

「五禮」這個名詞，在先秦典籍中，應用得並不頻繁，僅在《尚書》的〈舜典〉與〈皋陶謨〉，各提到一次；《周禮》的〈地官〉二次、〈春官〉一次；《大戴禮記》的〈曾子天圓〉一次，共計使用六次。探討「五禮」的出現時間，即針對這些篇章所見的內容進行討論。

一、〈舜典〉與〈皋陶謨〉的成篇考

《尚書》中的篇章，大約作於西周初年至戰國末年之間，不過各篇成篇時間不盡相同，或有早晚。〈堯典〉與〈皋陶謨〉的相關性非常高，根據屈萬里〈尚書皋陶謨篇著成的時代〉考證，二篇的文句、思想理論、習用語辭等方面雷同處很多，極有可能出自同一作者之手。〔註5〕

《尚書》在漢代本來有今文本與古文本之別，今文本是指用當時通行的隸書書寫；古文本是用先秦篆書書寫的寫本。原古文本於魏晉永嘉之亂時，已全數亡佚，今傳古文本自宋代即已確定為東晉梅賾偽作。二者的區別反映在篇數上，今文《尚書》共二十九篇，偽古文本多將今文本一分為二，以求符合原古文本之篇數五十八篇，〈舜典〉與〈皋陶謨〉正是如此。〈舜典〉原

〔註3〕　王琦珍：《禮與傳統文化》，頁11。
〔註4〕　魏・何晏等注，宋・邢昺疏：《論語注疏》卷三，頁27。
〔註5〕　屈萬里：《書傭論學集》，頁73～78（臺北：聯經出版事業公司，屈萬里先生全集14，1984年7月初版）。

是〈堯典〉的一部分，僞古文《尙書》，將〈堯典〉「愼徽五典」前，加上「曰若稽古帝舜，曰重華，協于帝。濬哲文明，溫恭允塞。玄德升聞，乃命以位。」二十八字，成爲〈舜典〉。〈皋陶謨〉也被僞古文《尙書》分爲兩篇，自「帝曰：『來！禹。汝亦昌言。』」開始，爲〈益稷謨〉。

〈堯典〉和〈皋陶謨〉的著作年代接近，屈萬里《尙書集釋》舉出十項證據，證明〈堯典〉爲戰國時的作品：

（一）因篇首即明言「曰若稽古」，可見是後人述古之作；

（二）文辭平易，不若周初八誥、〈費誓〉，及西周金文古奧；

（三）稱堯爲帝；

（四）考妣對稱；

（五）具有四方四時對應整齊的五行思想；

（六）其中星象的部分，據日人飯島忠天、橋本增吉考證，爲戰國時的天象；

（七）《孟子・萬章》上，明列〈堯典〉二字；又引述：「舜流共工于幽州，放驩兜于崇山，殺三苗于三危。」等句，〔註6〕與〈堯典〉中的文句相同；

（八）「百姓如喪考妣，三載，四海遏密八音。」與「三年之喪」接近；

（九）自「克明俊德」至「協和萬邦」，和「修身、齊家、治國、平天下。」的儒家觀念密合；

（十）《楚辭・天問》隱括本篇文句。〔註7〕

屈氏晚年的《先秦文史資料考辨》則縮短時間，認爲大約是《孟子》稍前或同時的著作。〔註8〕〈皋陶謨〉的成篇時間，較〈堯典〉稍晚，〈尙書皋陶謨篇著成的時代〉一文，將時間推至《孟子》之前，兩篇大約都成於戰國初年。〔註9〕顧頡剛認爲《孟子》所引〈堯典〉，並非今傳的版本，今日所見的〈堯典〉是漢武帝時的作品，其中巧妙的融合了先秦兩漢的文句。〔註10〕

〔註6〕　漢・趙岐注，宋・孫奭疏：《孟子注疏》卷九上，頁163。

〔註7〕　屈萬里：《尚書集釋》，頁6～7（臺北：聯經出版事業公司，屈萬里先生全集2，1983年2月初版）。

〔註8〕　屈萬里：《先秦文史資料考辨》，頁321（臺北：聯經出版事業公司，屈萬里先生全集4，1983年2月初版）。

〔註9〕　屈萬里：《書傭論學集》，頁81～84。

〔註10〕　顧頡剛：〈堯典著作時代考〉，《中國現代學術經典・顧頡剛卷》，頁293（河北：河北教育出版社，中國現代學術經典，1996年8月一版一刷）。

徐復觀則主張〈堯典〉、〈舜典〉、〈皋陶謨〉等，是西周史官根據傳說整理而成，史官整理時運用了西周時五等爵之禮的觀念。〔註11〕諸家說法不一，目前學界一般大多公認它們都是戰國之作。

二、《周禮》的成書年代考

《周禮》原名《周官》，其著作年代，歷來也是爭論不斷。

《周禮》的作者和成書時代，主要有三說。舊說爲周公所作，此說起於劉歆，〔註12〕成於鄭玄，〔註13〕賈公彥信服之，〔註14〕然學者早有懷疑。東漢何休以爲六國時人所作，〔註15〕清代毛奇齡《周禮問》、皮錫瑞《經學通論》，〔註16〕及今人錢穆〈周官著作時代考〉等，都認爲可信。錢穆從《周禮》所載的祀典、刑法、田制、封建、軍制、外族、喪葬、音樂各方面觀察，證明此書當作於戰國晚葉。〔註17〕另外，也有說是王莽及劉歆擷取前人著作融合而成，有政治目的的僞作，如宋代洪邁《容齋續筆·周禮非周公書》：

> 《周禮》一書，世謂周公所作，而非也。昔賢以爲戰國陰謀之書，
> 考其實，蓋出於劉歆之手。……歆之處心積慮，用以濟莽之惡，莽
> 據以毒痛四海，如五均六筦，市官賒貸，諸所興爲，皆是也。〔註18〕

又如徐復觀《周官成立之時代及其思想性格》據其中多古文奇字、類近古制，

〔註11〕徐復觀：《周官成立之時代及其思想性格》，頁170（臺北：臺灣學生書局，1980年5月初版）。

〔註12〕《漢書·王莽傳》上：「周公屛成王而居攝，以成周道。……聖心周悉，卓爾獨見，發得《周禮》，以明因監，則天稽古，而損益焉。」
漢·班固撰，唐·顏師古注：《漢書》（八）卷九十九上，頁32。

〔註13〕《周禮·天官冢宰》：「惟王建國。」鄭玄《注》：「周公居攝而作六典之職，謂之《周禮》；營邑於土中；七年，致政成王，以此禮授之，使居雒邑治天下。」
漢·鄭玄注，唐·賈公彥疏：《周禮注疏》卷一，頁10。

〔註14〕賈公彥〈序周禮廢興〉：「唯有鄭玄徧覽群經，知《周禮》者，乃周公致太平之迹。」
漢·鄭玄注，唐·賈公彥疏：《周禮注疏》，頁9。

〔註15〕賈公彥〈序周禮廢興〉：「何休亦以爲六國陰謀之書。」
同上註。

〔註16〕清·皮錫瑞：《經學通論》，頁48～49（臺北：學海出版社，經學叢書初編5，1988年）。

〔註17〕錢穆：〈周官著作時代考〉，《兩漢經學今古文平議》，頁323～493（臺北：聯經出版事業公司，錢賓四先生全集8，1994年）。

〔註18〕宋·洪邁：《容齋續筆》卷十六，頁157～158（臺北：臺灣商務印書館，國學基本叢書四百種《容齋隨筆五集》，清康熙重刻明馬調元本，1968年9月臺一版）。

及多與經典記載相合等，也視《周禮》成於王莽、劉歆之手。〔註 19〕至於金春峰《周官之成書及其反映的文化與時代新考》，從教育、法律、商業、文化等方面，與《周禮》的制度相對照，認為是戰國末入秦的各國學者所作。《周禮》大抵是儒家後學，為表現其政治思想，掇拾周代政治制度，融合孔孟學說，揉和法家、陰陽家的言論，加入作者的卓見，編成一部理想化的政治組織法，以待後代王者取法。〔註20〕賈公彥〈序周禮廢興〉：

> 秦自孝公已下，用商君之法，其政酷烈，與《周官》相反，故始皇
> 禁挾書、特疾惡，欲絕滅之，搜求焚燒之。獨悉，是以隱藏百年。
> 孝武帝始除挾書之律，開獻書之路，既出於山巖屋壁，復入于秘府。
> 五家之儒，莫得見焉。至孝成帝，達才通人劉向、子歆校理秘書，
> 始得列序，著于《錄》、《略》。然亡其〈冬官〉一篇，以〈考工記〉
> 足之。〔註21〕

《周禮》因不被秦始皇喜好，遂被查禁，不過還是有人秘密收藏，於漢武帝鼓勵獻書時獻給朝廷。武帝至成帝之間，被藏於秘府。後因劉向、劉歆父子整理秘書，才得以重出。之後由於馬融、鄭玄等人的注釋、傳授，於是不致流失湮滅。既然被始皇禁絕，那麼秦之前已有此書，再依照其內容分析，有陰陽五行思想，又有許多制度方面的主張，與《管子》的治國概念接近，可能是戰國時的作品。王莽施用《周禮》設計的國家體制，只不過因好古、泥古，及期望藉由聖人之作，而得到群臣信服，進而達到鞏固政權的目的，未必真有制作《周禮》之事實。

　　《周禮》的成書年代，或許應如錢穆所考，為戰國晚期之作。

三、〈曾子天圓〉的成篇考

　　《大戴禮記》編定於東漢時期，集錄戰國中葉至西漢中期，儒者對禮的說解。由於，所輯文章可能並非出於一時一人之手，又時而呈現不同學派的風貌。若要判定各篇的詳確寫成時間，自有其困難性。

　　除〈曾子天圓〉外，《大戴禮記》還有九篇，題目上有「曾子」二字的篇章。即：〈曾子立事〉、〈曾子本孝〉、〈曾子立孝〉、〈曾子大孝〉、〈曾子事父母〉、

〔註19〕 徐復觀：《周官成立之時代及其思想性格》，頁 51～73。
〔註20〕 劉德漢：〈三禮概述〉，《三禮論文集》，頁 26（臺北：黎明文化事業股份有限
　　　　公司，孔孟學說叢書，1981 年 1 月初版）。
〔註21〕 漢・鄭玄注，唐・賈公彥疏：《周禮注疏》，頁 7。

〈曾子制言〉上中下、〈曾子疾病〉。諸篇爲曾子自著的可能性不大，因爲每篇中都有「曾子曰」的字樣。〔註22〕可能爲後學記述曾子言行及其學派之理論；或是後人僞託曾子之名，藉以闡述個人主張。王聘珍《大戴禮記解詁‧敘錄》推論，這十篇就是《漢書‧藝文志》所記儒家《曾子》十八篇中的一部分，可見《大戴》原本所收，必不只此十篇。〔註23〕

〈曾子天圓〉運用天地生陰陽，二氣交互運作而成萬物的理論，述說宇宙生成的歷程，如：

> 天道曰圓，地道曰方，方曰幽而圓曰明。明者，吐氣者也，是故外景；幽者，含氣者也，是故内景。故火日外景，而金水内景。吐氣者施，而含氣者化，是以陽施而陰化也。陽之精氣曰神，陰之精氣曰靈。神靈者，品物之本也，而禮樂仁義之祖也，而善否治亂所興作也。陰陽之氣各靜其所，則靜矣，偏則風，俱則靁，交則電，亂則霧，和則雨。〔註24〕

陰陽說出現於春秋之後，此篇的學說結構已算完整，故不會早於戰國中葉以前。不過這並無法進一步判斷，是戰國或西漢儒者的作品，只能肯定是完成於戴德編纂《禮記》之前。

《大戴禮記》八十五篇，佚失四十六篇，現存三十九篇，散亡的比留存的多，然而幸運的是其中載有「五禮」一詞。於《禮記》未見此名詞，有可能是因《大戴禮記》所收篇章較多，範圍較廣的緣故。

四、小　結

先秦典籍的成書時間，大多不能確證。《大戴禮記》集結的篇章，跨越的時間較長，無法作爲確定「五禮」出現時代的根據。不過，因〈堯典〉、〈皋陶謨〉及《周禮》爲戰國時期的作品，據此得知，在戰國時代即有「五禮」一詞，已可斷言。

本節的目的，即期望透過了解「五禮」使用的時間，從而對其出現背景、名詞訂定原因，獲得一較爲妥切的時空依據。由於《大戴禮記》中的部分章節，已及西漢中期，因此本章探討分類觀時，搜尋範圍非僅先秦，亦及兩漢。

〔註22〕屈萬里：《先秦文史資料考辨》，頁360。
〔註23〕清‧王聘珍：《大戴禮記解詁》，頁3～4。
〔註24〕清‧王聘珍：《大戴禮記解詁》卷五，頁98～99。

第三節　先秦時期對於禮的分類

　　禮的觀念經過長時期的發展，隨著禮制的漸繁，自然發展出分類的觀念。古人提到禮制時，直接稱引郊、喪、婚、鄉飲等禮名，是常見的現象，如《禮記・禮運》：

> 夫禮必本於天，動而之地，列而之事，變而從時，協於分藝。其居人也曰養，其行之以貨、力、辭讓、飲食、冠、昏、喪、祭、射、御、朝、聘。〔註25〕

《大戴禮記・本命》：

> 冠、昏、朝、聘、喪、祭、賓主、鄉飲酒、軍旅，此之謂九禮也。〔註26〕

所列的都是一般常行常見之禮，諸如此類的例證不勝枚舉。此外最常見的區分方式，就是按照階層畫分，分為天子、諸侯、卿大夫、士、庶等。如此可以體現禮「定尊卑」的特質，但對於禮的性質分野上的了解，並無任何實質助益。由於本章是探討吉、凶、賓、軍、嘉五禮的成因，因此僅就以性質分禮的篇章進行分析，位階等級之分禮現象，暫不列入討論範圍。

　　先秦時期已有對於禮的分類，《周禮・春官・大宗伯》將邦國之禮分為吉、凶、賓、軍、嘉五類，可見《周禮》的作者，本身已具有禮的分類觀念。然而先秦其他作品，幾乎沒有看到使用吉、凶、賓、軍、嘉分禮的現象，且夫「五禮」這名詞，也未被普遍採用；就連對禮的歸類，也不過用吉、凶大分，甚或僅有約略的類別表述。

一、吉凶分禮說

　　古人看見自然界有天地、山川、雄雌、男女等對立的區別，於是對於事物也採取了陰陽、吉凶、好壞、是非之類的二分法。吉凶之別的觀念，在殷墟卜辭中至為明顯，只不過當時還沒有創造「凶」這個字。殷人行事前有占卜的習慣，一條完整的卜辭，大概可以分成四個部分：（一）序辭：敘述占卜日期、地點和問卜人物。（二）命辭：記所卜事情。（三）占辭：記錄占兆人所說的話，及所作吉凶之研判。（四）驗辭：在所卜事情過去後，記述占卜應

〔註25〕漢・鄭玄注，唐・孔穎達等正義：《禮記正義》卷二十二，頁439。
〔註26〕清・王聘珍：《大戴禮記解詁》卷十三，頁252。

驗與否。〔註27〕吉或不吉的占斷，就是出現於占辭的部分。殷人若記爲「吉」、「弘吉」、「中吉」等，是表示可行；「不吉」、「尤」、「禍」、「栽」、「希」、「兕」、「祟」〔註28〕之類，則不利於行。到了周代，就直接以吉、凶區分，譬如《周易》每卦每爻皆以吉、凶論斷。《周易‧繫辭》上：

> 聖人有以見天下之賾，而擬諸其形容，象其物宜，是故謂之象。聖人有以見天下之動，而觀其會通，以行其典禮，繫辭焉以斷其吉凶，是故謂之爻。言天下之至賾而不可惡也，言天下之至動而不可亂也。
> 擬之而後言，議之而後動，擬議以成其變化。〔註29〕

說明期望透過占卦，以求預知事情的發展變化，是吉或是凶，好預作準備的心理。可以想見的是：禮分吉凶的觀念，是源自於占卜所呈現的吉凶觀影響而來。古人行禮之前必定占卜，《儀禮》中的〈士冠禮〉、〈士昏禮〉、〈士喪禮〉等，在行禮前必有卜占之儀，足以證明此一事實。

吉、凶運用於禮的範疇上，應該不會很晚。然而較明確的例子，大概是見於《荀子》。《荀子‧禮論》：

> 禮者，謹於吉凶不相厭者也。〔註30〕

又言：

> 故情貌之變，足以別吉凶，明貴賤親疏之節，期止矣。外是，姦也；雖難，君子賤之。故量食而食之，量要而帶之，相高以毀瘠，是姦人之道，非禮義之文也，非孝子之情也，將以有爲者也。故說豫娩澤，憂戚萃惡，是吉凶憂愉之情發於顏色者也。歌謠謸笑，哭泣諦號，是吉凶憂愉之情發於聲音者也。芻豢、稻梁、酒醴、餰鬻、魚肉、菽藿、酒漿，是吉凶憂愉之情發於食飲者也。卑絻、黼黻、文織、資麤、衰絰、菲繐、菅屨，是吉凶憂愉之情發於衣服者也。疏房、檖貌、越席、床笫、几筵、屬茨、倚廬、席薪、枕塊，是吉凶憂愉之情發於居處者也。兩情者，人生固有端焉。若夫斷之繼之，博之淺之，益之損之，

〔註27〕張秉權：《甲骨文與甲骨學》，頁63（臺北：國立編譯館，中華叢書，1988年9月）。

〔註28〕「希」是大豕，「兕」是長蛇。上古曾有大豕、長蛇等獸爲害人類，因此成爲災禍的代稱。
　　陳夢家：〈商代的神話與巫術〉，《燕京學報》二十期，頁510～516（北京：燕京大學、哈佛燕京學社，1936年12月）。

〔註29〕魏‧王弼、韓康伯注，唐‧孔穎達等正義：《周易正義》卷七，頁150～151。

〔註30〕唐‧楊倞注：《荀子》卷十三，頁8。

　　類之盡之，盛之美之，使本末終始，莫不順比，足以爲萬世則，則是
　　禮也。非順孰脩爲之君子，莫之能知也。〔註31〕

儒家治禮者有了吉凶觀後，進一步的認爲禮之吉與凶，也必須有所區別。內
心的敬愼、喜悅或悲痛，表現於外在情貌，主要有五方面，包括表情、聲音、
飲食、衣服、居處。而這些都必須有節度，要能夠適可而止。《禮記·喪服四
制》也說：

　　凡禮之大體，體天地，法四時，則陰陽，順人情，故謂之禮。訾之
　　者，是不知禮之所由生也。夫禮，吉凶異道，不得相干，取之陰陽
　　也〔註32〕。

以吉、凶區分禮的觀念，來自天地分陰陽的聯想。鄭《注》：「吉禮、凶禮異
道，謂衣服、容貌，及器物也。」〔註33〕借助外在的禮儀形式，表達心中感
受，主要在樣貌、衣服，以及禮器三方面，與《荀子》的說法接近。

　　禮作吉、凶的判分時，所謂的吉禮是相對於凶禮而言。凶禮主要針對喪
禮，吉禮則囊括了凶禮之外所有的禮制。

二、採用類名的分類說

　　先秦典籍除《周禮》外，涉及禮制時，也有以類名區分者。雖然不是特意
爲分類禮而提出，但是仍然可藉由這些少量的記載，觀察當時禮的分類概況。
　　《論語·述而》：

　　子之所愼：齋、戰、疾。〔註34〕

孔門弟子記錄孔子於人事中，所最謹愼面對者，有祭祀、戰爭、疾病三方面，
不過不見得必定與禮相關。在《荀子》中，就可以較明顯的看出與禮相關的
畫分方式。《荀子·禮論》：

　　凡禮，事生，飾歡也；送死，飾哀也；祭祀，飾敬也；師旅，飾威
　　也。〔註35〕

《荀子·大略》：

　　禮以順人心爲本，故亡於禮經而順人心者，皆禮也。禮之大凡：事

〔註31〕唐·楊倞注：《荀子》卷十三，頁9～10。
〔註32〕漢·鄭玄注，唐·孔穎達等正義：《禮記正義》卷六十三，頁1102。
〔註33〕同上註。
〔註34〕魏·何晏等注，宋·邢昺疏：《論語注疏》卷七，頁61。
〔註35〕唐·楊倞注：《荀子》卷十三，頁12。

生，飾驩也；送死，飾哀也；軍旅，飾威也。〔註36〕

禮謹於治生死，以順人心爲本，其功用在於表現歡樂、哀痛、威嚴、誠敬等情感。在這兩段文字中，共舉出四項分類：事生、送死、祭祀、軍旅。另外，一九九三年湖北省荊門市發現的郭店一號楚墓，其墓主爲東周楚國貴族，時間大約是戰國中期偏晚，隨葬品包括一批竹簡，其中〈性自命出〉一篇提到：

> 賓客之禮必有夫齊齊之頌，祭祀之禮必有夫齊齊之敬，居喪必有夫
> 戀戀之依。〔註37〕

簡文著重於敘述行禮時應有的態度，在此出現「賓客」一項。生與死是人生大事，《荀子》所謂的「事生」，所指範圍不確定，可能是排除喪葬、祭祀、軍旅之外的所有禮。綜合上述引文，縱使《論語・述而》所說不一定與禮相關，但與其他三段相參照，可以發現，祭祀、軍旅、死亡提到的比例很高，可能是當時相當重視的大事，這反映了當時社會現象。《左氏・成公十三年・傳》：「國之大事，在祀與戎。」〔註38〕說明春秋時代軍事與祭祀二事，之於國家非常重要。

三、小　結

《周禮》是同時期作品中，目前可見唯一明確載有吉、凶、賓、軍、嘉禮組合者，可能是作者融會所知，添加個人的創見而成，爲一家之言。

根據前文所引《荀子》〈禮論〉、〈大略〉及郭店儒簡〈性自命出〉簡文，提到的禮類共有五項，與〈春官〉五禮的範疇極爲接近。祭祀、喪葬、軍旅，相當於吉禮、凶禮、軍禮；事生、賓客是賓禮或嘉禮，則不易遽下定論。吉、凶、賓、軍、嘉，是以性質分的大類，名詞也較專門，可能比較晚出。王琦珍認爲，五禮乃因春秋以後，社會發生重大變動，古禮漸被廢除，儒家開始對各類禮節加以整理，這項總結的工作出現在戰國初期。〔註39〕然而，無論是以吉凶分禮或類名分禮，都是從《荀子》乙書開始較爲顯著，而吉、凶、賓、軍、嘉的系列，在先秦僅存在於《周禮》，或許將時間推至戰國晚期，似較爲合適。

〔註36〕唐・楊倞注：《荀子》卷十九，頁4。
〔註37〕荊門市博物館編：《郭店楚墓竹簡》，頁181。
〔註38〕晉・杜預注，唐・孔穎達等正義：《春秋左傳正義》卷二十七，頁460。
〔註39〕王琦珍：《禮與傳統文化》，頁11。

第四節　〈春官〉五禮名詞的訂定

先秦諸子的學說中，沒有使用吉禮、凶禮、賓禮、軍禮、嘉禮這五個名詞。在其他經典也只有零星出現。雖說《周禮》作者於書中，加入許多個人主張，但這些概念應該是前有所承，而非憑空臆想得來。因此由名詞本身出發，並配合相關詞彙——吉事、凶事、賓事、軍事、嘉事，探究《周禮》使用吉禮、凶禮、賓禮、軍禮、嘉禮為類名的原因。

一、吉禮的定名

章景明先生認為，人們祭祀神明祖先的目的，在於祈福求吉，既然是吉祥之事，以祭禮屬吉禮，是不難瞭解的事。〔註40〕說「吉禮」之「吉」，是「吉祥」的意思。事實上，「吉」字本身，就表現了祭祀的意義，同樣的顯現了求福的目的。

（一）「吉」字的字義

「吉」在甲骨文中，作⬆、⬆、吉諸形，周原甲骨作⬆。反映先民的武器崇拜意識。「吉」是屬於會意字，⬆或⬆是箭矢的象形；廿即器皿或坑穴的象形。古代弓箭為狩獵、防身和戰爭的武器，與生存關係密切，因此箭矢成為先民的崇拜物，出不離身，入則供於居室器中以祛邪祈福。〔註41〕也有說廿是象新石器時代至殷墟安陽時期，初民居住的半穴居建築，人們每當回家後，就豎長擊兵器以作防備，之後於葬儀也安放矛、戈於墓門附近。〔註42〕「吉」象徵於器中盛物供奉，已具有祭祀義。

（二）「吉禮」及其相關詞彙的探討

「吉禮」，在先秦兩漢除《周禮》外，目前可見唯一的運用，是在《別錄》。劉向《別錄》對《禮記》的歸類，在前一章曾提到過，其中有「吉禮」一項，算是此一詞較早的出現。《別錄》的「吉禮」，如今其下所屬只有〈投壺〉一篇，投壺禮在〈春官〉「五禮」應屬嘉禮。因此劉向所謂的「吉禮」，與《周禮》具有祭祀意義的「吉禮」，意義可能不同。

〔註40〕章師景明：〈祭、喪之禮吉凶觀念之分別〉，《三禮研究論集》，頁173。

〔註41〕李圃：《甲骨文文字學》，頁240〜241（上海：學林出版社，1995年1月一版一刷）。

〔註42〕邱師德修：《說吉》，頁14〜33（臺北：五南圖書出版公司，1987年2月初版〔限定版〕）。

另就與「吉禮」相關的詞彙——「吉事」觀察。《周易‧繫辭》下：

> 夫乾，天下之至健也，德行恆易以知險；夫坤，天下之至順也，德
> 行恆簡以知阻。能說諸心，能研諸侯之慮，定天下之吉凶，成天下
> 之亹亹者。是故變化云爲，吉事有祥；象事知器，占事知來；天地
> 設位，聖人成能；人謀鬼謀，百姓與能。〔註43〕

吉事，就是指吉祥之事。吉事經常與喪事對舉，例如《禮記‧曲禮》上：

> 喪事先遠日，吉事先近日。〔註44〕

鄭《注》：「喪事，葬與練、祥也。吉事，祭祀、冠、取之屬。」〔註45〕但凡
喪葬之外，如祭禮及嘉禮之類，都屬吉事。《禮記‧檀弓》上：

> 喪事，欲其縱縱爾；吉事，欲其折折爾。故喪事雖遽，不陵節；吉事
> 雖止，不怠。故騷騷爾則野，鼎鼎爾則小人。君子蓋猶猶爾。〔註46〕

辦喪事與辦吉事的態度應當有所區別，喪事要顯得匆匆忙忙，吉事卻要從容
不迫。《禮記‧少儀》也說：

> 婦人吉事，雖有君賜，肅拜。爲尸坐，則不手拜，肅拜；爲喪主則
> 不手拜。〔註47〕

婦人無論遇喪、祭或吉事，都是以肅拜爲常禮。以上所舉《禮記》三章，「吉
事」都指喪事之外的禮。《說文解字‧口部》：「吉，善也。」〔註48〕「吉」字
有好的意思，所以「喪事」以外，都是「吉事」。不過「吉事」也有專門指祭
事的時候，《荀子‧大略》：

> 吉事尚尊，喪事尚親。〔註49〕

日人久保愛《荀子增註》謂此「吉事」，係指祭祀之事，故以位尊爲尚，與喪
事以親疏關係分喪服之序有別。〔註50〕又如《管子‧小稱》：

> 管子曰：修恭遜、敬愛、辭讓，除怨無爭，以相逆也，則不失於人
> 矣。嘗試多怨爭利，相爲不遜，則不得其身。大哉恭遜敬愛之道，

〔註43〕 魏‧王弼、韓康伯注，唐‧孔穎達等正義：《周易正義》卷八，頁176。
〔註44〕 漢‧鄭玄注，唐‧孔穎達等正義：《禮記正義》卷一，頁59。
〔註45〕 同上註。
〔註46〕 漢‧鄭玄注，唐‧孔穎達等正義：《禮記正義》卷三，頁143。
〔註47〕 漢‧鄭玄注，唐‧孔穎達等正義：《禮記正義》卷十七，頁632。
〔註48〕 漢‧許慎撰，清‧段玉裁注：《說文解字注》卷三，頁58。
〔註49〕 唐‧楊倞注：《荀子》卷十九，頁5。
〔註50〕 日‧久保愛：《荀子增註》卷十九，頁774（臺北：成文出版社，嚴靈峰編輯
《無求備齋荀子集成》44，日本寬政八年京師水玉堂刊本，1977年10月）。

　　吉事可以入祭，凶事可以居喪，大以理天下而不益也，小以治一人

　　而不損也。〔註51〕

〈小稱〉記管仲舉桓公過失，以促使其積極改正。此段管仲鼓勵桓公修養恭敬、謙遜、不爭的德行，以此待人接物，必可得民心。其功效至廣，小自修身，主喪、祭，大可治理天下。吉事與凶事對稱，在此專指祭禮。

　　先秦在《周禮》外的其他典籍中，未嘗使用「吉禮」此一名詞，因此無法參照比較，但是從「吉」字本身具有「祭祀」的意義，以及「吉事」在《荀子‧大略》、《管子‧小稱》有僅限於指祭祀之禮的例證來看，《周禮》以「吉禮」作為祭祀類禮制的專稱，是非常自然的。

二、凶禮的定名

　　凶與吉相對，指不吉利的情況。《周禮‧春官》即以此義歸納所有對人來說，與不幸相關的禮。

（一）「凶」字的字義

　　「凶」字出現得較晚，大約周代開始使用。甲骨文中未見，僅有「兇」字，作，象兩人相鬥之形，示「擾恐」之義，〔註52〕與訓為「險惡」的「凶」不同。

　　「凶」字，《說文解字‧凶部》說：「惡也，象地穿交陷其中也。」〔註53〕字从乂、凵，凵為地上的深洞，象陷阱之形。對於「乂」的說解眾多，據丁福保《說文解字詁林》所引，有說是「米」之省，象凶年器中無米之象；也有據字形與古文「胸」──相近，認為是象胸形、乳際也。〔註54〕另說象陷阱中亂石交加。〔註55〕依照許慎的說法，「乂」是「交陷」，即表示有人、獸陷於其中的意思。徐鉉同意此說，並補充：「从乂指事」。〔註56〕此說似乎較為允當。與「凶」字形相近者，多有「陷阱」的意思，如，是捕鳥器。

〔註51〕唐‧房玄齡注：《管子》卷十一，頁 11。

〔註52〕李孝定：《甲骨文字集釋》第七，頁 2421～2422。

〔註53〕漢‧許慎撰，清‧段玉裁注：《說文解字注》卷十三，頁 334。

〔註54〕清‧丁福保：《說文解字解詁》七上，頁 6-582～6-583（臺北：鼎文書局，中國學術類編，《說文解字詁林正補合編》（六），醫學書局影印本，1977 年 3 月初版）。

〔註55〕中國語文研究中心：《文字新詮》，頁 149（臺北：中國語文研究中心，1971 年 12 月校訂再版）。

〔註56〕清‧丁福保：《說文解字解詁》七上，頁 6-582。

「凶」本義爲陷阱，可引伸爲「凶險」的意思，因此之後成爲災禍的代稱。

（二）「凶禮」及其相關詞彙的探討

在前一節討論吉凶分禮的現象時，曾經提到過「凶」多指喪葬之禮。但是，先秦除《周禮》之外，沒有用到「凶禮」這一名詞的例子。倒是「凶事」與之頗有相關性。

「凶事」即不幸、不好的事，不必一定指喪事。《周易·益》：

> 六三，益之用凶事，無咎。有孚，中行，告公用圭。〔註57〕

益是「有益」，就算遇上不佳的狀況，仍然不會有壞處。在此卦中，「凶事」是指不好的事。又如《左氏·昭公二年·傳》：

> 秋，鄭公孫黑將作亂，欲去游氏而代其位，傷疾作而不果。駟氏與諸大夫欲殺之。子產在鄙，聞之，懼弗及，乘遽而至。使史數之，曰：「伯有之亂，以大國之事，而未爾討也。爾有亂心無厭，國不女堪。專伐伯有，而罪一也；昆弟爭室，而罪二也；薰隧之盟，汝矯君位，而罪三也。有死罪三，何以堪之？不速死，大刑將至。」再拜稽首，辭曰：「死在朝夕，無助天爲虐。」子產曰：「人誰不死？凶人不終，命也。作凶事，爲凶人。不助天，其助凶人乎！」請以印爲褚師。子產曰：「印也若才，君將任之；不才，將朝夕從女。女罪之不恤，而又何請焉？不速死，司寇將至。」七月壬寅，縊。尸諸周氏之衢，加木焉。〔註58〕

公孫黑欲作亂，不料舊傷復發，因而計謀無法得逞，大夫子產聽說這個消息，從外地急速趕去指責他。子產數說公孫黑與兄弟相爭、又有僭位之意種種罪名，爲非作歹，是惡人，因此詛咒他不得善終。「凶事」指的是壞事。至於《老子》第三十一章：

> 夫佳兵者不祥之器，物或惡之，故有道者不處。君子居則貴左，用兵則貴右。兵者不祥之器，非君子之器，不得已而用之，恬淡爲上。勝而不美，而美之者，是樂殺人。夫樂殺人者，則不可得志於天下矣。吉事尚左，凶事尚右。偏將軍居左，上將軍居右。言以喪禮處之。殺人之眾，以悲哀泣之，戰勝以喪禮處之。〔註59〕

〔註57〕 魏·王弼、韓康伯注，唐·孔穎達等正義：《周易正義》卷四，頁97。
〔註58〕 晉·杜預注，唐·孔穎達等正義：《春秋左傳正義》卷四十二，頁720。
〔註59〕 魏·王弼注：《老子》上篇，頁18。

古人遇喪事時，行禮必須與常禮相反。喪禮以右爲尚，用兵亦如此，是將征戰也視爲喪事，就算戰勝仍以喪禮處置。在這裡「凶事」主要指喪事。另於《左氏・隱公元年・傳》：

> 秋，七月，天王使宰咺來歸惠公、仲子之賵。緩，且子氏未薨，故名。天子七月而葬，同軌畢至；諸侯五月，同盟至；大夫三月，同位至；士踰月，外姻至。贈死不及尸，弔生不及哀，豫凶事，非禮也。〔註60〕

記周天子在惠公過世超過一年之後，才派使者致贈助喪之物。凡是喪禮之饋贈，對死者應在入柩之前，弔慰生者應於反哭之後。周天子送禮的時間不恰當，不合於禮。「凶事」傾向於指對喪家的贈禮。「凶事」幾乎與死亡脫不了關係，死亡就是生命的終結，理所當然被歸爲不好的事。

「凶」與「吉」相對，用來形容事物的不善。「凶事」大多與喪葬相關。但《周禮》的「凶禮」範圍較大，不只有喪葬之禮。〈春官〉「凶禮」中，包含喪禮、荒禮、弔禮、禬禮、恤禮五類。荒禮是對饑饉、疫癘地區的補助；弔禮是對發生水災、火災災區的協助；禬禮資助戰敗的國家；恤禮爲遣使慰問遭受外侮內亂的鄰國。凡是對於不幸的弔慰、幫助，在《周禮》都屬凶禮。

三、賓禮的定名

會賓客爲國家大事，賓禮設置的原因，杜佑《通典》說：

> 自古至周，天下封建，故盛朝聘之禮，重賓主之儀。〔註61〕

殷周實行封建制度，王分封王室子弟及功臣，建立侯國以保衛王室。在第三章定義的部分，曾說明王平時有定期或不定期會見諸侯，另外諸侯與諸侯之間也時有互訪。往來的頻繁，可見朝聘之禮的重要。《管子・中匡》：

> 管仲會國用，三分二在賓客，其一在國，管仲懼而復之。公曰：「吾子猶如是乎。四鄰賓客，入者說，出者譽，光名滿天下。入者不說，出者不譽，污名滿天下。壤可以爲粟，木可以爲貨，粟盡則有生，貨散則有聚。君人者，名之爲貴，財安可有？」管仲曰：「此君之明也。」〔註62〕

〔註60〕晉・杜預注，唐・孔穎達等正義：《春秋左傳正義》卷二，頁39。
〔註61〕唐・杜佑：《通典》卷七十四，頁403。
〔註62〕唐・房玄齡注：《管子》卷八，頁1～2。

重視外交，是齊桓公成就霸業的原因之一。國家財政用度的三分之二，用於款待鄰國賓客上，藉以宣揚國威，只有三分之一用在國內財用，顯現賓禮於國家的重要性。徐復觀認為，《周官》的特點之一，是全書對賓客的看重，春秋時列國行人聘問的得失，關乎一國的治亂安危，故當時非常重視。〔註63〕

（一）「賓」字的字義

「賓」字字義，據許慎《說文解字・貝部》：「所敬也。」〔註64〕段《注》：

〈大宗伯〉：「以賓禮親邦國賓客」，渾言之也。析言之則賓、客異義。又賓謂所敬之人，因之敬其人亦曰賓。又君爲主，臣爲賓，故《老子》曰：「樸，雖小，天下莫能臣也。侯王若能守之，萬物將自賓。」司馬相如引《詩》：「率土之賓，莫非王臣。」〔註65〕

段玉裁認為「賓」是指被款待的人，也可以作動詞使用，指款待。「賓」一般可解釋爲賓客，但是「賓」與「客」彼此還是可以再析分的。《說文》說「客」是「寄也」，〔註66〕說解過於簡潔，令人摸不著頭緒，不過從《周禮・秋官・司儀》：

諸侯、諸伯、諸子、諸男之相爲賓也，各以其禮相待也。諸公之臣相爲國客，⋯⋯凡侯、伯、子、男之臣，以其國之爵相爲客而相禮，其儀亦如之。〔註67〕

可以發現，「賓」和「客」的區別，因侯、伯、子、男覲見天子，爲王的賓，而他們下屬的臣與之同往，則因附寄於其主，就稱爲客。不過《史記》提及孟嘗君、信陵君等人的門下時，都稱「食客」或「客」，可見天子與諸侯、諸伯、諸子、諸男間，爲主和賓；諸侯、諸伯、諸子、諸男與其門下家臣、食客，則爲主和客。「賓」、「客」二者的分別義，爲角色及地位上的差異。君與臣是主賓關係，前文段氏所引《老子》第三十二章，即說侯王若能守「道」，則萬物自動歸服之。司馬相如〈難蜀父老〉〔註68〕引用《詩經・小雅・北山》：「溥天之下，莫非王土。率土之濱，莫非王臣。」〔註69〕其中的「濱」字，《詩》

〔註63〕徐復觀：《周官成立之時代及其思想性格》，頁79。

〔註64〕漢・許愼撰，清・段玉裁注：《說文解字注》卷十二，頁281。

〔註65〕同上註。

〔註66〕漢・許愼撰，清・段玉裁注：《說文解字注》卷十四，頁341。

〔註67〕漢・鄭玄注，唐・賈公彥疏：《周禮注疏》卷三十八，頁579～580。

〔註68〕梁・昭明太子撰，唐・李善注：《文選》卷四十四，頁637（臺北：藝文印書館，宋淳熙本重雕鄱陽胡氏藏版，1991年12月十二版）。

〔註69〕漢・毛公傳、鄭玄箋，唐・孔穎達等正義：《毛詩正義》卷十三之一，頁444。

與相如之文，都作「濱」，段玉裁《說文解字注》卻改為「賓」，可能是所據版本的不同，導致的差異，與「賓客」之義關係並不顯著。依據以上數例，可知願為人效力、被人所招待者，都可稱之為「賓」。

「賓」，就甲骨文、金文來看，象人至屋下。〔註70〕古代賓客到訪必有贈物，故又从貝，有贈賄的意思。《管子‧四稱》：

> 桓公曰：「仲父既已語我昔者有道之君與昔者無道之君矣，仲父不當
> 盡語我昔者有道之臣乎？吾以鑒焉。」管子對曰：「夷吾聞之徐伯曰：
> 『昔者有道之臣：委質為臣，不賓事左右，君知則仕，不知則已。
> 若有事，必圖國家，遍其發揮，循其祖德，辯其順逆。推育賢人，
> 讒慝不作。事君有義，使下有禮。貴賤相親，若兄若弟。忠於國家，
> 上下得體。居處則思義，語言則謀謨。……』此亦可謂昔者有道之
> 臣矣。」桓公曰：「善哉！」〔註71〕

〈四稱〉是管仲舉有道之君、無道之君、有道之臣、無道之臣四者的表現，作為執政者的借鑒；本段是論有道之臣。有道之臣忠君愛國，不趨炎附勢、貪瀆避死。「賓事」，魯實先教授認為即「贈賄」之意，「不賓事左右」，指不以財貨饋遺國君之左右。贈賄之禮為周代通制，《儀禮‧聘禮》就有臨別饋贈，用來答謝賓的來聘。《左氏‧昭公五年‧傳》也說：

> 入有郊勞，出有贈賄，禮之至也。〔註72〕

因為有對賓贈禮答謝的形式，因而後來引申為贈賄之禮的名稱。〔註73〕

周代天子與諸侯為主與賓的關係；且由《儀禮‧聘禮》得知，當時諸侯國間有派使者帶禮物，相互訪問，以示友好的禮節，而受訪者在使者歸國時，必須致贈禮品，表達謝意。《周禮》「賓禮」似乎即鑒於此種現象設計而成的。

（二）「賓禮」及其相關詞彙的探討

「賓禮」的使用，在先秦典籍中，大多指接待賓客之禮，或是賓在某項儀節中的程序。《儀禮》中屬於嘉禮的〈鄉飲酒禮〉、〈鄉射禮〉、〈大射禮〉、〈燕禮〉，屬於賓禮的〈聘禮〉等，各篇中常有「如賓禮」、「祭如賓禮」、「洗如賓

〔註70〕「賓」卜辭多作 **⟨圖⟩**、**⟨圖⟩** 等。金文作 **⟨圖⟩**、**⟨圖⟩**。**⟨圖⟩**、**⟨圖⟩**，皆象屋形；下从人、从止。
　　　王國維：《觀堂集林》第一冊，頁43～44。
〔註71〕唐‧房玄齡注：《管子》卷十一，頁14。
〔註72〕晉‧杜預注，唐‧孔穎達等正義：《春秋左傳正義》卷四十三，頁746。
〔註73〕魯實先：《文字析義》，頁987（臺北：魯實先全集編輯委員會，1993年6月
　　　30日）。

禮」、「升如賓禮」之類的程序，這些都是指儀式進行到某個階段，其他人的動作和賓相同，並不是指禮的大類。《禮記·坊記》：

> 子云：「賓禮每進以讓，喪禮每加以遠。」〔註74〕

是說主人迎賓，有三辭三讓之禮。與《周禮》寓朝聘之意的「賓禮」，都不相同。

《周禮》的「賓禮」，限定於王與諸侯間的朝、覲、聘、問、會同；其設定可由王與諸侯的關係推知一二。《墨子·法儀》：

> 昔之聖王禹、湯、文、武，兼愛天下之百姓，率以尊天事鬼，其利人
> 多，故天福之，使立為天子，天下諸侯皆賓事之。暴王桀、紂、幽、
> 厲，兼惡天下之百姓，率以詬天侮鬼，其賊人多，故天禍之，使遂失
> 其國家，身死為僇於天下，後世子孫毀之，至今不息。故為不善以得
> 禍者，桀、紂、幽、厲是也；愛人利人以得福者，禹、湯、文、武是
> 也。愛人利人以得福者有矣，惡人賊人以得禍者亦有矣。〔註75〕

舉禹、湯、文、武、桀、紂、幽、厲正反二例，說明愛人利人得福，惡人賊人得禍的道理。王與諸侯之間，是賓主關係。賓指臣子，是相對於君王而言。與之前探討「賓」字字義時，王所屬諸臣稱「賓」的情況相同。

《周禮》將王會諸侯及諸侯朝見天子之類的禮，稱為「賓禮」，似乎就是取決於君臣間主賓關係這個因素，反而與宴飲時的賓客之義沒有直接的關聯。也正因如此，《周禮》作者將宴請諸侯的相關禮儀，另置於嘉禮。

四、軍禮的定名

「軍禮」這個名詞，在先秦文獻中，並不多見。然而就史實狀況來說，軍禮是絕對存在的。

(一)「軍」字的字義

「軍」字字義，據《說文解字·車部》：「圜圍也。……从包省，从車。車，兵車也。」〔註76〕說明造字者將戰爭時，以軍車圍成陣勢，用來禦敵的形式，會意成字。《周禮·春官·車僕》：

> 掌戎路之萃、廣車之萃、闕車之萃、苹車之萃、輕車之萃。〔註77〕

〔註74〕漢·鄭玄注，唐·孔穎達等正義：《禮記正義》卷三，頁59。
〔註75〕清·孫詒讓：《墨子閒詁》卷一，頁20。
〔註76〕漢·許慎撰，清·段玉裁注：《說文解字注》卷二十七，頁727。
〔註77〕漢·鄭玄注，唐·賈公彥疏：《周禮注疏》卷二十七，頁419～420。

車僕的職務之一是管理軍用車隊。其車隊中有戎車、廣車、闕車、苹車、輕車五種車輛，鄭《注》：「戎路，王在軍所乘也。廣車，橫陳之車也。闕車，所用補闕之車也。苹猶屏也，所用對敵自蔽隱之車也。輕車，所用馳敵致師之車也。」〔註 78〕戎車是征戰時王乘坐的車，廣車、闕車、苹車、輕車則分別擔任縱橫排列防禦、補車陣縫隙、以革葦屏蔽矢石、馳騁衝鋒的任務，說明當時確有列車陣攻戰的方式。「軍」字即有與軍事相關之義。

（二）「軍禮」及其相關詞彙的探討

先秦有行軍禮之實，但「軍禮」乙詞，於先秦文獻中出現的機率卻極低，就其相關詞彙——「軍事」分析，詞意皆與軍中事務、法度、戰力之類有關聯。

有軍事行動，就應有軍禮。《儀禮》中獨缺軍禮的部分，原本就沒有收錄，或者是極早亡佚，已不可考。許清雲〈儀禮概述〉，根據《論語・衛靈公》：

> 衛靈公問陳於孔子，孔子對曰：「俎豆之事，則嘗聞之矣；軍旅之事，未之學也。」〔註 79〕

孔子對於衛靈公詢問用兵佈陣的方式，答覆以未曾學過，而認為因十七篇由夫子所定，孔子不知軍禮，故《儀禮》只存吉、凶、賓、嘉四禮，不錄軍禮。〔註 80〕十七篇中包括上自天子、下至士庶的禮，雖說並非各階層都四禮具全，但至少肯定《儀禮》有吉、凶、賓、嘉禮。假使《儀禮》原本有軍禮，也喪失得過於完整，實在令人懷疑其曾經存在的可能性。不過，或許孔子認為治國應重禮義，而非征戰，因此不願作答，而不見得是不熟悉軍事方面的事。前引《論語・述而》：「子之所慎：齋、戰、疾。」〔註 81〕可見孔子也許是因謹慎而不願作答。

「軍禮」一詞連用，於先秦典籍中僅一見。《左氏・襄公三年・傳》：

> 晉侯之弟揚干亂行於曲梁，魏絳戮其僕。晉侯怒，謂羊舌赤曰：「合諸侯，以為榮也。揚干為戮，何辱如之？必殺魏絳，無失也！」對曰：「絳無貳志，事君不辟難，有罪不逃刑，其將來辭，何辱命焉？」

〔註 78〕　同上註。
〔註 79〕　魏・何晏等注，宋・邢昺疏：《論語注疏》卷十五，頁 137。
〔註 80〕　許清雲：〈儀禮概述〉，《三禮研究論集》，頁 55（臺北：黎明文化事業股份有限公司，孔孟學說叢書，1981 年 1 月初版）。
〔註 81〕　魏・何晏等注，宋・邢昺疏：《論語注疏》卷七，頁 61。

言終，魏絳至，授僕人書。將伏劍，士魴、張老止之。公讀其書，曰：
「日君乏使，使臣斯司馬。臣聞：『師眾以順為武，軍事有死無犯為
敬。』君合諸侯，臣敢不敬？君師不武，執事不敬，罪莫大焉。臣懼
其死，以及揚干，無所逃罪。不能致訓，至於用鉞，臣之罪重，敢有
不從，以怒君心？請歸死於司寇。」公跣而出，曰：「寡人之言，親
愛也；吾子之討，軍禮也。寡人有弟，弗能教訓，使干大命，寡人之
過也。子無重寡人之過，敢以為請。」晉侯以魏絳為能以刑佐民矣，
反役，與之禮食，使佐新軍。張老為中軍司馬，士富為候奄。〔註82〕

晉侯的弟弟揚干在雞澤之會，擾亂軍隊的行列，主管晉軍軍法的中軍司馬魏
絳處死為揚干駕車的人。晉侯自認為殺揚干之僕，是侮辱揚干，辱及揚干，
就等於自己受辱，於是下令軍尉羊舌赤殺死魏絳。魏絳呈上文書，自明為國
君盡忠之心，晉侯遂改變初衷。「軍禮」指軍隊裡應遵守的儀制，即軍法。江
永《禮書綱目》將此篇列於軍禮中〈軍容〉的部分。〔註83〕在《史記·絳侯
周勃世家》也有相同用法：

文帝之後六年，匈奴大入邊。乃以宗正劉禮為將軍，軍霸上；祝茲
侯徐厲為將軍，軍棘門；以河內守亞夫為將軍，軍細柳：以備胡。
上自勞軍。至霸上及棘門軍，直馳入，將以下，騎送迎。已而之細
柳軍，軍士吏被甲，銳兵刃，彀弓弩持滿。天子先驅至，不得入。
先驅曰：「天子且至！」軍門都尉曰：「將軍令曰：『軍中聞將軍令，
不聞天子之詔。』」居無何，上至，又不得入。於是上乃使使持節詔
將軍：「吾欲入勞軍。」亞夫乃傳言開壁門。壁門士吏謂從屬車騎曰：
「將軍約軍中不得驅馳。」於是天子乃按轡徐行至營，將軍亞夫持
兵揖曰：「介胄之士，不拜。請以軍禮見。」天子為動，改容式車。
使人稱謝：「皇帝敬勞將軍。」成禮而去。既出軍門，群臣皆驚。文
帝曰：「嗟乎，此真將軍矣！曩者霸上、棘門軍，若兒戲耳，其將固
可襲而虜也。至於亞夫，可得而犯邪！」稱善者久之。月餘，三軍
皆罷。乃拜亞夫為中尉。〔註84〕

〔註82〕晉·杜預注，唐·孔穎達等正義：《春秋左傳正義》卷二十九，頁 502～503。

〔註83〕清·江永：《禮書綱目》卷五十一，頁 657（臺北：台聯國風出版社、中文出
版社聯合印行，嘉慶十五年婺源俞氏鏤恩堂刊本，1974 年 10 月）。

〔註84〕漢·司馬遷撰，日·瀧川資言考證：《史記會注考證》（四）卷五十七，頁 3539
～3541。

敘述文帝時周亞夫屯兵細柳，以備匈奴來犯。文帝親自前往慰勞前線將士，周亞夫軍令嚴明，軍中只聽帥令，不從君命。軍中行禮的方式，據《禮記‧少儀》：「介者不拜。」〔註85〕軍人穿戴甲冑時，不便於彎腰躬身，遂不行拜禮，而行肅拜。「肅拜」依照《周禮‧大祝》鄭《注》引鄭眾的說法：「但俯下手，今時擥是也。」〔註86〕就是採跪姿不低頭，手向下。至於君王則回以軾禮，即在車前橫木俯身而憑之。在本段中，「軍禮」與前引《左傳》傳文，同樣的指軍中儀節。《漢書‧藝文志》記載：「《禮》十三家，五百五十五篇。」〔註87〕其中有軍禮《司馬法》百五十五篇，多數篇卷早已亡佚，僅餘〈仁本〉、〈天子之義〉、〈定爵〉、〈嚴位〉、〈用眾〉五篇，內容大多說明征戰的原則與方法。「軍禮」在《漢志》仍然偏重於軍事方面。

「軍事」也是不脫征戰及軍隊事務的範圍，《左氏‧宣公十二年‧傳》：

晉魏錡求公族未得，而怒，欲敗晉師。請致師，弗許。請使，許之。遂往，請戰而還。楚潘黨逐之，及熒澤，見六麋，射一麋以顧獻，曰：「子有軍事，獸人無乃不給於鮮？敢獻於從者。」叔黨命去之。

〔註88〕

魏錡要求為公族大夫不被許可，在歸途被潘黨驅逐，於是在熒澤射麋送給潘黨，潘黨就命令部下離去不追，「軍事」指的是軍令交付的任務。《韓非子‧外儲說》左：

孟獻伯相魯。堂下生藿藜，門外長荊棘，食不二味，坐不重席，晉無衣帛之妾，居不粟馬，出不從車。叔向聞之以告苗賁皇，賁皇非之曰：「是出主之爵祿以附下也。」一曰：「孟獻伯拜上卿。」叔向往賀，門有御，馬不食禾。向曰：「子無二馬二輿，何也？」獻伯曰：「吾觀國人尚有飢色，是以不秣馬。班白者不徒行，故不二輿。」向曰：「吾始賀子之拜卿，今賀子之儉也。」向出，語苗賁皇曰：「助吾賀獻伯之儉也。」苗子曰：「何賀焉！夫爵祿旂章，所以異功伐別賢不肖也。故晉國之法，上大夫二輿二乘，中大夫二輿一乘，下大夫專乘，此明等級也。且夫卿必有軍事，是故循

〔註85〕漢‧鄭玄注，唐‧孔穎達等正義：《禮記正義》卷三十五，頁631。
〔註86〕漢‧鄭玄注，唐‧賈公彥疏：《周禮注疏》卷二十五，頁387。
〔註87〕漢‧班固撰，唐‧顏師古注：《漢書》（三）卷三十，頁7。
〔註88〕晉‧杜預注，唐‧孔穎達等正義：《春秋左傳正義》卷二十三，頁395。

車馬，比卒乘，以備戎事。有難則以備不虞，平夷則以給朝事。
今亂晉國之政，乏不虞之備，以成節，以絜私名，獻伯之儉也可
與？又何賀！」〔註89〕

此段記孟獻伯自奉勤儉，體恤百姓生活艱辛，因此只有普通的座車。叔向對
這種行爲深感欽佩，苗賁皇卻嗤之以鼻，認爲孟獻伯置國家法度不顧，沽名
釣譽，非常不應該。其中說到上大夫有主持軍事、校閱軍隊、宿衛等任務，
因此必須配有座車、軍用車乘各二輛，以備不時之需，在此「軍事」也指軍
事事務。《左氏・文公十二年・傳》：

秦爲令狐之役故，冬，秦伯伐晉，取羈馬。晉人禦之。趙盾將中軍，
荀林父佐之。郤缺將上軍，臾駢佐之。欒盾將下軍，胥甲佐之。范
無恤御戎，以從秦師于河曲。臾駢曰：「秦不能久，請深壘固軍以待
之。」從之。秦人欲戰。秦伯謂士會曰：「若何而戰？」對曰：「趙
氏新出其屬曰臾駢，必實爲此謀，將以老我師也。趙有側室曰穿，
晉君之婿也，有寵而弱，不在軍事；好勇而狂，且惡臾駢之佐上軍
也。若使輕者肆焉，其可。」秦伯以璧祈戰于河。〔註90〕

秦晉相爭，秦伯問文公七年由晉奔秦的謀士士會，應該採取何種策略敗晉，
士會評估趙穿防守的地方最弱，建議派遣勇敢的軍士由此進攻，「軍事」指征
戰的能力。《管子・小匡》：

管仲對曰：「作內政而寓軍令焉。爲高子之里，爲國子之里，爲公里，
三分齊國，以爲三軍。擇其賢民，使爲里君。鄉有行伍卒長，則其
制令。且以田獵，因以賞罰，則百姓通於軍事矣。」〔註91〕

記管仲建議桓公寓兵於民，將民力成爲軍力。將齊國分爲高子、國子、國君
管轄的三個部分，設立三軍，各鄉都有軍隊編制，平時以田獵活動作爲軍事
訓練，且明定賞罰，可以使百姓通曉軍事，則「軍事」也指戰鬥能力。至於
《管子・中匡》：

公曰：「民辦軍事矣，則可乎？」對曰：「不可，甲兵未足也。請薄
刑罰以厚甲兵。」於是死罪不殺，刑罪不罰，使以甲兵贖。死罪以

〔註89〕周・韓非撰：《韓非子》卷十二，頁9（臺北：臺灣中華書局，聚珍仿宋四部
　　　　備要子部，吳氏影宋乾道本，1965年11月臺一版）。
〔註90〕晉・杜預注，唐・孔穎達等正義：《春秋左傳正義》卷十九下，頁331。
〔註91〕唐・房玄齡注：《管子》卷八，頁10。

犀甲一戟，刑罰以脅盾一戟。過罰以金軍。無所計而訟者，成以束
矢。〔註92〕

記管仲主張寓兵於刑。桓公問管仲民事已治理完善，是否可以發動軍隊。管
仲答以軍備器用不足，因而不可。並建議以繳交甲冑兵器，作為犯人刑期的
交換，在此「軍事」指軍事行動。《商君書·徠民》：

今王發明惠，諸侯之士來歸義者，今使復之三世，無知軍事。〔註93〕

建議秦王發佈恩賞詔令，對前來歸服的三晉諸侯士民，給予徭役方面的優遇，
以招徠人民移居秦地農墾，「軍事」指戍役之事。《商君書·君臣》：

明王之治天下也，緣法而治，按功而賞。凡民之所疾戰不避死者，
以求爵祿也。明君之治國也，士有斬首捕虜之功，必其爵足榮也，
祿足食也。農不離廛者，足以養二親，治軍事。故軍士死節，而農
民不偷也。〔註94〕

本段敘述緣法而治，按功而賞的好處。國君應賞賜勇猛殺敵的軍士豐厚的爵
位、俸祿；並讓後方的百姓有能力奉養雙親，無後顧之憂、勤奮的提供軍備，
「軍事」乃針對軍需物資而言。雖說各篇所言各有偏重，有軍事任務、戰鬥
能力、軍事行動、軍備物資等意義，然而都沒有離開軍事、戰爭方面。

先秦至漢代，「軍禮」多指軍中儀節，「軍事」亦不偏離軍隊事務的範疇。
《周禮·春官》中的軍禮，有大師之禮、大均之禮、大田之禮、大役之禮、
大封之禮，包括出兵作戰、校正戶口、軍事訓練、徭役、畫定疆界等方面，
將所有必須出動軍力的事項，都納入軍禮，是作者於範圍上的擴大，與實際
狀況不盡相同。

五、嘉禮的定名

吉禮、凶禮、賓禮、軍禮的意義，就字面上來說，較容易理解，唯獨嘉
禮似乎稍稍無法令人直接得知其所代表的意義。

（一）「嘉」字的字義

「嘉」字在古文中，大多訓解為美、善，自甲骨文及金文即如此。〔註95〕

〔註92〕唐·房玄齡注：《管子》卷八，頁2。
〔註93〕周·商鞅撰，清·嚴萬里校：《商君書》卷四，頁3（臺北：臺灣中華書局，
　　　　聚珍仿宋四部備要子部，西吳嚴氏校本，1965年11月臺一版）。
〔註94〕周·商鞅撰，清·嚴萬里校：《商君書》卷五，頁9。
〔註95〕李孝定：《甲骨文字集釋》第五，頁1657。

「嘉」用來形容物品、德性、言語等等。用作動詞，則表示嘉許的意思。「嘉」字字義，從文獻資料中，歸納出以下數點：

　　1. 物品之美，如《詩經‧小雅‧四月》：

　　　　山有嘉卉，侯栗侯梅。〔註96〕

是說花木的美麗。《儀禮‧士昏禮》：

　　　　若舅姑既沒，則婦入三月乃奠菜。席于廟奧東面右几，席于北方南
　　　　面。祝盥，婦盥于門外。婦執笲菜，祝帥婦以入，祝告稱婦之姓，
　　　　曰：「某氏來婦，敢奠嘉菜于皇舅某子。」〔註97〕

形容新婦獻給已故公婆祭品的美好。

　　2. 品德之美，如《詩經‧大雅‧烝民》：

　　　　天生烝民，有物有則。民之秉彝，好是懿德。天監有周，昭假于下。
　　　　保茲天子，生仲山甫。

　　　　天子是若，明命使賦。仲山甫之德，柔嘉維則。令儀令色，小心翼
　　　　翼；古訓是式，威儀是力。〔註98〕

是尹吉甫贊揚仲山甫德性的高貴。

　　3. 言行之善，如《詩經‧大雅‧抑》：

　　　　質爾人民，謹爾侯度，用戒不虞。慎爾出話，敬爾威儀，無不柔嘉。

　　　　白圭之玷，尚可磨也；斯言之玷，不可爲也。〔註99〕

本詩詩旨，依照《詩序》是：「衛武公刺厲王，亦以自警也。」〔註100〕在此引用的是第五章，指人君治理國家，要謹守法度，施政教化應留意，不可反覆無常。「嘉」指言語、教令之善。

　　4. 作動詞使用，表示稱讚，如《詩經‧小雅‧節南山》：

　　　　節彼南山，維石巖巖。赫赫師尹，民具爾瞻。憂心如惔，不敢戲談。
　　　　國既卒斬，何用不監！

　　　　周法高：《金文詁林補》卷五，頁 1307～1308（臺北：中央研究院歷史語言研
　　　　究所，中央研究院歷史語言研究所專刊之七十七，1982 年 5 月）。
〔註96〕漢‧毛公傳、鄭玄箋，唐‧孔穎達等正義：《毛詩正義》卷十三之一，頁 441
　　　　～444。
〔註97〕漢‧鄭玄注，唐‧賈公彥疏：《儀禮注疏》卷六，頁 59。
〔註98〕漢‧毛公傳、鄭玄箋，唐‧孔穎達等正義：《毛詩正義》卷十八之三，頁 674
　　　　～675。
〔註99〕漢‧毛公傳、鄭玄箋，唐‧孔穎達等正義：《毛詩正義》卷十八之一，頁 646。
〔註100〕漢‧毛公傳、鄭玄箋，唐‧孔穎達等正義：《毛詩正義》卷十八之一，頁 644。

節彼南山，有實其猗。赫赫師尹，不平謂何！天方薦瘥，喪亂弘多。

民言無嘉，憯莫懲嗟！〔註101〕

《詩序》：「家父刺幽王也。」〔註102〕本詩是賢臣家父刺幽王之作。引用第一、二章，述說幽王政治敗壞、處事不公，上天降災，百姓怨聲載道，卻仍不知悔改。「無嘉」是說對幽王沒有稱讚，只有埋怨。《詩經·小雅·北山》：

陟彼北山，言采其杞。偕偕士子，朝夕從事。王事靡盬，憂我父母。

溥天之下，莫非王土，率土之濱，莫非王臣。大夫不均，我從事獨賢。

四牡彭彭，王事傍傍。嘉我未老，鮮我方將，旅力方剛，經營四方。

〔註103〕

詩人抱怨役使不均，鎮日為公務操勞，不得侍奉父母。「嘉」字出現在第三章，是王嘉善作者年壯未老。而《左氏·桓公十七年·傳》：

秋，蔡季自陳歸于蔡，蔡人嘉之也。〔註104〕

蔡桓侯辭世，蔡國請求陳國讓其弟蔡哀侯回國繼位。《左氏·莊公二十五年·傳》：

二十五年，春，陳女叔來聘，始結陳好也。嘉之，故不名。〔註105〕

陳國派卿大夫來魯國行聘禮，是陳國第一次來聘，因此魯人非常高興。《左氏·閔公元年·傳》：

秋，八月，公及齊侯盟于落姑，請復季友也。齊侯許之，使召諸陳，

公次于郎以待之。「季子來歸」，嘉之也。〔註106〕

魯公請求齊國讓季友歸國。三篇和〈北山〉、〈節南山〉的用法一致，「嘉」都作動詞使用，皆表贊美、稱許之義。

與「嘉」有相同意義的詞彙很多，《爾雅·釋詁》將這些同義字詞集合起來，成為：

儀、若、祥、淑、鮮、省、臧、嘉、令、類、綝、彀、攻、穀、介、徽，善也。〔註107〕

〔註101〕漢·毛公傳、鄭玄箋，唐·孔穎達等正義：《毛詩正義》卷十二之一，頁393～394。

〔註102〕同上註。

〔註103〕漢·毛公傳、鄭玄箋，唐·孔穎達等正義：《毛詩正義》卷十三之一，頁444。

〔註104〕晉·杜預注，唐·孔穎達等正義：《春秋左傳正義》卷七，頁129。

〔註105〕晉·杜預注，唐·孔穎達等正義：《春秋左傳正義》卷十，頁174。

〔註106〕晉·杜預注，唐·孔穎達等正義：《春秋左傳正義》卷十一，頁187。

〔註107〕晉·郭璞注，宋·邢昺疏：《爾雅注疏》卷一，頁8。

又：

> 晊晊、皇皇、藐藐、穆穆、休、嘉、珍、禕、懿、鑠，美也。〔註108〕

顯示至少有二十五個字詞，可以用來指稱「美好」的意思。《周禮・春官・大宗伯》：「以嘉禮親萬民。」〔註109〕鄭《注》：「嘉，善也。所以因人心所善者，而爲之制。」〔註110〕鄭玄認爲嘉禮是因人心的喜好而制定，所說的是嘉禮形成的因素，並非說明《周禮・春官》以「嘉禮」爲類名的原因。由《爾雅》得知，字義可以解釋爲「美善」的字，爲數不少，爲何《周禮》作者獨獨選用「嘉」字作爲類名，透過「嘉」字於其他經典的使用，可看出其端倪。以《詩經》爲例，《詩經》中用到「嘉」字的詩作，有二十五首。其中十三首是應用於宴饗及結婚的場合。用於婚姻方面的有四次，《詩經・大雅・大明》：

> 天監在下，有命既集。文王初載，天作之合。在洽之陽，在渭之涘。
> 文王嘉止，大邦有子。
>
> 大邦有子，俔天之妹。文定厥祥，親迎于渭。造舟爲梁，不顯其光。
>
> 〔註111〕

此詩爲追述周代史蹟的史詩，敘述文王有德，於是受上天之命得天下，以及之後武王伐商的事跡。在第四、五章詩人稱頌文王與大姒的結合，是天賜良緣。「嘉」表贊美，文王在親迎時，稱讚大姒的品貌有如天女般美好。《詩經・豳風・東山》：

> 我徂東山，慆慆不歸。我來自東，零雨其濛。鸛鳴于垤，婦歎于室。
> 洒掃穹窒，我征聿至。有敦瓜苦，烝在栗薪。自我不見，于今三年。
> 我徂東山，慆慆不歸。我來自東，零雨其濛。倉庚于飛，熠燿其羽。
> 之子于歸，皇駁其馬。親結其縭，九十其儀。其新孔嘉，其舊如之
> 何？〔註112〕

敘述跟隨周公東征的將士，許久不曾返家，凱旋的歸途一路抒發感懷，掛念家中情形及懷念妻子。在這裡引用的是第三、四章，第三章寫戰士想像妻子

〔註108〕晉・郭璞注，宋・邢昺疏：《爾雅注疏》卷二，頁20～21。

〔註109〕漢・鄭玄注，唐・孔穎達等正義：《禮記正義》卷十八，頁277。

〔註110〕同上註。

〔註111〕漢・毛公傳、鄭玄箋，唐・孔穎達等正義：《毛詩正義》卷十六之二，頁540～544。

〔註112〕漢・毛公傳、鄭玄箋，唐・孔穎達等正義：《毛詩正義》卷八之二，頁294～298。

三年不見，在屋中一邊思念丈夫一邊歎息的模樣。第四章追憶親迎那天的景況，猶記妻子當時的姿態。「嘉」字用法與〈大明〉一樣，是稱揚新娘的美麗。《詩經‧小雅‧車舝》也是描述親迎：

> 間關車之舝兮，思孌季女逝兮。匪飢匪渴，德音來括。雖無好友，
> 式燕且喜。
>
> 依彼平林，有集維鷮。辰彼碩女，令德來教。式燕且譽，好爾無射。
>
> 雖無旨酒，式飲庶幾；雖無嘉殽，式食庶幾；雖無德與女，式歌且
> 舞。
>
> 陟彼高岡，析其柞薪。析其柞薪，其葉湑兮。鮮我覯爾，我心寫兮。
>
> 高山仰止，景行行止。四牡騑騑，六轡如琴。覯爾新婚，以慰我心。
> 〔註113〕

寫新郎由女家迎娶新娘後，返家途中因新娘德貌兼備，於是心情愉悅的樣子。「嘉」字用來形容食物，旨在勸慰新婦雖然自己不見得有優渥的經濟條件，但是保證給她幸福的生活。至於《詩經‧小雅‧正月》：

> 彼有旨酒，又有嘉殽；洽比其鄰，婚姻孔云。念我獨兮，憂心慇慇。
> 〔註114〕

此章述說奸小彼此聯姻，透過家族婚姻關係結合勢力，以利於循私舞弊。「嘉」字是說婚宴上的�…餚的豐富。以上四首詩，在使用場合方面，〈大明〉、〈東山〉、〈車舝〉三首用於親迎，〈正月〉一首則是婚宴時；在對象方面，〈大明〉、〈東山〉兩首稱讚新婦之美，〈車舝〉、〈正月〉兩首形容餚饌的豐盛。用於宴飲的有九次，又可分為形容賓客或酒食兩種。首先，賓客類有四首，《詩經‧小雅‧鹿鳴》：

> 呦呦鹿鳴，食野之苹。我有嘉賓，鼓瑟吹笙。吹笙鼓簧，承筐是將。
> 人之好我，示我周行。
>
> 呦呦鹿鳴，食野之蒿。我有嘉賓，德音孔昭。「視民不恌，君子是則
> 是傚。」我有旨酒，嘉賓式燕以敖。

〔註113〕漢‧毛公傳、鄭玄箋，唐‧孔穎達等正義：《毛詩正義》卷十四之二，頁484
　　　　～486。
〔註114〕漢‧毛公傳、鄭玄箋，唐‧孔穎達等正義：《毛詩正義》卷十二之一，頁397
　　　　～402。

> 呦呦鹿鳴，食野之芩。我有嘉賓，鼓瑟鼓琴。鼓瑟鼓琴，和樂且湛。
> 我有旨酒，以燕樂嘉賓之心。〔註115〕

是燕群臣之詩，「嘉賓」是主人贊美賓客的嘉德懿行。《詩經·小雅·南有嘉魚》：

> 南有嘉魚，烝然罩罩。君子有酒，嘉賓式燕以樂。
> 南有嘉魚，烝然汕汕。君子有酒，嘉賓式燕以衎。
> 南有樛木，甘瓠纍之。君子有酒，嘉賓式燕綏之。
> 翩翩者鵻，烝然來思。君子有酒，嘉賓式燕又思。〔註116〕

是君子與賢士同樂之詩。《詩經·小雅·彤弓》：

> 彤弓弨兮，受言藏之。我有嘉賓，中心貺之。鐘鼓既設，一朝饗之。
> 彤弓弨兮，受言載之。我有嘉賓，中心喜之。鐘鼓既設，一朝右之。
> 彤弓弨兮，受言櫜之。我有嘉賓，中心好之。鐘鼓既設，一朝酬之。
> 〔註117〕

是天子設宴賜彤弓，表揚有功諸侯。《詩經·小雅·賓之初筵》：

> 賓之初筵，左右秩秩，籩豆有楚，殽核維旅。酒既和旨，飲酒孔偕。
> 鐘鼓既設，舉酬逸逸。大侯既抗，弓矢斯張。射夫既同，獻爾發功。
> 發彼有的，以祈爾爵。……
>
> 賓既醉止，載號載呶。亂我籩豆，屢舞僛僛。是曰既醉，不知其郵。
> 側弁之俄，屢舞傞傞。既醉而出，並受其福。醉而不出，是謂伐德。
> 飲酒孔嘉，維其令儀。〔註118〕

是敘述舉行射禮後的飲酒禮，席間勸人多飲。第四章描述賓客喝醉了就離席，酒品甚佳，是主人有德亦得嘉賓。以上四首，「嘉」字都是燕饗群臣時，稱美賓客之用詞。其次，形容酒食豐盛類，則有五首，《詩經·小雅·魚麗》：

> 魚麗于罶，鱨鯊。君子有酒，旨且多。
> 魚麗于罶，魴鱧。君子有酒，多且旨。

〔註115〕漢·毛公傳、鄭玄箋，唐·孔穎達等正義：《毛詩正義》卷九之二，頁315〜317。

〔註116〕漢·毛公傳、鄭玄箋，唐·孔穎達等正義：《毛詩正義》卷十之一，頁346〜347。

〔註117〕漢·毛公傳、鄭玄箋，唐·孔穎達等正義：《毛詩正義》卷十之一，頁351〜353。

〔註118〕漢·毛公傳、鄭玄箋，唐·孔穎達等正義：《毛詩正義》卷十四之三，頁489〜495。

魚麗于罶，鰋鯉。君子有酒，旨且有。

物其多矣，維其嘉矣。

物其旨矣，維其偕矣。

物其有矣，維其時矣。〔註 119〕

主人設美酒佳餚待客，「嘉」字用來稱席前食物數量多而且美味。《詩經・小雅・頍弁》：

有頍者弁，實維伊何？爾酒既旨，爾殽既嘉。豈伊異人？兄弟匪他。

蔦與女蘿，施于松柏。未見君子，憂心奕奕；既見君子，庶幾說懌。

有頍者弁，實維何期？爾酒既旨，爾殽既時。豈伊異人？兄弟具來。

蔦與女蘿，施于松上。未見君子，憂心怲怲；既見君子，庶幾有臧。

有頍者弁，實維在首。爾酒既旨，爾殽既阜。豈伊異人？兄弟甥舅。

如彼雨雪，先集維霰。死喪無日，無幾相見。樂酒今夕，君子維宴。〔註 120〕

宴請兄弟甥舅，席間仍是酒旨餚嘉。《詩經・大雅・行葦》：

敦彼行葦，牛羊勿踐履。方苞方體，維葉泥泥。

戚戚兄弟，莫遠具爾。或肆之筵，或授之几。

肆筵設席，授几有緝御。或獻或酢，洗爵奠斝。

醓醢以薦，或燔或炙。嘉殽脾臄，或歌或咢。

敦弓既堅，四鍭既鈞；舍矢既均，序賓以賢。

敦弓既句，既挾四鍭；四鍭如樹，序賓以不侮。

曾孫維主，酒醴維醹，酌以大斗，以祈黃耇。

黃耇台背，以引以翼。壽考維祺，以介景福。〔註 121〕

是燕父老兄弟，並於燕中行射禮。「嘉」字出現於第四章，意指肉醬、燒肉、烤肉的可口。《詩經・大雅・既醉》：

既醉以酒，既飽以德。君子萬年，介爾景福。

既醉以酒，爾殽既將。君子萬年，介爾昭明。

〔註 119〕漢・毛公傳、鄭玄箋，唐・孔穎達等正義：《毛詩正義》卷九之四，頁 341～343。

〔註 120〕漢・毛公傳、鄭玄箋，唐・孔穎達等正義：《毛詩正義》卷十四之二，頁 482～484。

〔註 121〕漢・毛公傳、鄭玄箋，唐・孔穎達等正義：《毛詩正義》卷十七之二，頁 600～603。

> 昭明有融，高朗令終。令終有俶，公尸嘉告。
>
> 其告維何？籩豆靜嘉。朋友攸攝，攝以威儀。
>
> 威儀孔時，君子有孝子。孝子不匱，永錫爾類。
>
> 其類維何？室家之壺。君子萬年，永錫祚胤。
>
> 其胤維何？天被爾祿。君子萬年，景命有僕。
>
> 其僕維何？釐爾女士。釐爾女士，從以孫子。〔註122〕

是賓客答謝主人的詩。「嘉」用於第三、四章，「公尸嘉告」，為尸代表神表示嘉獎之言；「籩豆靜嘉」，則說籩、豆中所盛食物的豐美。《詩經‧大雅‧鳧鷖》：

> 鳧鷖在涇，公尸來燕來寧。爾酒既清，爾殽既馨。公尸燕飲，福祿
> 來成。
>
> 鳧鷖在沙，公尸來燕來宜。爾酒既多，爾殽既嘉。公尸燕飲，福祿
> 來為。
>
> 鳧鷖在渚，公尸來燕來處。爾酒既湑，爾殽伊脯。公尸燕飲，福祿
> 來下。
>
> 鳧鷖在潀，公尸來燕來宗。既燕于宗，福祿攸降。公尸燕飲，福祿
> 來崇。
>
> 鳧鷖在亹，公尸來止熏熏。旨酒欣欣，燔炙芬芬。公尸燕飲，無有
> 後艱。〔註123〕

是祭畢慰勞公尸之詩。「嘉」仍然是說餚饌之美盛，與〈魚麗〉、〈頍弁〉、〈行葦〉、〈既醉〉均形容宴會上酒食之豐富。

「嘉」有美、善的字義。雖說所引用《詩經》〈大明〉、〈鹿鳴〉等十三篇作品中，「嘉」字不是針對禮制本身而言，仍同樣的用在形容人、事、物的美好，但就使用的時機可發現，全部都是婚禮或宴會，佔《詩經》用到「嘉」字詩作的半數以上，可見「嘉」是這些場合中的常用字。

（二）「嘉禮」及其相關詞彙的探討

「嘉禮」二字連用的例子不多，《儀禮‧聘禮‧記》：

> 賜饔，唯羹飪，筮一尸，若昭，若穆。僕為祝，祝曰：「孝孫某，孝

〔註122〕漢‧毛公傳、鄭玄箋，唐‧孔穎達等正義：《毛詩正義》卷十七之二，頁603
　　　～607。

〔註123〕漢‧毛公傳、鄭玄箋，唐‧孔穎達等正義：《毛詩正義》卷十七之二，頁607
　　　～611。

　　　子某，薦嘉禮于皇祖某甫、皇考某子。」如饋食之禮。假器於大夫。

　　　昐肉及廋、車。〔註124〕

記使者行聘禮歸家後，將所獲贈的禮物，先於廟中奉祭祖先。「嘉」字用來形容物品的美好，並未脫離「嘉」字「美善」的意思。

　　在《周禮》屬於嘉禮的儀制，有稱作「嘉事」的例子，《禮記・冠義》：

　　　故孝弟忠順之行立，而后可以為人；可以為人，而后可以治人也。

　　　故聖王重禮。故曰：冠者，禮之始也，嘉事之重者也。是故古者重

　　　冠；重冠故行之於廟；行之於廟者，所以尊重事；尊重事而不敢擅

　　　重事；不敢擅重事，所以自卑而尊先祖也。〔註125〕

「嘉事」即指冠禮。然而，同樣的名詞在其他篇章，卻代表不同的禮儀。《左氏・定公十五年・傳》：

　　　春，邾隱公來朝，子貢觀焉。邾子執玉高其容仰，公受玉卑其容俯。

　　　子貢曰：「以禮觀之，二君者皆有死亡焉。夫禮，死生存亡之體也，

　　　將左右周旋進退俯仰，於是乎取之，朝祀喪戎於是乎觀之。今正月

　　　相朝而皆不度，心已亡矣。嘉事不體何以能久。高仰驕也，卑俯替

　　　也。驕近亂，替近疾。君為主其先亡乎！」〔註126〕

《注》：「嘉事，朝禮。」〔註127〕此文記邾隱公對魯定公行朝禮時，禮容的不恰當。秦蕙田《五禮通考》說朝禮有兩種，本段是朝覲之禮，應屬賓禮。〔註128〕《禮記・禮器》：

　　　君子曰：祭祀不祈，不麾蚤，不樂葆大，不善嘉事，牲不及肥大，

　　　薦不美多品。孔子曰：「臧文仲安知禮！夏父弗綦逆祀，而弗止也。

　　　燔柴於奧，夫奧者，老婦之祭也，盛於盆，尊於瓶。禮也者，猶

　　　體也。體不備，君子謂之不成人。設之不當，猶不備也。」〔註129〕

在此「嘉事」是指祭祀。綜合以上三個例子，可以發現，「嘉事」可代稱冠禮、朝禮、祭禮，不是僅限於嘉禮的範疇，反而與禮吉凶二分時，除喪葬之外，都可屬於吉事的用法相同。

〔註124〕漢・鄭玄注，唐・賈公彥疏：《儀禮注疏》卷二十四，頁288〜289。

〔註125〕漢・鄭玄注，唐・孔穎達等正義：《禮記正義》卷六十一，頁998。

〔註126〕晉・杜預注，唐・孔穎達等正義：《春秋左傳正義》卷五十六，頁985。

〔註127〕同上註。

〔註128〕清・秦蕙田：《五禮通考》（四）卷一百三十一，頁1。

〔註129〕漢・鄭玄注，唐・孔穎達等正義：《禮記正義》卷二十三，頁458。

　　「嘉」字經常應用於筵席、婚禮、生子等場合，用來祝賀稱頌，因此雖然有許多具有「善」、「美」字義的字，《周禮》在做分類時，仍以「嘉」字做爲分類項目名稱，而標目成「嘉禮」。必須要強調的是，並非所有的宴飲、婚冠都會用到「嘉」字，也不是所有「嘉」字，都出現於這些場合，只不過在這些時候使用「嘉」字的機會很多。據此推證，「嘉」字可能是當時較常用來稱美、祝賀的慣用語的統稱，於是被《周禮》作者用作類名。

六、小　結

　　自古以來，失去的書籍、史料，數量遠超過留存下來的部分。書面文字沒有記載，並不表示當時沒有某種現象存在。在《周禮》之前，吉禮、凶禮、賓禮、軍禮、嘉禮，名詞的運用未嘗完全出現，意義也與〈春官〉的意旨不盡相同；但是既然已有類近的跡象存在，則此一觀念是其來有自，甚至可說其內在的精神是前有所承的。《周禮》的作者就既有現象加以整合，並滲入個人主張，於是建構「五禮」的形式。

第五節　兩漢時期對於禮的分類及其闡釋

　　文獻的不足，對於「五禮」的探討，亦造成影響。漢儒在鄭玄之前，幾乎沒有人實際運用「五禮」的概念；關於禮的分類，記載也不多。《三禮》的注解，目前以鄭《注》最早，後人多數以其說爲藍本，因此有三禮學即鄭氏學之說。在鄭玄之前或同時的學者，對「五禮」的主張，除了透過鄭玄的注，否則可說完全無從得知。

一、禮的分類概況

　　漢代學者對禮的分類方式，和先秦時相去不遠。以賈誼《新書》、班固《漢書》、劉向《別錄》爲例，即可得證。

　　賈誼《新書·容經》共分十五小節，說明行禮時應該有的態度與動作。包括：〈志色之經〉、〈容經〉、〈視經〉、〈言經〉、〈立容〉、〈坐容〉、〈行容〉、〈趨容〉、〈蹳旋之容〉、〈跪容〉、〈拜容〉、〈伏容〉、〈坐車之容〉、〈立車之容〉、〈兵車之容〉。〔註130〕在〈志色之經〉、〈容經〉、〈視經〉、〈言經〉，都分別由朝廷、

〔註130〕漢·賈誼：《新書》卷六，頁4〜6（臺北：臺灣中華書局，聚珍倣宋版四部備要子部，抱經堂叢書本，1965 年 11 月臺一版）。

祭祀、軍旅、喪紀四個部分進行。〈志色之經〉：

> 志有四興，朝廷之志，淵然清以嚴；祭祀之志，於然思以和；軍旅
> 之志；怫然慍然精以屬；喪紀之志，瀏然懍然憂以湫。四志形中，
> 四色發外維如。〔註131〕

〈容經〉：

> 容有四起，朝廷之容，師師然、翼翼然，整以敬；祭祀之容，遂遂
> 然、粥粥然，敬以婉；軍旅之容，湢然肅然，固以猛；喪紀之容，
> 愶然懾然，若不還。〔註132〕

〈視經〉：

> 視有四則：朝廷之視，端沍平衡；祭祀之視，視如有將；軍旅之視，
> 固植虎張；喪紀之視，下沍垂綱。〔註133〕

〈言經〉：

> 言有四術：言敬以和，朝廷之言也；文言有序，祭祀之言也；屏氣
> 折聲，軍旅之言也；言若不足，喪紀之言也。〔註134〕

禮強調表裡如一，在不同的場合，無論是內在的心志，或外在的表情、注視
方式、語氣等，都必須有其適切而具體的表現。祭祀、軍旅、喪紀這些項目，
和先秦時期相較，並沒有什麼變化。唯獨朝廷一項，顯得較爲特殊。清代秦
蕙田《五禮通考》：

> 案：古朝禮有二，《書》：「日覲四岳群牧。」又曰：「肆覲東后。」
> 《周禮》大行人掌朝、宗、覲、遇、會同、聘問之事，乃賓禮也。《周
> 禮》宰夫掌治朝之法；太宰王眡治朝則贊聽治，爲天子日視朝之正，
> 乃嘉禮也。秦漢以還有常朝，有正至聖節朝賀，與古不同。惟常朝
> 爲周治朝之意，餘皆起於後世。今以朝、宗、覲、遇等，別爲賓禮。
> 而屬之嘉禮者，統名之曰朝禮。〔註135〕

《新書》中的朝廷之禮，應該就是秦蕙田所說的朝禮，是日常參加朝會時，
應有的儀節，屬於嘉禮。周代有朝禮，《論語・鄉黨》：

> 孔子於鄉黨，恂恂如也，似不能言者。其在宗廟朝廷，便便言，唯

〔註131〕漢・賈誼：《新書》卷六，頁4。
〔註132〕漢・賈誼：《新書》卷六，頁4。
〔註133〕漢・賈誼：《新書》卷六，頁4。
〔註134〕漢・賈誼：《新書》卷六，頁4～5。
〔註135〕清・秦蕙田著：《五禮通考》（四）卷一百三十一，頁1。

謹爾。朝，與下大夫言，侃侃如也；與上大夫言，誾誾如也。〔註136〕記孔子上朝時的應對方式。漢初，叔孫通受命制定朝儀，《漢書·禮樂志》：「漢興，撥亂反正，日不暇給，猶命叔孫通制禮儀，以正君臣之位。」〔註137〕乃指面見皇帝時，應有的容止儀態而言。

《漢書》未使用「五禮」的觀念。《漢書·藝文志》載有《周官經》六篇、《周官傳》四篇，〔註138〕等於《漢書》成書時，《周禮》已經出於秘府，並求立於學官。但《漢書》全書沒有解釋〈春官〉「五禮」；在論及禮制時，〈志〉的部分，獨立出〈郊祀志〉；〈禮樂志〉也未用「五禮」歸類標目，仍直接稱引禮名。這可能與劉歆、班固之流，皆非禮學家有關。《漢書·禮樂志》：

> 人函天地陰陽之氣，有喜怒哀樂之情，天稟其性而不能節也。聖人能為之節，而不能絕也，故象天地而制禮樂，所以通神明、立人倫、正情性、節萬事者也。人性有男女之情，妒忌之別，為制婚姻之禮；有交接長幼之序，為制鄉飲之禮；有哀死思遠之情，為制喪祭之禮；有尊尊敬上之心，為制朝覲之禮。〔註139〕

舉婚姻、鄉飲酒、喪祭、朝覲，說明禮是本於人情而制定。以情感的異同為區別，並無使用類名的現象。

與《新書》、《漢書》相比，《別錄》所說似乎較趨近於分類的形式。孔穎達《禮記正義》於各篇目下，引鄭玄《三禮目錄》記劉向《別錄》所言，可將《禮記》四十九篇，共歸納為十一類：

1. 通論：〈檀弓〉上下、〈禮運〉、〈玉藻〉、〈大傳〉、〈學記〉、〈經解〉、〈哀公問〉、〈仲尼燕居〉、〈孔子閒居〉、〈坊記〉、〈中庸〉、〈表記〉、〈緇衣〉、〈儒行〉、〈大學〉，共十六篇。
2. 制度：〈曲禮〉上下、〈王制〉、〈禮器〉、〈少儀〉、〈深衣〉，共六篇。
3. 喪服：〈曾子問〉、〈喪服小記〉、〈雜記〉上下、〈喪大記〉、〈奔喪〉、〈問喪〉、〈服問〉、〈間傳〉、〈三年問〉、〈喪服四制〉，共十一篇。
4. 祭祀：〈郊特牲〉、〈祭法〉、〈祭義〉、〈祭統〉，共四篇。

〔註136〕魏·何晏等注，宋·邢昺疏：《論語注疏》卷十，頁86。
〔註137〕漢·班固撰，唐·顏師古注：《漢書》（三），卷二十二，頁3。
〔註138〕漢·班固撰，唐·顏師古注：《漢書》（四），卷三十，頁6。
〔註139〕漢·班固撰，唐·顏師古注：《漢書》（三），卷二十二，頁1。

5. 吉事：〈冠義〉、〈昏義〉、〈鄉飲酒義〉、〈射義〉、〈燕義〉、〈聘義〉，共
六篇。

6. 吉禮：〈投壺〉一篇。

7. 明堂陰陽記：〈月令〉一篇。

8. 明堂陰陽：〈明堂位〉一篇。

9. 世子法：〈文王世子〉一篇。

10. 子法：〈內則〉一篇。

11. 樂記：〈樂記〉一篇。〔註140〕

　　《禮記》集結了戰國至西漢中葉，孔門各派對禮說解的記錄，採分章條列形式，屬雜錄性質，一篇中各章所談內容，多並非針對單一主題，要以篇目作區分，實屬不易。洪業《禮記引得·序》：

> 竊疑劉向《別錄》中，並未著錄四十九篇之《戴記》。《漢志》之「記一百三十一篇」，本出於劉歆之《七略》，而《七略》殆沿《別錄》耳。《別錄》於「記一百三十一篇」下，容或繫以敘錄，類別而區分之。爲通論若干篇，制度若干篇，祭祀若干篇，吉禮若干篇，喪服若干篇等耳。鄭玄沿舊說盡隸《戴記》四十九篇於向所著錄各書。其隸〈月令〉及〈明堂位〉於「明堂陰陽」，隸〈樂記〉於「樂記」。蓋指三十三篇之《明堂陰陽》，及樂類二十三篇之《樂記》也。推求鄭及舊說之意，殆亦知此三篇者，不在一百三十一篇之內；不然者，〈月令〉及〈明堂位〉當屬於制度，而〈樂記〉當屬於通論也。《禮古經》在《漢志》中既與《記》分列，則其在《別錄》中當亦如此。然則〈奔喪〉、〈投壺〉二篇不宜在一百三十一篇之內矣，鄭氏似亦曾疑於此，故於〈奔喪〉條下敘及《別錄》編類，稍有微辭。〔註141〕

洪業推測鄭玄所引分類，是劉向對於《記》一百三十一篇所作的敘錄區分。

〔註140〕漢·鄭玄注，唐·孔穎達等正義：《禮記正義》卷一～六十三，頁11、109、212、278、358、391、412、449、480、517、543、575、589、616、626、648、662、709、761、796、807、830、845、848、852、860、863、879、908、927、940、946、951、955、961、963、965、974、983、998、999、1003、1014、1020、1027、1032。

〔註141〕洪業等：《禮記引得》，頁31～32（臺北：成文出版社，哈佛燕京學社引得第27號，1966年）。

可能《別錄》原本不是針對《禮記》作分類，且不僅有這十一項，各類下也不止這些篇章。只因鄭玄引用來和四十九篇配合，因而此十一項得以保存至今。雖說如此，仍可據此大致看出劉向的分類概念。沒有軍禮，卻注意到《禮記》有禮意、制度方面的探討，另外又獨立出音樂、陰陽、教育等項目，自有其主張。《別錄》的「祭祀」相當於《周禮》的吉禮；「喪服」即凶禮；「吉事」是嘉禮和賓禮的綜合。其所謂之「吉禮」，現僅有〈投壺〉一篇，陸德明《經典釋文・禮記音義・投壺》大題下：

> 鄭云：「投壺者，主人與客燕飲講論才藝之禮也。」……皇云：「與射爲類，宜屬嘉禮」，或云：「宜屬賓禮也」。〔註142〕

對於投壺禮的性質，有嘉禮或賓禮二說。所以會有此現象發生，主要是因《周禮》雖有賓禮，但王與親朋故舊的宴飲，卻是屬於嘉禮。觀察〈投壺〉的內容，是主人與賓客相較戲娛樂，歸入嘉禮較爲合宜。《別錄》的缺點在於：分類標題不明確，如：明堂陰陽記與明堂陰陽極類近，無法突顯〈月令〉與〈明堂位〉的區別。吉事與吉禮乍看之下名義相近，不易了解其間的不同處。算是一種未臻成熟的分類方式。

《周禮》大約在西漢末年重出於秘府，秦漢之間極少人有機會得見此書。在《周禮》廣爲流傳之前，漢儒對於禮的分類，仍舊延續先秦時的形式，以祭祀、喪紀等名詞爲類名。

二、禮學家對五禮的闡釋

「五禮」於漢人的著作中，仍不多見。《史記・五帝本紀》：

> 舜乃在璿璣玉衡以齊七政。遂類于上帝，禋于六宗，望于山川，辯于群神。揖五瑞，擇吉月日，見四嶽諸牧、班瑞。歲二月東巡狩，至於岱宗，柴，望秩於山川。遂見東方君長，合時月，正日，同律度量衡。脩五禮、五玉、三帛、二生、一死爲摯。如五器卒乃復。〔註143〕

《史記・封禪書》：

> 《尚書》曰：舜在璇璣玉衡，以齊七政。遂類于上帝，禋于六宗，望山川，徧群神，輯五瑞，擇吉月日，見四嶽諸牧還瑞。歲二月，東巡

〔註142〕唐・陸德明：《經典釋文》（二）卷十四，頁 852。
〔註143〕漢・司馬遷撰，日・瀧川資言考證：《史記會注考證》（一）卷一，頁 107～111。

狩,至於岱宗。岱宗,泰山也。柴望秩于山川,遂覲東后。合時月,
正日,同律度量衡,修五禮,五玉、三帛、二生、一死摯。〔註144〕

《漢書‧刑法志》:

《書》云:「天秩有禮」,「天討有罪」。故聖人因天秩而制五禮,因
天討而作五刑。〔註145〕

《漢書‧郊祀志》:

《虞書》曰:舜在璿璣玉衡,以齊七政。遂類于上帝,禋于六宗,
望秩于山川,徧于群神。揖五瑞,擇吉月日,見四嶽諸牧,班瑞。
歲二月,東巡狩,至于岱宗。岱宗,泰山也。柴,望秩于山川。遂
見東后。東后者,諸侯也。合時月正日,同律度量衡,修五禮、五
樂,三帛、二生、一死爲摯。〔註146〕

《史記》與《漢書》之敘述,明顯的是依據《尚書》中〈舜典〉與〈皋陶謨〉
二篇,變化而來。應劭《風俗通義》也是如此。〔註147〕另外在緯書《禮含文
嘉》也有提到:

綏五車,明五禮,則五禾應以大豐。〔註148〕

又:

五禮修簡,則五諸侯星正行光明。〔註149〕

於正文中,統統沒有解釋「五禮」的意義。欲了解「五禮」在漢代的說解狀
況,必須由禮學著作著手。

(一)兩漢禮學的傳承

漢代學術風氣興盛,肇因於君主的提倡,政局的安定,經濟的繁榮等因
素。兩漢學者通禮者眾多,根據清代唐晏《兩漢三國學案》所言,當時有禮
經高堂氏派二十四人、禮大小戴學派二十六人、慶氏禮派七人、西漢禮家不

〔註144〕漢‧司馬遷撰,日‧瀧川資言考證:《史記會注考證》(三)卷二十八,頁
1904。
〔註145〕漢‧班固撰,唐‧顏師古注:《漢書》(三),卷23,頁2。
〔註146〕漢‧班固撰,唐‧顏師古注:《漢書》(三),卷25上,頁2。
〔註147〕《風俗通義‧山澤‧五嶽》:「謹按《尚書》:『歲二月,東巡狩至于岱宗,柴。
岱宗,泰山也。望秩于山川。遂見東后。東后者,諸侯也。合時月正日,同
律度量衡,修五禮、五玉,三帛、二牲、一死,摯。』」
漢‧應劭:《風俗通義》卷十,頁249。
〔註148〕宋‧李昉等奉敕撰:《太平御覽》第五冊卷八百七十三,頁4004。
〔註149〕清‧黃奭:《黃氏逸書考》(二),頁1707。

知所本二人、周官禮派十九人、三禮之學十人，〔註150〕共計八十八人。另據汪惠蘭《東漢禮學史》所歸納，光是東漢通禮學者，有記錄的即有約二百七十三人。各家生平事蹟，史籍多有記載，但是對於師門傳承，絕大多數不十分明確。關於兩漢禮學的研究成果極多，然說法不一，今以正史為主，將漢代禮學傳授系統大致論述如下。

1. 《儀禮》與《禮記》的傳承

漢初的禮學傳授，據《史記》、《漢書》可窺其梗概。《史記‧儒林列傳》：

> 諸學者多言禮，而魯高堂生最。本禮固自孔子時，而其經不具。及至秦焚書，書散亡益多。於今獨有《士禮》，高堂生能言之。而魯徐生善為容。孝文帝時，徐生以容為禮官大夫。傳子，至孫徐延、徐襄。襄其天姿善為容，不能通《禮經》。延頗能，未善也。襄以容為漢禮官大夫，至廣陵內史。延及徐氏弟子公戶滿意、桓生、單次，皆嘗為漢禮官大夫。而瑕丘蕭奮，以禮為淮陽太守。是後能言禮為容者，由徐氏焉。〔註151〕

《漢書‧儒林列傳》：

> 漢興，魯高堂生傳《士禮》十七篇，而魯徐生善為頌。孝文時，徐生以頌為禮官大夫。傳子，至孫延、襄。襄其資性善為頌，不能通經。延頗能，未善也。襄亦以頌為大夫，至廣陵內史。延及徐氏弟子公戶滿意、桓生、單次，皆為禮官大夫。而瑕丘蕭奮以禮至淮陽太守。諸言禮為頌者由徐氏。〔註152〕

二〈傳〉的記載大同小異，可據以得知以下數點結論：

（1）西漢初，高堂生能傳講《儀禮》，徐生精通容禮，二者皆為魯人，可見「周禮盡在魯」，所言不假。

（2）高堂生傳予何人不詳；徐生傳子，子傳孫徐延、徐襄。至於徐氏弟子公戶滿意、桓生、單次，是指徐生、徐生之子、徐延，或徐襄的弟子。由於文字的減省，導致解讀結果的歧異。畢沅《傳經表》認為，此三人是徐生

〔註150〕清‧唐晏：《兩漢三國學案》卷七，頁2～3（臺北：世界書局，歷代學案第二期書，潮陽鄭氏龍溪精舍刊，1967年12月再版）。

〔註151〕漢‧司馬遷撰，日‧瀧川資言考證：《史記會注考證》（六）卷一百二十一，頁5301～5303。

〔註152〕漢‧班固撰，唐‧顏師古注：《漢書》（七），卷八十八，頁18。

之子的弟子。〔註153〕若是徐延或徐襄的弟子，則行文時大可說「延及其弟子」或「延及襄弟子」，但《史》、《漢》卻都作「延及徐氏弟子」，可能是因不清楚徐氏的名字；就此推判，此處徐氏指的是徐生之子。那麼西漢初，容禮的傳承爲：徐生傳子，子傳孫徐延、徐襄，而徐生之子又有弟子公戶滿意、桓生、單次三人。

（3）蕭奮出現得突然，又夾雜於善容禮者中，似乎意味著也是善容禮者之一。於是洪業《儀禮引得·序》主張，蕭奮爲徐氏弟子。〔註154〕根據《漢書·儒林傳》所載：

> 孟卿，東海人也。事蕭奮，以授后倉、魯閭丘卿。倉說《禮》數萬言，
> 號曰《后氏曲臺記》，授沛聞人通漢子方、梁戴德延君、戴聖次君、
> 沛慶普孝公。孝公爲東平太傅。德號大戴，爲信都太傅。聖號小戴，
> 以博士論石渠，至九江太守。由是《禮》有大戴、小戴、慶氏之學。
> 通漢以太子舍人論石渠，至中山中尉。普授魯夏侯敬，又傳族子咸，
> 爲豫章太守。大戴授琅邪徐良斿卿，爲博士、州牧、郡守，家世傳業。
> 小戴授梁人橋仁季卿、楊榮子孫。仁爲大鴻臚，家世傳業。榮琅邪太
> 守。由是大戴有徐氏，小戴有橋、楊氏之學。〔註155〕

得知蕭奮傳孟卿，孟卿傳后倉和閭丘卿，后倉傳聞人通漢、戴德、戴聖、慶普。如此是四代。賈公彥〈序周禮廢興〉：

> 鄭云「五傳弟子」，則高堂生、蕭奮、孟卿、后倉、戴德、戴聖，是
> 爲五也。〔註156〕

孔穎達《禮記正義》大題下引鄭玄《六藝論》及熊安生《義疏》語：

> 《六藝論》云：「五傳弟子者」，熊氏云：「則高堂生、蕭奮、孟卿、
> 后倉，及戴德、戴聖，爲五也。」此所傳皆《儀禮》也。〔註157〕

二人引鄭玄語，說大、小戴是五傳弟子。若蕭奮前承高堂生，則爲五代。據前文所引《史記》與《漢書》的〈儒林列傳〉，在高堂生與徐生之間，都用到

〔註153〕清·畢沅：《傳經表》，頁53（長沙：商務印書館，叢書集成初編，式訓堂叢書本，1937年12月初版）。

〔註154〕洪業等：《儀禮引得》，頁5（臺北：成文出版社，哈佛燕京學社引得第6號，1966年）。

〔註155〕漢·班固撰，唐·顏師古注：《漢書》（七），卷八十八，頁18～19。

〔註156〕漢·鄭玄注，唐·賈公彥疏：《周禮注疏》，頁7。

〔註157〕漢·鄭玄注，唐·孔穎達等正義：《禮記正義》卷一，頁11。

一「而」字連接;「而」字在修辭學中,是屬於「轉折聯詞」,常用作上下文之接榫。〔註158〕既然是「轉折」,二者就不一定必須恆相關。此外,自孟卿以降,至於大、小戴等人,都精於《儀禮》,甚或曾編寫《禮記》。據此得知,蕭奮乃承襲高堂生之學。

　　(4)擅長容禮的,不見得通《儀禮》。容禮是指外在的禮儀形式、行禮時各方面的表現。〔註159〕《論語‧鄉黨》有許多對容色言動的記載,如:

> 入公門,鞠躬如也,如不容。立不中門,行不履閾。過位,色勃如
> 也,足躩如也,其言似不足者。攝齊升堂,鞠躬如也,屏氣似不息
> 者。出,降一等,逞顏色,怡怡如也。沒階趨,翼如也。復其位,
> 踧踖如也。〔註160〕

又如〈先進〉,子路、曾皙、冉有、公西華侍坐,孔子問各人的志向。公西華願為輔助行禮的小相。〔註161〕〈公冶長〉:

> 子曰:「赤也,束帶立於朝,可使與賓客言也。」〔註162〕

徐生或許就是擔任類似這種工作的官員。高堂生一派是鑽研經義者;徐生一派,即贊禮之官。〔註163〕可能是精通禮儀進行時,程序、容貌、儀態上的呈現,但對學術方面的闡發、講授及教學,不十分熟悉。傳習容禮是否需要教本,無法確知;然《論語》有類似的記錄,賈誼《新書》有〈容經〉一篇,或許是前有所承,有所本的。

　　后倉的學生除了聞人通漢、戴德、戴聖、慶普之外,據《漢書‧蕭望之傳》:

> 蕭望之字長倩,東海蘭陵人也,徙杜陵。家世以田為業,至望之,
> 好學,治《齊詩》,事同縣后倉且十年。以令詣太常受業。復事同
> 學博士白奇,又從夏侯勝問《論語》、《禮服》。京師諸儒稱述焉。
> 〔註164〕

蕭望之亦為后倉弟子。

　　西漢中,禮學分大、小戴、慶氏三家。漢宣帝時,戴、慶之學開始流行,

〔註158〕陳師滿銘:〈談詞章章法的主要內容〉(下),《國文天地》十三卷八期,頁105
　　　　(1998年1月)。
〔註159〕魯士春:《先秦容禮研究》,頁14(臺北:天工書局,1998年7月20日)。
〔註160〕魏‧何晏等注,宋‧邢昺疏:《論語注疏》卷十,頁87。
〔註161〕魏‧何晏等注,宋‧邢昺疏:《論語注疏》卷十一,頁100。
〔註162〕魏‧何晏等注,宋‧邢昺疏:《論語注疏》卷五,頁42。
〔註163〕許清雲:〈儀禮概述〉,《三禮論文集》,頁61。
〔註164〕漢‧班固撰,唐‧顏師古注:《漢書》(七)卷七十八,頁1)。

且皆已立爲博士。三家宗后氏的師法，彼此間爲家法之別。西漢晚期，兩戴所傳之學派，聲勢優於慶氏，但慶氏仍有傳授。戴德傳徐良；戴聖傳橋仁、楊榮；慶普傳魯人夏侯敬、族子慶咸。慶氏於《儀禮》守后倉篇次章句的家法，爲后氏學嫡傳。〔註165〕東漢初，兩戴學衰微，慶氏禮代興，《後漢書‧儒林列傳》：

> 建武中，曹充習慶氏學，傳其子褒，遂撰《漢禮》，事在褒傳。〔註166〕

《後漢書‧張曹鄭列傳》：

> 曹褒字叔通，魯國薛人也。父充，持慶氏禮，建武中爲博士，從巡狩岱宗，定封禪禮，還，受詔議立七郊、三雍、大射、養老禮儀。……褒博物識古，爲儒者宗。十四年，卒官。作《通義》十二篇，演經雜論百二十篇，又傳《禮記》四十九篇，教授諸生千餘人，慶氏學遂行於世。〔註167〕

是曹充傳子曹褒。又《後漢書‧儒林列傳》：

> 董鈞字文伯，犍爲資中人也。習慶氏禮。事大鴻臚王臨。〔註168〕

則王臨傳董鈞慶氏禮。

《禮記》的傳承，於兩漢未見專門的載錄，多附記於《儀禮》之下。對於禮的《記》，《漢書‧藝文志》有「《記》百三十一篇」，作者不詳。至於可以知名者，最早的是后倉，據前引《漢書‧儒林列傳》：「倉說《禮》數萬言，號曰《后氏曲臺記》。」及〈藝文志〉有「《曲臺后倉》九篇」，可見后倉對《儀禮》的說解闡釋，被集結爲《后氏曲臺記》，此書早已失傳。慶氏《禮記》，在東漢仍有曹褒教授。大、小戴《禮記》因鄭玄，得以流傳至今，但橋、楊之後的傳承已不可考。

漢代禮學的傳承關係，自來學者各有不同看法，並多有繪圖加以說明，但卻互有參差。今以正史的記載爲主，參考明代朱睦𢖍《授經圖》、清代畢沅《傳經表》等，研究漢代經學的相關著作，經比較各家說法後，將兩漢《儀禮》、《禮記》及容禮的傳授，師承敘述較爲詳確者列出，繪圖附列於下：（實

〔註165〕中國科學院考古研究所、甘肅省博物館編：《武威漢簡》，頁14～15（北京：文物出版社，1964年9月一版一刷）。

〔註166〕宋‧范曄撰，唐‧李賢等注：《後漢書》（六）卷一百九下，頁6（臺北：臺灣中華書局，聚珍仿宋四部備要史部，武英殿本，1965年11月臺一版）。

〔註167〕宋‧范曄撰，唐‧李賢等注：《後漢書》（三）卷六十五，頁6、9。

〔註168〕宋‧范曄撰，唐‧李賢等注：《後漢書》（六）卷一百九下，頁6。

線爲師承明確者，虛線爲較不確定者。）

圖一、《儀禮》暨《禮記》傳承圖

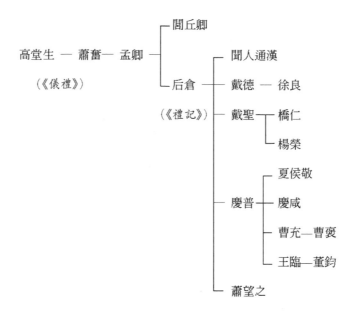

圖二、容禮傳承圖

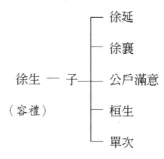

2. 《周禮》的傳授

《周禮》因劉歆而得以重出於祕府，《漢書·楚元王傳》：

> 歆字子駿，少以通《詩》、《書》，能屬文，召見成帝待詔宦者，署爲
> 黃門郎。河平中，受詔與父向領校祕書。講六藝傳記、諸子方技，
> 無所不究。向死，後歆復爲中壘校尉。哀帝初即位，大司馬王莽舉

歆宗室有材行，爲侍中太中大夫，遷騎都尉捧車光祿大夫，貴幸。

復領五經，卒父前業。〔註169〕

《周禮》出現之後的傳授，據賈公彦〈序周禮廢興〉：

乃知其周公致太平之迹，迹具在斯。奈遭天下倉卒，兵革並起，疾
疫喪荒，弟子死喪。徒有里人，河南緱氏杜子春尚在。永平之初，
年且九十，家于南山，能通其讀，頗識其說，鄭眾、賈逵往受業焉。

〔註170〕

杜子春通《周禮》，但不詳所學何人。永平是東漢明帝的年號，當時杜子春已
九十歲，那麼他大約是西漢元成之間的人。《周禮》因劉歆的出於祕府，經杜
子春的傳授，而能流傳。不過，《漢書》與《後漢書》都沒有杜子春的本傳，
甚至根本沒有提及這個人。正史最早提到他的是《隋書》，《隋書・經籍志》：

《周官》蓋周公所制官政之法，上於河間獻王。獨闕〈冬官〉一篇，
獻王購以千金不得，遂取〈考工記〉以補其處。合成六篇，奏之。
至王莽時，劉歆始置博士，以行於世。河南緱氏及杜子春受業於歆，
因以教授。〔註171〕

與賈公彦的說法有出入，認爲《周禮》是劉歆傳給緱氏與杜子春二人。這使
得問題更複雜了，《隋書・經籍志》有緱氏《禮記要鈔》十卷，〔註172〕那麼就
是有這個人的存在，不過《隋書》未註明是何時之人。此外兩漢書中，凡是
提到「緱氏」，都是指河南郡的地名；畢沅《傳經表》在杜子春下注：「緱氏
人。按鄭樵《通志》以緱氏另作一人，謂劉歆傳緱氏及杜子春，誤。」〔註173〕
鄭樵不是始作俑者，由前文所引《隋書・經籍志》，可見唐代長孫無忌等人即
有此說。不過在《隋書》之前，似乎沒有「緱氏」，因此或許是「緱氏人」之
誤。鄭玄《周禮注》常引用杜子春的說法，且多置於鄭眾之前，可見眞有杜
子春其人，可能注過《周禮》，大約是劉歆之後，鄭眾之前的禮學者。

　　賈公彦說杜子春的弟子有鄭眾、賈逵，皆慕名而來。但是從《後漢書》，

〔註169〕漢・班固撰，唐・顏師古注：《漢書》（四）卷三十六，頁 28。
〔註170〕漢・鄭玄注，唐・賈公彦疏：《周禮注疏》，頁 7～8。
〔註171〕唐・長孫無忌等撰：《隋書》卷三十二，頁 11（臺北：臺灣中華書局，聚珍
　　　　仿宋四部備要史部，武英殿本，1965 年 11 月臺一版）。
〔註172〕唐・長孫無忌等撰：《隋書》卷三十二，頁 10。
〔註173〕清・畢沅：《傳經表》，頁 55（長沙：商務印書館，叢書集成初編，式訓堂叢
　　　　書本，1937 年 12 月初版）。

看不出這種跡象。《後漢書‧鄭范陳賈張列傳》：

> 鄭興字少贛，河南開封人也。少學《公羊春秋》，晚善《左氏傳》。
> 遂積精深思，通達其旨，同學皆師之。天鳳中，將門人從劉歆講正
> 大義。歆美興才，使撰條例、章句、傳詁，及校《三統歷》。……興
> 好古學，尤明《左氏》、《周官》，長於歷數。自杜林、桓譚、衛宏之
> 屬，莫不斟酌焉。……鄭眾字仲子。年十二，從父受《左氏春秋》。
> 精力於學，明《三統歷》，作《春秋難記條例》，兼通《易》、《詩》，
> 知名於世。……子安世，亦傳家業。〔註174〕

又：

> 賈逵字景伯，扶風平陵人也。……父徽，從劉歆受《左氏春秋》，兼
> 習《國語》、《周官》；又受古文《尚書》於塗惲；學《毛詩》於謝曼
> 卿。作《左氏條例》二十一篇。……逵數為帝言《古文尚書》，與經
> 傳《爾雅》詁訓相應，詔令撰歐陽、大小夏侯《尚書古文》同異。
> 逵集為三卷，帝善之。復令撰《齊》、《魯》、《韓詩》與《毛氏》異
> 同，并作《周官解詁》。逵悉傳父業。〔註175〕

據此，則應是鄭興、賈徽從學於劉歆，再分別傳與其子鄭眾及賈逵，之後成
為家學。

馬融為漢代大儒，根據《高士傳》，其師為摯恂：

> 摯恂字季直，伯陵之十二世孫也。明禮、易，遂治五經。博通百家
> 之言，又善屬文，詞論清美渭濱。弟子扶風馬融、沛國桓驎等，自
> 遠方至者十餘人。〔註176〕

《後漢書‧馬融列傳》也說：

> 馬融字季長，扶風茂陵人也，將作大匠嚴之子。為人美辭貌，有俊
> 才。初，京兆摯恂以儒術教授，隱于南山，不應徵聘，名重關西。
> 融從其遊學，博通經籍。恂奇融才，以女妻之。……融才高博洽，
> 為世通儒，教養諸生，常有千數。涿郡盧植，北海鄭玄，皆其徒也。……
> 注《孝經》、《論語》、《詩》、《易》、《三禮》、《尚書》、《列女傳》、《老

〔註174〕宋‧范曄撰，唐‧李賢等注：《後漢書》（三）卷六十六，頁1、5、6。
〔註175〕宋‧范曄撰，唐‧李賢等注：《後漢書》（三）卷六十六，頁11、14、15。
〔註176〕晉‧皇甫謐：《高士傳》卷下，頁6（臺北：臺灣中華書局，聚珍仿宋四部備
要史部，漢魏叢書本，1965年11月臺一版）。

—142—

子》、《淮南子》、《離騷》，所著賦、頌、碑、誄、書、記、表、奏、七言、琴歌、對策、遺令，凡二十一篇。〔註177〕

摯恂奉何人爲師不得而知，其後傳馬融與桓驎等十餘人。馬融有學生千餘人，其中包括盧植和鄭玄。《後漢書・吳延史盧趙列傳》：

> 盧植字子幹，涿郡涿人也。身長八尺二寸，音聲如鍾。少與鄭玄俱事馬融，能通古今學，好研精而不守章句。……作《尚書章句》、《三禮解詁》。〔註178〕

《後漢書・張曹鄭列傳》：

> 鄭玄字康成，北海高密人也。八世祖崇，哀帝時尚書僕射。玄少爲鄉嗇夫，得休歸，常詣學官，不樂爲吏，父數怒之不能禁。遂造太學受業，師事京兆第五元。先始通《京氏易》、《公羊春秋》、《三統歷》、《九章算術》。又從東郡張恭祖受《周官》、《禮記》、《左氏春秋》、《韓詩》、《古文尚書》。以山東無足問者，乃西入關，因涿郡盧植，事扶風馬融。……自郡守以下，受業者，縕絰赴會，千餘人。門生相與撰玄答諸弟子問《五經》，依《論語》作《鄭志》八篇。……其門人山陽郗慮，至御史大夫。東萊王基、清河崔琰、河內趙商，著名於世。又樂安國淵、任嘏，時並童幼，玄稱淵爲國器，嘏有道德。其餘亦多鑒拔，皆如其言。〔註179〕

盧植與鄭玄一同向馬融學習經學，皆通《三禮》。鄭玄爲東漢集經學之大成者，精通五經，先後受業於張恭祖及馬融。另外，在《後漢書・吳延史盧趙列傳》盧植的部分言道：

> 與諫議大夫馬日磾、議郎蔡邕、楊彪、韓說等，並在東觀校中書《五經》記傳，補續漢記。〔註180〕

可見馬融族子馬日磾，也是通經學者。

鄭玄於經學貢獻良多，在禮學方面，《後漢書・儒林列傳》：

> 中興，鄭眾傳《周官經》。後馬融作《周官傳》授鄭玄，玄作《周官注》。玄本習小戴禮，後以古經校之，取其義長者，故爲鄭氏學。玄

〔註177〕宋・范曄撰，唐・李賢等注：《後漢書》（五）卷九十上，頁1、12、13。
〔註178〕宋・范曄撰，唐・李賢等注：《後漢書》（五）卷九十四，頁9、11。
〔註179〕宋・范曄撰，唐・李賢等注：《後漢書》（三）卷六十五，頁10、13、14。
〔註180〕宋・范曄撰，唐・李賢等注：《後漢書》（五）卷九十四，頁11。

又注小戴所傳《禮記》四十九篇，通爲《三禮》焉。〔註181〕
鄭氏注解《三禮》，保存前人說解，並對經義有所發明。鄭玄弟子有千餘人，
見於前文所引《後漢書》者，有郗慮、王基、崔琰、國淵、任嘏等。另據高
明教授〈鄭玄學案〉統計，見於《鄭志》與《鄭記》者，有張逸、劉炎、炅
模、田瓊、孫晧、冷剛、任厥、氾閣、陳鏗、崇精、鮑遺、王權、崇翱、焦
喬、王瓚、劉德、桓翺等。見於《三齊記》者有王經，見於《吳書》者有程
秉，見於《魏書·崔琰傳》有公孫方。宋均《詩緯序》稱先師北海鄭司農，
則宋均爲鄭玄傳業弟子。《鄭學錄》列孔融與臨甄。另《舊唐志》有《尚書釋
問》，《新唐志》有《尚書注釋問》，田瓊、韓益亦爲鄭門。〔註182〕

《周禮》於兩漢的傳授，附圖如下：（實線爲師承明確者，虛線爲較不確
定者。）〔註183〕

圖三、《周禮》傳承圖

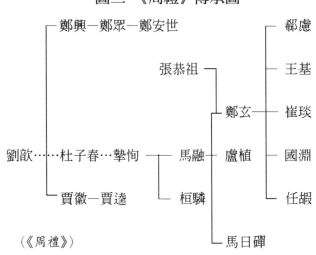

（《周禮》）

〔註181〕宋·范曄撰，唐·李賢等注：《後漢書》（六）卷一百九下，頁7。
〔註182〕高明：《禮學新探》，頁243（臺北：臺灣學生書局，1977年10月再版）。
〔註183〕劉歆、杜子春、摯恂之間的傳授，史籍未載。明代朱睦㮮、清代畢沅、近人
　　　　程發軔所繪製之禮學傳承圖，於劉歆之後接續者皆爲杜子春；朱氏與程氏又
　　　　於杜子春下，接傳摯恂。今姑依三人之說。另外，馬融及鄭玄門下弟子眾多，
　　　　限於篇幅，僅舉數人爲代表。
　　　　三說見於：明·朱睦㮮：《授經圖》，〈禮〉卷二，頁234（臺北：廣文書局，
　　　　書目續編，兩江總督採進本，1968年3月初版）。
　　　　清·畢沅：《傳經表》，頁55。
　　　　程發軔：《國學概論》（中），頁14（臺北：國立編譯館出版、正中書局印行，
　　　　1970年11月臺三版）。

（二）漢儒對五禮的說解

漢儒的禮學主張，以鄭玄《三禮》注收錄較多。兩漢經學發達、禮學著作繁多，例如《儀禮》、《禮記》有大、小戴、慶氏本之分，又有馬融、鄭玄、王肅等人注《三禮》、作《喪服經傳》等，另外還有戴德《夏小正》、戴聖《石渠禮論》、盧植《三禮解詁》、蔡邕《月令章句》等等。然而，其中絕大多數早已失傳，或篇卷不全。古代典籍多書於竹簡、木札或帛繒之上，因此保存不易；又歷來改朝換代、戰爭頻仍，毀於戰亂的部分，可能也極多；或者是自然淘汰，被較好的注本所取代，如兩漢禮學，至今僅鄭玄之作保存完整，魏晉至隋唐，則為賈公彥、孔穎達之作留存。兩漢禮學者的學說多已不可得知，欲了解他們對「五禮」的解釋，絕大部分必須仰賴鄭《注》。

將「五禮」明確的解釋為吉、凶、賓、軍、嘉，目前可見最早的記錄，是鄭眾、馬融、鄭玄等人。《大戴禮記・曾子天圓》：

> 聖人立五禮以為民望，制五衰以別親疏，和五聲之樂以導民氣，合
> 五味之調以察民情，正五色之位，成五穀之名。〔註184〕

原《注》：「五禮，謂〈春官〉宗伯所掌吉、凶、賓、軍、嘉五禮也。」〔註185〕盧《注》云：「五禮其別三十六，生民之紀在焉。」〔註186〕由於鄭玄未注《大戴禮記》，因此《大戴》曾長時間未受到重視。原《注》列於盧辯《注》之前，則可能是北周前的注解，盧辯已不知為何人所注，如今更加無從確定是否為東漢之注。《周禮・地官・大司徒》：

> 以五禮防萬民之偽而教之中。〔註187〕

鄭《注》：「鄭司農云：『五禮謂吉、凶、賓、軍、嘉。』」〔註188〕《周禮・春官・小宗伯》：

> 掌五禮之禁令與其用等。〔註189〕

鄭《注》為：「鄭司農云：『五禮，吉、凶、軍、賓、嘉。』」〔註190〕又《史記・

〔註184〕清・王聘珍：《大戴禮記解詁》卷五，頁101。

〔註185〕同上註。

〔註186〕同上註。

〔註187〕漢・鄭玄注，唐・賈公彥疏：《周禮注疏》卷十，頁161（臺北：藝文印書館，《十三經注疏3周禮》，嘉慶二十一年江西南昌學堂重刊宋本，1997年8月初版十三刷）。

〔註188〕同上註。

〔註189〕漢・鄭玄注，唐・賈公彥疏：《周禮注疏》卷十九，頁290。

〔註190〕同上註。

五帝本紀》：

> 脩五禮，五玉、三帛、二生、一死爲贄。〔註191〕

其中「脩五禮」下，劉宋裴駰《集解》：「馬融曰：『吉、凶、賓、軍、嘉也。』」〔註192〕鄭眾、馬融及集今古文大成的鄭玄，皆採「五禮」即吉、凶、賓、軍、嘉之說。因此，金春峰認爲，明確的將「五禮」概括爲吉、凶、賓、軍、嘉五類，大約是始自東漢經學家鄭眾、馬融等人。也就是說吉、凶、賓、軍、嘉五禮的觀念，不僅不是《周禮》的觀念，也不是王莽、劉歆的觀念，而是東漢儒者的觀念。〔註193〕在此之前，「五禮」已見於《尙書》、《周禮》、《大戴禮記》；吉、凶、賓、軍、嘉的觀念，也用於《周禮》，都並非從東漢才開始。若說是東漢部分禮學家，採取《周禮》的觀念用以說解，比較可信。

　　「五禮」的分類原本只用於《周禮》，是針對國家設計。鄭玄擴大其施用範圍，用來區分《儀禮》、《禮記》中的篇章。譬如他在《儀禮》各篇題下，標明分屬五禮中的那一種禮。依照賈公彥《儀禮正義》引鄭玄《三禮目錄·儀禮目錄》：

> 〈士冠禮〉第一　士冠禮於五禮屬嘉禮，大小戴及《別錄》，此皆第一。
>
> 〈士昏禮〉第二　昏禮於五禮屬嘉禮，大小戴及《別錄》，此皆第二。
>
> 〈士相見禮〉第三　士相見於五禮屬賓禮，大小戴及《別錄》皆第三。
>
> 〈鄉飲酒禮〉第四　飲酒於五禮屬嘉禮，大戴此乃第十，小戴及《別錄》，此皆第四。
>
> 〈鄉射禮〉第五　射禮於五禮屬嘉禮，大戴十一，小戴及《別錄》皆第五。
>
> 〈燕禮〉第六　燕禮於五禮屬嘉，大戴第十二，小戴及《別錄》皆第六。
>
> 〈大射儀〉第七　射義於五禮屬嘉禮，大戴此第十三，小戴及《別錄》皆第七。
>
> 〈聘禮〉第八　於五禮屬賓禮，大戴第十四，小戴第十五，《別錄》第八。
>
> 〈公食大夫禮〉第九　於五禮屬嘉禮，大戴第十五，小戴第十六，《別錄》第九。
>
> 〈覲禮〉第十　覲禮於五禮屬賓，大戴第十六，小戴十七，《別錄》第十。

〔註191〕漢·司馬遷撰，日·瀧川資言考證：《史記會注考證》（一）卷一，頁110。

〔註192〕同上註。

〔註193〕金春峰：《周官之成書及其反映的文化與時代新考》，頁107。

〈喪服〉第十一　大戴第十七，小戴第九，劉向《別錄》第十一。

〈士喪禮〉第十二　喪於五禮屬凶，大戴第四，小戴第八，《別錄》第十二。

〈既夕〉第十三　大戴第五，刪。小戴第十四。《別錄》名〈士喪禮〉下篇，第十三。

〈士虞禮〉第十四　虞於五禮屬凶，大戴第六，小戴第十五，《別錄》第十四。

〈特牲饋食禮〉第十五　於五禮屬吉禮。〔註194〕

〈少牢饋食禮〉第十六　少牢於五禮屬吉禮，大戴第八，小戴第十一，《別錄》第十六。

〈有司〉第十七　有司徹於五禮屬吉，大戴第九，小戴第十二，《別錄》〈少牢〉下篇第十七。〔註195〕

《周禮》是為王設計的國家體制，因此其中可說全是天子之禮；《儀禮》所載之禮，則及於社會各階層。鄭玄將《儀禮》十七篇配合五禮的觀念，使得五禮的範疇，由邦國天子之禮，擴大至諸侯、大夫、士庶各級。此外，也促進了後人對於《儀禮》各篇性質的了解。在《禮記》方面，如孔穎達《禮記正義・曲禮》大題下，引鄭玄《三禮目錄・禮記目錄》：

喪荒去國之說，凶禮也。〔註196〕

孔穎達案：「送喪不由徑；歲凶，年穀不登。又云：大夫去國。如此之類是喪荒去國之說，當凶禮也。」〔註197〕「去國」指大夫或士，因諫君三次不聽，而離開至他國。是大夫與士之禮，因此〈大宗伯〉未載去國。《禮記・曲禮》下：

〔註194〕賈公彥《儀禮正義》引鄭玄《三禮目錄・儀禮目錄》，於〈特牲饋食禮〉篇目下，篇次有闕。元代吳澄為其補闕，於《三禮考註》卷之三十一〈儀禮正經・特牲饋食禮第十五〉：「鄭氏曰：諸侯之士以歲時祭其祖禰之禮，非天子之士。五禮屬吉禮。其禮經不見次第，補之。大戴第七，小戴第十三，《別錄》第十五。」

元・吳澄：《三禮考註》卷三十一，頁94（臺北：莊嚴文化事業有限公司，《四庫全書存目叢書》經部禮類、經部一○四，北京師範大學圖書館藏、明成化九年謝士元刻本，1997年2月初版一刷）。

〔註195〕鄭玄《三禮目錄・儀禮目錄》已亡佚，今部分見於賈公彥《儀禮注疏》所引。漢・鄭玄注，唐・賈公彥疏：《儀禮注疏》卷一～五十，頁2、39、70、80、109、158、187、226、299、318、337、408、448、493、519、557、580。

〔註196〕漢・鄭玄注，唐・孔穎達等正義：《禮記正義》卷一，頁11。

〔註197〕同上註。

大夫、士去國，祭器不踰竟。大夫寓祭器於大夫，士寓祭器於士。

大夫、士去國，踰竟爲壇位，鄉國而哭，素衣，素裳，素冠，徹緣，

鞮屨，素簚，盛髦馬，不蚤鬋，不祭食，不說人以無罪，婦人不當

御，三月而復服。〔註198〕

孔《疏》：「此以下，明人臣三諫不從，去國之禮。」〔註199〕臣子勸諫君主，三次仍不聽從，臣可離開，改往他國任職，但不可帶走祭器，又衣冠形制及動靜行止，概如服喪一般，因此可歸爲凶禮。由鄭玄、孔穎達之言，可進一步確定《周禮》所謂的「凶禮」，是用來表達哀傷之情。又如孔穎達《禮記正義·曲禮》大題下，引鄭玄《三禮目錄·禮記目錄》：

事長敬老、執贄納女之說，嘉禮也。〔註200〕

孔穎達案：「侍坐於長者，故君子式黃髮；婦人之贄棋、榛、棗、栗；納女於天子。如此之類，是事長敬老、執贄納女之說，當嘉禮也。」〔註201〕補充說明敬事長者的養老禮，也在嘉禮之列。

鄭玄爲經學大家，自其之後，凡是談到禮的分類，多言五禮。漢代以降，「五禮」的運用逐漸普遍，影響所及，如晉代楊泉《物理論》：

禮者，履也，律也。義同而名異。五禮者，吉、凶、軍、賓、嘉也。

〔註202〕

南朝劉勰《文心雕龍·序志》：

唯文章之用，實經典枝條，五禮資之以成，六典因之致用，君臣所

以炳煥，軍國所以昭明，詳其本源，莫非經典。〔註203〕

《注》：「五禮謂吉、凶、賓、軍、嘉。」〔註204〕而唐代房玄齡著《晉書》，以「五禮」爲架構，歸納禮制。《漢書·刑法志》：

《書》云：「天秩有禮」，「天討有罪」。故聖人因天秩而制五禮，因

天討而作五刑。〔註205〕

〔註198〕漢·鄭玄注，唐·孔穎達等正義：《禮記正義》卷四，頁75。

〔註199〕同上註。

〔註200〕漢·鄭玄注，唐·孔穎達等正義：《禮記正義》卷一，頁11。

〔註201〕同上註。

〔註202〕清·黃奭：《黃氏逸書考》（三），頁2053。

〔註203〕梁·劉勰撰，范文瀾注：《文心雕龍注》卷十，頁726（臺北：學海出版社，1991年2月再版）。

〔註204〕同上註。

〔註205〕漢·班固撰，唐·顏師古注：《漢書》（三），卷23，頁2。

顏師古《注》：「吉、凶、賓、軍、嘉。」〔註206〕也將「五禮」作吉、凶、賓、軍、嘉解。宋代鄭樵《通志》、杜佑《通典》，及徐天麟《西漢會要》、《東漢會要》，在〈禮〉的部分，都是用「五禮」分類所知所見的禮制。至於清代，如江永《禮書綱目》、秦蕙田《五禮通考》等，也都以「五禮」為基礎歸納禮。又如《大戴禮記・本命》：

> 冠、昏、朝、聘、喪、祭、賓主、鄉飲酒、軍旅，此之謂九禮也。

〔註207〕

王聘珍《解詁》：「九者，五禮之別也。冠、昏、賓主、鄉飲酒，嘉禮也。朝、聘，賓禮也。喪，凶禮也。祭，吉禮也。軍旅，軍禮也。賓主謂賓射饗燕之類。」〔註208〕將與禮相關的記載，與「五禮」作對應，為清代禮學著作中常見現象。

三、小　結

漢代的禮學者及禮學著作數量繁多，但如今除鄭玄《三禮注》，絕大多數早已散失，於是對漢儒禮的分類觀，幾乎所知甚微。就現存材料發現，在鄭玄之前，沒有人將「五禮」的觀念，充分運用到分析所有的禮目上面，且對於禮的分類，仍舊承襲先秦。鄭玄把〈春官〉吉、凶、賓、軍、嘉的分禮方式，應用於《儀禮》、《禮記》。正因為他的活用，使得《周禮》作者的設計得以發揮，甚至直到今日，凡是談到禮的分類，幾乎都會提及「五禮」，也會利用「五禮」作研究上的對應。

第六節　結　語

禮起源於習俗，是由與社會民生相關性大者演化而來，由於數量之繁，遂出現分類的現象。

「五禮」詞義的兩大關鍵，一是《周禮》的出現，一是鄭玄的應用。以「五禮」類分禮的觀念，於先秦至漢代，都並未被普遍使用。《周禮・春官》的吉禮、凶禮、賓禮、軍禮、嘉禮，與先秦其他相關名詞的用法多不相同。範圍有縮小的，如吉禮於《周禮》限於祭祀之禮；賓禮為王與諸侯之間的朝覲會同之事，不含賓客之禮。有擴大者，如凶禮、軍禮、嘉禮；這是因《周

〔註206〕漢・班固撰，唐・顏師古注：《漢書》（三），卷23，頁2。
〔註207〕清・王聘珍：《大戴禮記解詁》卷五，頁101。
〔註208〕同上註。

禮》的性質是爲國家而設計，因此不同於一般，作者欲囊括國家所行禮制，於是在意義上自然有所更動。徐復觀《周官成立之時代及其思想性格》主張，「五禮」吉、凶、賓、軍、嘉的系列，爲《周禮》出現以前所未有，由劉向對《禮記》的分類，推論五禮的分類於當時尚未出現。〔註209〕此說略有缺漏，因《周禮》的性質不同於《禮記》，「五禮」不見得適用於《禮記》的分類。況且也有可能如洪業所言，一開始《別錄》的類別，就不是針對《禮記》而設計。不過確實先秦乃至西漢，「五禮」的施用，僅見於《周禮》；《周禮》的成書時間，對於「五禮」出現時間的判準，具有決定性關鍵。《周禮》成書於戰國末年，戰國晚葉至西漢的學者，沒有採用此概念，或許是因《周禮》尚不普及，且曾被收藏於屋壁、秘府，秘而不宣，因而由於不知而不被採用。

「五禮」一詞，出現於戰國晚期左右。目前所見最早的，以吉、凶、賓、軍、嘉注解「五禮」，卻已至東漢鄭眾、馬融及鄭玄。在此期間，禮的分類名稱不十分確切。「五禮」吉、凶、賓、軍、嘉的組合，在《周禮》是作爲國家禮制的分類，鄭玄廣泛的用來分類所有的禮，使得「五禮」的功能擴大。假使《周禮》沒有重出於秘府，東漢學者可能無從解釋「五禮」；如果沒有鄭玄的注解《三禮》，廣泛的運用〈春官〉「五禮」的概念，「五禮」將只局限於國家禮儀的層次，無法得到普遍的應用。鄭玄注《三禮》，開始廣泛使用「五禮」，規範古往今來龐雜博大的禮制，確實是一項開創，也爲禮學研究獨闢蹊徑；其成就禮學體系，厥功甚偉。

〔註209〕徐復觀：《周官成立之時代及其思想性格》，頁170～171。

第五章　結　論

　　「五禮」就是吉、凶、賓、軍、嘉之禮。《周禮》作者設計作為國家禮制分類綱目，鄭玄注《三禮》，運用於分析所有的禮，後人因之，於是成為針對最常見的分類方式。

第一節　禮制的分類出於自然

　　禮與社會民生相關，由於禮制數量日繁，遂出現分類的現象，「五禮」即為禮的分類方式之一。

　　關於禮的起源，因各學派學說的偏重，於是有種種不同的見解。有源於宇宙說，如《管子》於〈心術〉、〈內業〉等篇，主張「道」是宇宙的本源，萬事萬物皆依循「道」的理則生成，禮也是如此。禮理源自於宇宙的本源，人們憑藉符合道的精神的禮理，制定禮制，以建立秩序。有從人性立說，如孔孟主張禮本於人心，是從內而外的踐履實行；荀子則強調外在的制約，認為禮是由聖人體天而作，因後天的教化，方可存在於人心，是由外而內的約束、改造。無論那一類說法，不外乎認為「禮理」出於自然，「禮制」出乎人為。

　　另就「禮」字字形觀察，似乎造字時，對天地鬼神、祖先的崇拜與祭祀，已經成為禮的主體。再配合民俗學及文化人類學的研究，禮與習俗的關係密不可分，一部分的禮甚至可能是由俗演變而來。習俗是人們面對生活中各式各樣的課題時，處理的習慣方式。不同的事物，解決的方法也不一。禮與生活有著緊密的關聯，自有等同的狀況。隨著文明的演進，人們的活動也越趨

複雜化與多樣化，禮制爲因應生活所需，也日趨繁複，數量的眾多，容易造成混淆，於是自然出現分類的現象，好幫助了解，便於施行。

禮的精神是來自於人本身的觀念與習慣，爲方便稱呼，於是有禮名。禮制名稱及種類日益增多，會帶來認知上的困擾，自然而然的有人進行分類，「五禮」正是在這樣的背景下產生。

第二節　五禮即吉、凶、賓、軍、嘉之禮

「五禮」出現於《尙書》〈舜典〉、〈皋陶謨〉，《周禮》的〈地官・大司徒〉、〈地官、保氏〉、〈春官・小宗伯〉，及《大戴禮記・曾子天圓》。另外，在《禮記・祭統》：「禮有五經，莫重於祭。」鄭《注》說五經即爲五禮。由於「五禮」與吉、凶、賓、軍、嘉的系列，並未在同一篇章中出現，因此僅能就各篇內容，以及前人注解，探討「五禮」的意義。

吉、凶、賓、軍、嘉禮的組合，在先秦唯一可見的明確記載，是《周禮・春官・大宗伯》。大宗伯所掌之禮，共有五門三十六項。吉禮即祭祀之禮，目的在祈求鬼神賜福。以祭祀對象區分爲天神、地祇、人鬼三類。天神方面：禋祀祭祀天帝；實柴祭日月星辰；槱燎祭司中、司命、風師、雨師。地祇方面：血祭祭社神、稷神、五祀、五嶽；貍沈祭山林、川澤；疈辜祭四方小神。人鬼方面：皆爲享先王，分祠春、禴夏、嘗秋、烝冬四時祭先王；肆獻祼、饋食爲祭祀方式。凶禮是對急難及災禍的撫慰，包括喪禮、荒禮、弔禮、禬禮、恤禮。喪禮慰問死亡；荒禮協助疾疫、饑荒的地區或國家；弔禮是對水災或火災的受害者進行慰助；禬禮幫助遭圍困的盟國、侯國；恤禮慰問有內憂外患的國家。賓禮，是天子與諸侯之間的會見，含朝、宗、覲、遇、同、問、視八項。朝、宗、覲、遇，爲諸侯四時定時朝見天子；會、同、問、視，又可稱爲時見、殷見、時聘、殷覜，爲王有事或無事時，不定期的會見。就行禮者而言，時聘與殷覜爲諸侯派遣使者朝見天子，其他各項則爲諸侯親往。軍禮是集合軍民之力，爲天子、國家效命，有大師、大均、大田、大役、大封之禮。大師涵蓋出征時的祭祀、軍隊器械、戒律；大均主要是調整賦稅、平均力役；大田是日常的軍事訓練；大役發動軍民進行工事；大封校正封國疆界。大均、大役、大封之禮，與征戰無關，但因必須借助軍事力量，因此歸爲軍禮。嘉禮爲天子的社交禮儀，其內容在五禮中最顯駁雜。有飲食、昏

冠、賓射、饗燕、脤膰、賀慶六項。主要目的在藉由飲宴、較射、致贈禮物等社交活動，增進天子與親屬、朋友、賓客之間的情誼。《周禮》作者有次序的安排，幾乎將各個種類的禮概括於此。吉禮項目最多，層次也最明確，顯現當時祭祀爲國家重要大事。

「五禮」在《周禮》，見於〈地官・大司徒〉、〈地官、保氏〉及〈春官・小宗伯〉。另外，在《大戴禮記・曾子天圓》也有記載。〈曾子天圓〉與〈地官・保氏〉、〈春官・小宗伯〉之「五禮」，並未見爭議。唯獨於〈地官・大司徒〉中的定義，孫詒讓等人有不同見解。孫詒讓基於《周禮》中，地官與春官職掌不同，因此主張大司徒之五禮，應是地官所掌，與大宗伯無涉。然而由〈大司徒〉的職文分析，以及《周禮》六官有共同執行任務的現象來看，孫詒讓的看法證據並不充分，〈大司徒〉之「五禮」，仍然可以是指吉、凶、賓、軍、嘉五禮而言。

〈舜典〉中的「五禮」，馬融說是吉、凶、賓、軍、嘉之禮。鄭玄則指此篇的「五禮」，是五等諸侯之禮。乍看之下，似乎不同，實際上由於宋代林之奇的說解，使得〈舜典〉的句意更加明確，幫助了解「修五禮」，是天子巡行天下時，修明校正公、侯、伯、子、男五等諸侯之吉禮、凶禮、賓禮、軍禮、嘉禮。

〈皋陶謨〉：「天秩有禮，自我五禮有庸哉。」的「五禮」，僞孔《傳》、鄭玄、王肅與孔穎達都作社會位階方面解釋。宋代薛季宣、林之奇、黃度、胡士行，元代陳師凱等人，卻說是吉、凶、賓、軍、嘉。「定尊卑」是禮的功能之一，孔、鄭、王等人的主張，可能肇因於〈皋陶謨〉一文旨在談論治國法則，且「秩」有爵秩、秩序的意思，社會秩序最明顯的表現，是在職能分層分工上面。因文意的偏重，於是作位階級別上的討論。〈舜典〉「五禮」出現的段落，在敘述舜巡狩天下，故階層僅及於諸侯；〈皋陶謨〉說的則是社會秩序方面，自然可由天子、諸侯、卿大夫、士，及於庶民。

「五禮」無論在《尚書》、《周禮》或《大戴禮記》，都可以解釋爲吉、凶、賓、軍、嘉，譬如元代黃鎮成《尚書通考》，就直接引用《周禮・春官・大宗伯》的條目解釋《尚書》中的「五禮」。〔註1〕〈舜典〉與〈皋陶謨〉的位階等級之說，乃是爲適應篇旨需要而作的施用範圍上的縮小。

〔註1〕元・黃鎮成：《尚書通考》卷五，《通志堂經解》，頁9035。

第三節 〈春官〉五禮的設定

《周禮·春官》「吉禮」、「凶禮」、「賓禮」、「軍禮」、「嘉禮」的設計、應用，可能是作者融會所知所聞，加入個人的創見而成，為一家之言。

先秦有以吉凶分禮和用類名分禮的現象。將禮作吉與凶二分的觀念，來自於對於天地間萬事萬物，有著公母、雄雌、男女之類對比的觀察。吉凶判分時，凶禮主要指喪葬禮，吉禮則是囊括凶禮以外的所有禮儀。用類名區分，是採用祭祀、喪葬、軍旅、事生、賓客等類名，作禮類的畫分。以吉凶區分禮制，或用類名分禮，兩種方式都是從《荀子》開始較為顯著，而吉、凶、賓、軍、嘉的系列，是以性質區別的大類，名詞也較專門，且在先秦僅存在於《周禮》，《周禮》的成書大約在戰國晚期，「五禮」的觀念，或許出於此時。

《周禮》使用「吉禮」、「凶禮」、「賓禮」、「軍禮」、「嘉禮」五個名詞，統攝所有禮制，其原因可由時間接近的典籍中，相同和相關的詞彙進行探討。一、「吉禮」：先秦在《周禮》之外的其他典籍中，沒有使用「吉禮」此一名詞的例子，因此無法參照比較，但是從「吉」字本身具有「祭祀」的意義，以及「吉事」這個名詞，在《荀子》和《管子》有僅限於指祭祀之禮的例證來看，《周禮》將「吉禮」用來專指祭祀類禮制，是非常自然的。二、「凶禮」：「凶」與「吉」相對，常被用來形容人事物的不幸與不善。「凶禮」，在先秦與「吉禮」同樣的，除《周禮》外不見他書採用。與之具關聯性的「凶事」，大多與喪葬之事相提並論。但《周禮》的「凶禮」範圍較廣，不只有喪葬之禮，還包含對饑饉、疫癘地區的補助；對發生水災、火災災區的協助；資助遭圍困處於劣勢的國家；遣使慰問遭受內憂外患的鄰國。凡是對於不幸的慰助，在《周禮》都屬凶禮，是設定範圍的擴大。三、「賓禮」：周代通常將天子與諸侯間，視為主與賓的關係；《周禮》將王會諸侯及諸侯朝見天子之類的禮，稱為「賓禮」，似乎就是取決於君臣間主賓關係這個因素，而非宴飲時的賓客之義。且「賓」字有「贈賄」之義，從《儀禮·聘禮》可知，當時諸侯國間有互派使者訪問、致贈禮物，以示友好的禮節，而受訪者在使者歸國時，必須回贈禮品，表達謝意。《周禮》「賓禮」似乎即鑒於上述兩種現象設計而成的。四、「軍禮」：先秦至漢代，「軍禮」與「軍事」，都未脫離軍隊事務的範疇。《周禮·春官》中的軍禮，有大師之禮、大均之禮、大田之禮、大役之禮、大封之禮，包括出兵作戰、校正戶口、軍事訓練、徭役、畫定疆界等方面，將所有必須出動軍力的事項，都納入軍禮，也是作者於範圍上的擴大，

與實際狀況不盡相同。五、「嘉禮」：《周禮》以「嘉」字做為分類項目名稱，是取其「善」、「美」的字義。另就應用時機來說，「嘉」字是在筵席、婚禮等場合，經常用來稱頌、讚美的賀辭，從《詩經》中用到「嘉」字的二十五首詩，有十三首敘及親迎、宴會，即可得證。在《周禮》之前，「吉禮」、「凶禮」、「賓禮」、「軍禮」、「嘉禮」，名詞的運用未嘗完全出現，意義也與〈春官〉的意旨不盡相同；範圍有縮小的，如吉禮於《周禮》限於祭祀之禮，賓禮則是王與諸侯之間的朝覲會同之事；有擴大者，如凶禮包括所有天災人禍，軍禮涵蓋需要運用軍事力量的事項，嘉禮含宴會、婚冠、較射等社交活動。這是因《周禮》是專為國家而設計，因此不同於一般，作者欲囊括國家所行禮制，於是在意義上自然有所更動。但是既然已有類近的跡象存在，顯見其觀念及內在精神存在於當時，是前有所承的。《周禮》的作者就既有現象加以整合，並滲入個人主張，於是建構「五禮」的形式。

　　兩漢經學發達，學術著作眾多，但是由於時代久遠，大多流失湮滅，許多禮學者的學說早已不可得知。在《周禮》廣為流傳之前，漢代沒有使用「五禮」分類的例證。這可能與《周禮》曾被藏於屋壁、秘府，西漢末年才因劉歆受詔校秘書，方得以重出於秘府，秦漢之間的人，極少有機會得見此書的因素有關。《周禮》成書於戰國末年，戰國晚葉至西漢的學者，對於禮的分類，仍舊延續先秦時的形式，以祭祀、喪紀等名詞為類名。

　　漢代學者對「五禮」的解釋，絕大多數已經不可知。「五禮」一詞，出現於戰國晚期左右。目前所見最早的，以吉、凶、賓、軍、嘉注解「五禮」，卻已遲至東漢鄭眾、馬融及鄭玄。漢代禮學著作，現今只有鄭玄《三禮注》尚稱完整。由鄭氏之作，可以發現鄭玄開始廣泛使用「五禮」，區分《儀禮》、《禮記》中的篇章，規範所有禮制。「五禮」吉、凶、賓、軍、嘉的組合，在《周禮》是作為國家禮制的分類，鄭玄普遍的用來分類所有的禮，使得「五禮」的功能擴大。如果沒有鄭玄的注解，充分的運用〈春官〉「五禮」的概念，「五禮」將只局限於國家禮儀的範疇，無法得到廣遠的應用。

　　對於先秦兩漢時期，禮的分類方式及其發展，因可供參考的資料寥寥無幾，所知非常有限。就既有材料分析，「五禮」指吉禮、凶禮、賓禮、軍禮、嘉禮，最初的施用，見於《周禮》。因之《周禮》的成書時間，對於「五禮」出現時間的判準，具有決定性的關鍵。「五禮」分類的觀念，大約出現於戰國晚期，因長期被收藏，因此先秦至西漢，此一概念未被舉用。之後，由於東

漢鄭玄廣泛的應用來對應所有的禮，擴大其使用範圍，將「五禮」從《周禮》專為天子治國的設計，推擴到全體禮制，可說為「五禮」帶來新的生命，使得數千年來，「五禮」都是禮制分類方式的要項之一。

參考書目舉要

本論文主要參考書籍，書目的編排方式，首先依原著者所處年代序列，再依照姓氏筆畫多寡，後以出版時間安排先後次序；遇作者相同時，則列於一處。若是書籍並非叢書，或未列版本時，則亦從而不列。凡是時代與出版時間皆相同者，按經、史、子、集的次第安排。

範例：

壹、書籍類：

作者年代・作者姓名：書籍名，出版地：出版單位，（叢書名），（版本），出版年月

貳、論文類：

一、學位論文

（一）博士論文

（二）碩士論文

作者姓名：論文題目，畢業學校及學位，完成年月

二、期刊論文

作者姓名：論文題目，期刊名稱及卷期，出版年月

壹、書籍類

1. 周・呂不韋撰，漢・高誘注：《呂氏春秋》，臺北：臺灣中華書局，（聚珍仿宋四部備要子部），（畢氏靈巖山館校本），1965 年 11 月臺一版。

2. 周・商鞅撰，清・嚴萬里校：《商君書》，臺北：臺灣中華書局，（聚珍仿宋四部備要子部），（西吳嚴氏校本），1965 年 11 月臺一版。

3. 周・韓非撰：《韓非子》，臺北：臺灣中華書局，（聚珍仿宋四部備要子部），（吳氏影宋乾道本），1965 年 11 月臺一版。

4. 漢‧王隆撰、胡廣注:《漢官解詁》,臺北:臺灣中華書局,(聚珍仿宋四部備要史部),(平津館本),1965 年 11 月臺一版。

5. 漢‧王充:《論衡》,臺北:臺灣中華書局,(聚珍仿宋四部備要子部),(明刻本),1965 年 11 月臺一版。

6. 漢‧孔安國傳,唐‧孔穎達等正義:《尚書正義》,臺北:藝文印書館,(清‧阮元審定、盧宣旬校:《十三經注疏》),(嘉慶二十一年江西南昌學堂重刊宋本),1997 年 8 月初版十三刷。

7. 漢‧毛公傳、鄭玄箋,唐‧孔穎達正義:《毛詩正義》,臺北:藝文印書館,(清‧阮元審定、盧宣旬校:《十三經注疏》),(嘉慶二十一年江西南昌學堂重刊宋本),1997 年 8 月初版十三刷。

8. 漢‧司馬遷撰,日‧瀧川資言考證:《史記會注考證》,臺北:天工書局,(日本原刊本),1989 年 4 月。

9. 漢‧何休注,唐‧徐彥疏:《春秋公羊傳注疏》,臺北:藝文印書館,(清‧阮元審定、盧宣旬校:《十三經注疏》),(嘉慶二十一年江西南昌學堂重刊宋本),1997 年 8 月初版十三刷。

10. 漢‧高誘注:《戰國策》,臺北:臺灣中華書局,(聚珍仿宋四部備要史部),(士禮居黃氏覆剡川姚氏本),1965 年 11 月臺一版。

11. 漢‧班固撰,唐‧顏師古注:《漢書》,臺北:臺灣中華書局,(聚珍仿宋四部備要史部),(武英殿本),1965 年 11 月臺一版。

12. 漢‧班固撰,唐‧顏師古注:《漢書》,臺北:鼎文書局,(中國學術類編),(清‧王先謙《漢書補注》本),1976 年 10 月再版。

13. 漢‧許慎撰,清‧段玉裁注:《說文解字注》,臺北:天工書局,(經韻樓藏版),1992 年 11 月十日再版。

14. 漢‧賈誼:《新書》,臺北:臺灣中華書局,(聚珍仿宋四部備要子部),(抱經堂本),1965 年 11 月臺一版。

15. 漢‧董仲舒:《春秋繁露》,臺北:臺灣商務印書館,(國學基本叢書四百種),1968 年 3 月臺一版。

16. 漢‧趙岐注,宋‧孫奭疏:《孟子注疏》,臺北:藝文印書館,(清‧阮元審定、盧宣旬校:《十三經注疏》),(嘉慶二十一年江西南昌學堂重刊宋本),1997 年 8 月初版十三刷。

17. 漢‧鄭玄注,唐‧賈公彥疏:《周禮注疏》,臺北:藝文印書館,(清‧阮元審定、盧宣旬校:《十三經注疏》),(嘉慶二十一年江西南昌學堂重刊宋本),1997 年 8 月初版十三刷。

18. 漢‧鄭玄注,唐‧賈公彥疏:《儀禮注疏》,臺北:藝文印書館,(清‧阮元審定、盧宣旬校:《十三經注疏》),(嘉慶二十一年江西南昌學堂重刊宋本),1997 年 8 月初版十三刷。

19. 漢・鄭玄注，唐・孔穎達等正義：《禮記正義》，臺北：藝文印書館，（清・阮元審定、盧宣旬校：《十三經注疏》），（嘉慶二十一年江西南昌學堂重刊宋本），1997年8月初版十三刷。

20. 漢・衛宏：《漢舊儀》，臺北：臺灣中華書局，（聚珍仿宋四部備要史部），（平津館本），1965年11月臺一版。

21. 漢・衛宏撰，清・孫星衍補遺：《漢舊儀補遺》，臺北：臺灣中華書局，（聚珍仿宋四部備要史部），（平津館本），1965年11月臺一版。

22. 漢・衛尉、蔡質撰：《漢官典職儀式選用》，臺北：臺灣中華書局，（聚珍仿宋四部備要史部），（平津館本），1965年11月臺一版。

23. 漢・應劭：《風俗通義》，臺北：中國子學名著集成編印基金會，（中國子學名著集成090），（明刊白口十行本），1978年12月初版。

24. 漢・應劭：《漢官儀》，臺北：臺灣中華書局，（聚珍仿宋四部備要史部），（平津館本），1965年11月臺一版。

25. 魏・王弼注：《老子》，臺北：臺灣中華書局，（聚珍仿宋四部備要子部），（華亭張氏本），1965年11月臺一版。

26. 魏・王弼、韓康伯注，唐・孔穎達等正義：《周易正義》，臺北：藝文印書館，（清・阮元審定、盧宣旬校：《十三經注疏》），（嘉慶二十一年江西南昌學堂重刊宋本），1997年8月初版十三刷。

27. 魏・何晏集解，梁・皇侃疏：《論語集解義疏》，臺北：世界書局，（中國學術名著第六輯），1963年5月初版。

28. 魏・何晏等注，宋・邢昺疏：《論語注疏》，臺北：藝文印書館，（清・阮元審定、盧宣旬校：《十三經注疏》），（嘉慶二十一年江西南昌學堂重刊宋本），1997年8月初版十三刷。

29. 吳・丁孚：《漢儀》，臺北：臺灣中華書局，（聚珍仿宋四部備要史部），（平津館本），1965年11月臺一版。

30. 吳・韋昭注：《國語》，臺北：臺灣商務印書館，（國學基本叢書四百種），（重刊宋明道二年本），1968年12月臺一版。

31. 晉・杜預注，唐・孔穎達等正義：《春秋左傳正義》，臺北：藝文印書館，（清・阮元審定、盧宣旬校：《十三經注疏》），（嘉慶二十一年江西南昌學堂重刊宋本），1997年8月初版十三刷。

32. 晉・范甯注，唐・楊士勛疏：《春秋穀梁傳注疏》，臺北：藝文印書館，（清・阮元審定、盧宣旬校：《十三經注疏》），（嘉慶二十一年江西南昌學堂重刊宋本），1997年8月初版十三刷。

33. 晉・郭象注：《莊子》，臺北：臺灣中華書局，（聚珍仿宋四部備要子部），（明世德堂本），1965年11月臺一版。

34. 晉・郭璞注，宋・邢昺疏：《爾雅注疏》，臺北：藝文印書館，（清・阮元

審定、盧宣旬校：《十三經注疏》），（嘉慶二十一年江西南昌學堂重刊宋本），1997 年 8 月初版十三刷。

35. 晉‧皇甫謐：《高士傳》，臺北：臺灣中華書局，（聚珍仿宋四部備要史部），（漢魏叢書本），1965 年 11 月臺一版。

36. 宋‧范曄撰，唐‧李賢等注：《後漢書》，臺北：臺灣中華書局，（聚珍仿宋四部備要史部），（武英殿本），1965 年 11 月臺一版。

37. 宋‧范曄撰，唐‧李賢等注：《後漢書》，臺北：鼎文書局，（新校本《四史》），（南宋紹興本），1975 年 10 月初版。

38. 梁‧昭明太子撰，唐‧李善注：《文選》，臺北：藝文印書館，（宋淳熙本重雕鄱陽胡氏藏版），1991 年 12 月十二版。

39. 梁‧劉勰撰，范文瀾注：《文心雕龍注》，臺北：學海出版社，1991 年 2 月再版。

40. 隋‧楊上善注：《黃帝內經太素》，上海：商務印書館，（叢書集成初編），（漸西村舍叢書本），1935 年 12 月。

41. 唐‧玄宗御注，宋‧邢昺疏：《孝經注疏》，臺北：藝文印書館，（清‧阮元審定、盧宣旬校：《十三經注疏》），（嘉慶二十一年江西南昌學堂重刊宋本），1997 年 8 月初版十三刷。

42. 唐‧杜佑：《通典》，上海：商務印書館，（萬有文庫第二集、十通第一種），（武英殿本），1935 年 9 月初版。

43. 唐‧房玄齡注：《管子》，臺北：臺灣中華書局，（聚珍仿宋四部備要子部），（明吳郡趙氏本），1965 年 11 月臺一版。

44. 唐‧陸德明：《經典釋文》，上海：商務印書館，（叢書集成初編），（抱經堂本），1936 年。

45. 唐‧楊倞注：《荀子》，臺北：臺灣中華書局，（聚珍仿宋四部備要子部），（嘉善謝氏本），1965 年 11 月臺一版。

46. 唐‧長孫無忌等撰：《隋書》，臺北：臺灣中華書局，（聚珍仿宋四部備要史部），（武英殿本），1965 年 11 月臺一版。

47. 宋‧王安石：《周官新義》，台北：臺灣商務印書館，（國學基本叢書四百種），（永樂大典本），1968 年 3 月臺一版。

48. 宋‧朱熹：《四書章句集注》，臺北：長安出版社，1991 年 2 月。

49. 宋‧李昉等奉敕撰：《太平御覽》，臺北：臺灣商務印書館，（上海涵芬樓影印中華學藝社借照日本帝室圖書寮京都東福寺東京岩崎氏靜嘉堂文庫藏宋刊本），1992 年 1 月臺一版六刷。

50. 宋‧林之奇：《尚書解》，臺北：漢京文化事業有限公司，（彙編叢刊之一），（《通志堂經解》11），1985 年。

51. 宋‧洪邁：《容齋隨筆五集》，臺北：臺灣商務印書館，（國學基本叢書四

百種），（清康熙重刻明馬調元本），1968 年 9 月臺一版。

52. 宋・胡士行：《尚書詳解》，臺北：漢京文化事業有限公司，（彙編叢刊之一），（《通志堂經解》13），1985 年。

53. 宋・真德秀：《三禮考》，臺北：臺灣商務印書館，（叢書集成簡編），（學海類編本），1966 年 3 月臺一版。

54. 宋・徐天麟：《西漢會要》，臺北：臺灣商務印書館，（國學基本叢書四百種），1968 年 3 月臺一版。

55. 宋・徐天麟：《東漢會要》，臺北：臺灣商務印書館，（國學基本叢書四百種），1968 年 3 月臺一版。

56. 宋・陳經：《尚書詳解》，長沙：商務印書館，（叢書集成初編），（聚珍版叢書本），1939 年 12 月初版。

57. 宋・陳大猷：《書集傳或問》，臺北：漢京文化事業有限公司，（彙編叢刊之一），（《通志堂經解》13），1985 年。

58. 宋・程顥、程頤撰，朱熹編：《二程全書》，日本、京都：中文出版社，（漢籍叢刊思想三編影印和刻本），1979 年 6 月。

59. 宋・黃度：《尚書說》，臺北：漢京文化事業有限公司，（彙編叢刊之一），（《通志堂經解》12），1985 年。

60. 宋・鄭樵：《禮經奧旨》，臺北：臺灣商務印書館，（叢書集成簡編），（學海類編本），1966 年 3 月臺一版。

61. 宋・蔡沈輯錄，元・董鼎纂註：《書集傳》，臺北：漢京文化事業有限公司，（彙編叢刊之一），（《通志堂經解》13），1985 年。

62. 宋・薛季宣：《書古文訓》，臺北：漢京文化事業有限公司，（彙編叢刊之一），（《通志堂經解》11），1985 年。

63. 宋・羅泌：《路史》，臺北：臺灣商務印書館，（《景印文淵閣四庫全書》第三百八十三冊），1986 年 3 月初版。

64. 元・朱祖義：《尚書句解》，臺北：漢京文化事業有限公司，（彙編叢刊之一），（《通志堂經解》14），1985 年。

65. 元・吳澄：《書纂言》，臺北：漢京文化事業有限公司，（彙編叢刊之一），（《通志堂經解》14），1985 年。

66. 元・吳澄：《三禮考註》，臺北：莊嚴文化事業有限公司，（《四庫全書存目叢書》經部禮類、經存一〇四），（北京師範大學圖書館藏、明成化九年謝士元刻本），1997 年初版一刷。

67. 元・陳澔：《禮記集說》，臺北：世界書局，（增訂中國學術名著第一輯、朱子小學及四書五經讀本第四冊），1967 年 9 月再版。

68. 元・陳師凱：《書傳旁通》，臺北：漢京文化事業有限公司，（彙編叢刊之一），（《通志堂經解》14），1985 年。

69. 元‧陳櫟:《書集傳纂疏》,臺北:漢京文化事業有限公司,(彙編叢刊之一),(《通志堂經解》14),1985 年。

70. 元‧黃鎮成:《尚書通考》,臺北:漢京文化事業有限公司,(彙編叢刊之一),(《通志堂經解》15),1985 年。

71. 明‧朱睦㮮:《授經圖》,臺北:廣文書局,(書目續編),(兩江總督採進本),1968 年 3 月初版。

72. 明‧朱睦㮮:《授經圖》,臺北:臺灣商務印書館,1978 年 7 月臺一版。

73. 清‧丁福保:《說文解字解詁》,臺北:鼎文書局,(中國學術類編:《說文解字詁林正補合編》),(醫學書局影印本),1977 年 3 月初版。

74. 清‧王引之:《經義述聞》,臺北:臺灣商務印書館,(國學基本叢書四百種),(道光七年京師壽藤書屋重刊),1968 年 3 月臺一版。

75. 清‧王聘珍:《大戴禮記解詁》,北京:中華書局,(十三經清人注疏),(清光緒十三年廣雅書局刻本),1983 年 3 月一版、1992 年 1 月三刷。

76. 清‧王鳴盛:《尚書後案》,臺北:藝文印書館,(《皇清經解尚書類彙編》1),(江陰南菁書院本),1986 年 6 月。

77. 清‧皮錫瑞:《經學通論》,臺北:學海出版社,(經學叢書初編 5),1988 年。

78. 清‧江永:《禮書綱目》,臺北:台聯國風出版社、中文出版社聯合印行,(嘉慶十五年婺源俞氏鏤恩堂刊本),1974 年 10 月。

79. 清‧江聲:《尚書集注音疏》,臺北:藝文印書館,(《皇清經解尚書類彙編》1),(江陰南菁書院本),1986 年 6 月。

80. 清‧朱彬:《禮記訓纂》,北京:中華書局,(十三經清人注疏),(咸豐元年宜祿堂校刻本),1996 年 9 月一版,1989 年 12 月湖北二刷。

81. 清‧金鶚:《求古錄禮說》,臺北:復興書局,(《皇清經解續編》10),(南菁書院影印本),1971 年 11 月初版。

82. 清‧杭世駿:《續禮記集說》,臺北:明文書局,(浙江書局光緒乙未冬開雕田辰秋工竣),1992 年 7 月初版。

83. 清‧畢沅:《傳經表》,長沙:商務印書館,(叢書集成初編),(式訓堂叢書本),1937 年 12 月初版。

84. 清‧孫星衍校集:《漢官》,臺北:臺灣中華書局,(聚珍仿宋四部備要史部),(平津館本),1965 年 11 月臺一版。

85. 清‧孫星衍:《尚書今古文注疏》,臺北:藝文印書館,(《皇清經解尚書類彙編》1),(江陰南菁書院本),1986 年 6 月。

86. 清‧孫詒讓:《周禮正義》,臺北:藝文印書館,1967 年 3 月臺一版。

87. 清‧孫詒讓:《墨子閒詁》,臺北:華正書局,(宣統庚戌重定本),1987

年 3 月初版。

88. 清・孫希旦：《禮記集解》，臺北：文史哲出版社，（咸豐庚申瑞安孫氏盤谷草堂本），1980 年 8 月文一版。

89. 清・唐晏：《兩漢三國學案》，臺北：世界書局，（歷代學案第二期書），（潮陽鄭氏龍溪精舍刊），1967 年 12 月再版。

90. 清・秦蕙田：《五禮通考》，臺北：聖環圖書公司，（味經窩藏板），1994 年 5 月一版一刷。

90. 清・馬國翰：《玉函山房輯佚書》，江蘇：江蘇廣陵古籍刻印行影印、揚州古籍書店發行，（光緒甲申春日楚南湘遠堂刊），1990 年 2 月一版一刷。

92. 清・黃以周：《禮書通故》，臺北：華世出版社，（光緒癸巳孟夏黃氏試館刊本）1976 年 12 月初版。

93. 清・黃奭：《黃氏逸書考》，日本、京都：中文出版社，（影一九二五年王鑒據懷荃室藏板修補本），1986 年 10 月。

94. 清・張爾岐：《儀禮鄭注句讀》，臺北：學海出版社，1997 年 10 月再版。

95. 清・褚寅亮：《儀禮管見》，上海：商務印書館，（叢書集成初編），（粵雅堂叢書本），1935 年 12 月初版。

95. 清・劉逢祿：《尚書今古文集解》，臺北：藝文印書館，（《續經解尚書類彙編》1），（江陰南菁書院本），1986 年 6 月。

97. 清・顧棟高：《春秋大事表》，臺北：鼎文書局，1974 年 10 月初版。

98. 中國科學院考古研究所、甘肅省博物館編：《武威漢簡》，北京：文物出版社，1964 年 9 月一版一刷。

99. 王潔卿：《中國婚姻──婚俗、婚禮與婚律》，臺北：三民書局，1988 年 8 月初版。

100. 王力：《古代漢語》，臺北：藍燈文化事業股份有限公司，1989 年 1 月初版。

101. 王國維：《觀堂集林》，北京：中華書局，1959 年 6 月一版，1991 年 12 月秦皇島五刷。

102. 王琦珍：《禮與傳統文化》，南昌：江西高校出版社，（中華文化通俗叢書），1994 年 6 月一版一刷。

103. 王葆玹：《西漢經學源流》，臺北：東大圖書股份有限公司，（滄海叢刊），1994 年 6 月初版。

104. 四川省文物考古研究所：《商代蜀人秘寶──四川廣漢三星堆遺蹟》，臺北：光復書局，（中國考古文物之美 3），1994 年 3 月初版一刷。

105. 地球出版社編輯：《原始中國》，臺北：地球出版社，（中國文明史系列），1991 年 9 月一日一版。

106. 李孝定：《甲骨文字集釋》，臺北：中央研究院歷史語言研究所，（中央研究院歷史語言研究所專刊之五十），1965 年 6 月。

107. 李曰剛等著：《三禮論文集》，臺北：黎明文化事業股份有限公司，（孔孟學說叢書），1981 年 1 月初版。

108. 李安宅：《儀禮與禮記之社會學的研究》，成都：四川人民出版社，（李安宅社會學遺著選），1991 年 3 月一版一刷。

109. 李圃：《甲骨文文字學》，上海：學林出版社，1995 年 1 月一版一刷。

110. 何光岳：《炎黃源流史》，南昌：江西教育出版社，（中華民族源流史叢書），1992 年 4 月一版一刷。

111. 杜勇：《尚書周初八誥研究》，北京：中國社會科學出版社，（東方歷史學術文庫），1989 年 12 月一版一刷。

112. 林惠祥：《文化人類學》，臺北：臺灣商務印書館，1968 年 1 月臺一版。

113. 林慶彰：《經學研究論著目錄》，臺北：漢學研究中心，1989 年 12 月。

114. 林慶彰：《經學研究論著目錄 1988～1992》，臺北：漢學研究中心，1995 年 6 月。

115. 林素英：《古代祭禮中之政教觀——以禮記成書前為論》，臺北：文津出版社，（博士文庫儒林選萃），1997 年 9 月初版一刷。

116. 屈萬里：《尚書釋義》，臺北：中國文化學院出版部，1970 年 8 月。

117. 屈萬里：《尚書集釋》，臺北：聯經出版事業公司，（屈萬里先生全集 2），1983 年 2 月初版。

118. 屈萬里：《先秦文史資料考辨》，臺北：聯經出版事業公司，（屈萬里先生全集 4），1983 年 2 月初版。

119. 屈萬里：《書傭論學集》，臺北：聯經出版事業公司，（屈萬里先生全集 14），1984 年 7 月初版。

120. 邵子風：《甲骨書錄解題》，臺北：華世出版社，（甲骨學論著提要目錄三種），1975 年 12 月初版。

121. 邱師德修：《說吉》，臺北：五南圖書出版公司，1987 年 2 月初版（限定版）。

122. 周何：《禮學概論》，臺北：三民書局，1989 年 1 月初版。

123. 周何：《古禮今談》，臺北：萬卷樓圖書有限公司，1993 年 10 月初版二刷。

124. 周法高：《金文詁林補》，臺北：中央研究院歷史語言研究所，（中央研究院歷史語言研究所專刊之七十七），1982 年 5 月。

125. 金春峰：《周官之成書及其反映的文化與時代考》，臺北：東大圖書股份有限公司，（滄海叢刊），1993 年 11 月。

126. 金景芳、呂紹綱著：《尚書・虞夏書新解》，瀋陽：遼寧古籍出版社，1996年 6 月一版一刷。

127. 洪業等：《儀禮引得》，臺北：成文出版社，（哈佛燕京學社引得第 6 號），1966 年。

128. 洪業等：《禮記引得》，臺北：成文出版社，（哈佛燕京學社引得第 27 號），1966 年。

129. 洪乾祐：《漢代經學史》，臺北：國彰出版社，1996 年 3 月。

130. 胡厚宣：《甲骨學商史論叢初集》，臺北：臺灣大通書局，（齊魯大學國學研究所專刊之一），1972 年 10 月初版。

131. 胡厚宣：《五十年甲骨學論著目錄》，臺北：華世出版社，（甲骨學論著提要目錄三種），1975 年 12 月初版。

132. 侯家駒：《周禮研究》，臺北：聯經出版事業公司，1987 年 6 月。

133. 孫廣德：《先秦兩漢陰陽五行說的政治思想》，臺北：嘉新水泥公司文化基金會，1969 年 11 月初版。

134. 徐復觀：《中國人性論史・先秦篇》，臺北：臺灣商務印書館，1977 年 4 月三版。

135. 徐復觀：《兩漢思想史》，臺北：臺灣學生書局，（當代學術叢刊），1979 年 9 月再版。

136. 徐復觀：《周官成立之時代及其思想性格》，臺北：臺灣學生書局，1980 年 5 月初版。

137. 徐亮之：《中國史前史話》，臺北：華正書局，1979 年 5 月版。

138. 徐漢昌：《管子思想研究》，臺北：臺灣學生書局，1990 年 6 月初版。

139. 日・安井衡：《管子纂詁》，臺北：河洛圖書出版社，1976 年 3 月臺景印初版。

140. 高明：《禮學新探》，臺北：臺灣學生書局，1977 年 10 月再版。

141. 高明總編輯：《中華文化百科全書》，臺北：黎明文化事業股份有限公司，1987 年 1 月。

142. 袁珂：《中國神話傳說》，臺北：里仁書局，1987 年 9 月 1 日。

143. 荊門市博物館編：《郭店楚墓竹簡》，北京：文物出版社，1989 年 5 月一版一刷。

144. 陳東原：《中國婦女生活史》，臺北：臺灣商務印書館，1967 年 9 月臺二版。

145. 陳顧遠：《中國婚姻史》，臺北：臺灣商務印書館，（中國文化史叢書），1978 年 11 月臺五版。

146. 陳夢家：《殷墟卜辭綜述》，北京：中華書局，（考古學專刊甲種第二號），

1988 年 1 月一版。

147. 陳來：《古代宗教與倫理——儒家思想的根源》，北京：生活・讀書・新知三聯書局，（三聯・哈佛燕京學術叢書），1996 年 3 月北京一版一刷。

148. 陳麗桂主編：《兩漢諸子研究論著目錄 1912～1996》，臺北：漢學研究中心，1989 年 4 月。

149. 梁啓超：《諸子考釋》，臺北：臺灣中華書局，1976 年 9 月臺五版。

150. 郭沫若：《郭沫若全集・考古編》，北京：新華書店，1982 年 9 月一版一刷。

151. 郭沫若：《管子集校》，北京：人民出版社，（《郭沫若全集・歷史編》），1984 年 10 月一版一刷。

152. 郭沫若：《十批判書》，臺北：古楓出版社，1986 年。

153. 常金倉：《周代禮俗研究》，臺北：文津出版社，（大陸地區博士論文叢刊），1993 年 2 月初版。

154. 許進雄：《中國古代社會—文字與人類學的透視》（修訂本），臺北：臺灣商務印書館，1989 年 11 月修訂版二刷。

155. 黃侃：《黃侃論學雜著》，臺北：學藝出版社，1969 年 5 月初版。

156. 黃師慶萱：《周易讀本》，臺北：三民書局，1992 年 5 月增訂初版。

157. 程發軔：《國學概論》，臺北：國立編譯館，1970 年 11 月臺三版。

158. 彭樹杞：《甲骨學專書提要及論文目錄》，臺北：華世出版社，（甲骨學論著提要目錄三種），1975 年 12 月初版。

159. 日・久保愛：《荀子增註》，臺北：成文出版社，（嚴靈峰編輯《無求備齋荀子集成》43、44），（日本寬政八年京師水玉堂刊本），1977 年 10 月。

160. 張秉權：《甲骨文與甲骨學》，臺北：國立編譯館，（中華叢書），1988 年 9 月。

161. 張鶴泉：《周代祭祀研究》，臺北：文津出版社，（大陸地區博士論文叢刊），1993 年 5 月初版。

162. 張軍：《楚國神話原型研究》，臺北：文津出版社，（大陸地區博士論文叢刊），1994 年 1 月初版。

163. 張紫晨：《中國民俗與民俗學》，臺北：南天書局，1995 年 8 月初版一刷。

164. 華有根：《西漢禮學新論》，上海：上海社會科學院出版社，1989 年 2 月一版一刷。

165. 董作賓：《中國年曆總譜》，香港：香港大學出版社，1960 年。

166. 聞一多：《神話與詩》，臺中：藍燈文化事業股份有限公司，1975 年 9 月 30 日。

167. 褚柏思：《中國軍事史話》，臺北：黎明文化事業股份有限公司，（史話叢

書），1980 年 8 月初版。

168. 鄒昌林：《中國古禮研究》，臺北：文津出版社，（大陸地區博士論文叢刊），1992 年 9 月初版 。

169. 葉師國良：《儀禮士冠禮研究（一）──經學與文化人類學的綜合考察》，1995 年 12 月 20 日。

170. 葉師國良：《古代禮制與風俗》，臺北：臺灣書店，（中山學術文化基金會‧中山文庫），1997 年 3 月初版。

171. 楊向奎：《宗周社會與禮樂文明》，北京：人民出版社，1997 年 11 月二版二刷。

172. 楊寬：《西周史》，臺北：臺灣商務印書館，1999 年 4 月初版一刷。

173. 楊寬：《戰國史》，臺北：臺灣商務印書館，2000 年 1 月初版六刷。

174. 楊寬：《古史新探》，出版處、出版地不詳。

175. 裴普賢：《詩經評註讀本》，臺北：三民書局，1991 年 8 月五版。

176. 劉師培：《國學發微》，臺北：廣文書局，1970 年 10 月初版。

177. 劉澤華主編：《中國傳統政治思維》，吉林：吉林教育出版社，1991 年 10 月一版。

178. 劉筱紅：《神秘的五行》，臺北：書泉出版社，（文化探秘），1996 年 3 月初版一刷。

179. 劉夢溪主編：《中國現代學術經典‧黃侃卷》，北京：河北教育出版社，1996 年 8 月一版一刷。

180. 劉夢溪主編：《中國現代學術經典‧劉師培卷》，北京：河北教育出版社，1996 年 8 月一版一刷。

181. 劉夢溪主編：《中國現代學術經典‧顧頡剛卷》，北京：河北教育出版社，1996 年 8 月一版一刷。

182. 劉起釪：《尚書源流及傳本考》，瀋陽：遼寧大學出版社，1997 年 3 月二版二刷。

183. 魯士春：《先秦容禮研究》，臺北：天工書局，1989 年 7 月 20 日。

184. 魯實先：《文字析義》，臺北：魯實先全集編輯委員會，1993 年 6 月 30 日。

185. 鄭定國：《周禮夏官的軍禮思想》，臺北：文史哲出版社，（文史哲學集成），1995 年 9 月初版。

186. 遼寧省文物考古研究所：《文明曙光期祭祀遺珍──遼寧紅山文化壇廟冢》，臺北：光復書局，（中國考古文物之美 1），1994 年 6 月初版一刷。

187. 錢玄、錢興奇：《三禮辭典》，南京：江蘇古籍出版社，1989 年 3 月一版二刷。

188. 錢玄：《三禮通論》，南京：南京師範大學出版社，（中國傳統文化研究叢書），1996 年 10 月一版一刷。

189. 錢穆：《兩漢經學今古文平議》，臺北：聯經出版事業公司，（錢賓四先生全集 8），1994 年。

190. 德・繆勒利爾著；葉啓芳重譯：《婚姻進化史》，臺北：臺灣商務印書館，（人人文庫），1969 年。

191. 日・島邦男撰；溫天河、李壽林譯：《殷墟卜辭研究》，臺北：鼎文書局，（中國學術類編），1975 年 12 月初版。

192. 簡濤主編：《中國民族學與民俗學研究論著目錄》，臺北：漢學研究中心，1997 年 6 月。

193. 韓養民、張來斌：《秦漢風俗》，臺北：博遠出版有限公司，（中國風俗叢書），1989 年 4 月 20 日初版。

貳、論文類

一、學位論文

（一）博士論文

1. 王師關仕：《儀禮服飾考辨》，國立臺灣師範大學國文研究所博士論文，1973 年 10 月。

2. 李雲光：《三禮鄭氏學發凡》，臺灣省立師範大學博士論文，1964 年 4 月。

3. 周何：《春秋吉禮考辨》，國立臺灣師範大學國文研究所博士論文，1967 年 6 月。

4. 周聰俊：《饗禮考辨》，國立臺灣師範大學國文研究所博士論文，1988 年 6 月。

5. 陳師品卿：《尚書鄭氏學》，國立臺灣師範大學國文研究所博士論文，1973 年 4 月。

6. 章師景明：《周代祖先祭祀制度》，國立臺灣大學中國文學研究所博士論文，1973 年 5 月。

（二）碩士論文

1. 王師關仕：《儀禮漢簡本考證》，國立臺灣師範大學國文研究所碩士論文，1966 年 6 月。

2. 汪惠蘭：《東漢禮學史》，國立臺灣師範大學國文研究所碩士論文，1997 年 5 月。

3. 季旭昇：《詩經吉禮研究》，國立臺灣師範大學國文研究所碩士論文，1983 年 4 月。

4. 林倫安：《春秋公羊傳會盟析例》，國立臺灣師範大學國文研究所碩士論文，1995 年 5 月。

5. 賈宜璂：《先秦禮儀中「介」的研究》，國立臺灣大學中國文學研究所碩士論文，1989 年 6 月。

6. 廖秀珍：《春秋左氏傳會盟研究》，國立臺灣師範大學國文研究所碩士論文，1983 年 4 月。

二、期刊論文.

1. 孔師德成：〈儀禮十七篇之淵源及傳授〉，《東海學報》第八卷第一期，1967 年 1 月。

2. 尤仁德：〈帝俊玉像——商族始祖神話考窺〉，《故宮文物月刊》第一六○期，1996 年 7 月。

3. 何炳棣：〈原禮〉，《二十一世紀雙月刊》1992 年 6 月號，1992 年 6 月。

4. 李學勤：〈走出疑古時代〉，《中國文化》第七輯，1992 年 11 月。

5. 李景林：〈從郭店簡看思孟學派的性與天道論——兼談郭店簡儒家類著作的學派歸屬問題〉，《孔孟月刊》第三十八卷第五期，2000 年 1 月。

6. 胡其德：〈太一與三一〉，《東方宗教研究》新三期，1993 年 10 月。

7. 孫國棟：〈敬答何炳棣教授〉，《二十一世紀雙月刊》1993 年 6 月號，1993 年 6 月。

8. 秦照芬：〈論殷人對祖先的祭祀〉，《臺北市立師範學院學報》1997 年 6 月第二期，1997 年 6 月。

9. 陳夢家：〈隹夷考〉，《禹貢半月刊》第五卷第十期，1936 年 7 月 16 日。

10. 陳夢家：〈商代的神話與巫術〉，《燕京學報》第二十期，1936 年 12 月。

11. 陳剩勇：〈「夏禮」初探〉，《孔孟月刊》第三十三卷第四期，1994 年 12 月二十八日。

12. 陳剩勇：〈禮的起源——兼論良渚文化與文明起源〉，《漢學研究》第十七卷第一期，1999 年 6 月。

13. 陳師滿銘：〈談詞章章法的主要內容〉（下），《國文天地》第十三卷第八期，1989 年 1 月。

14. 陳鼓應：〈先秦道家之禮觀〉，《漢學研究》第十八卷第一期，2000 年 6 月。

15. 連照美：〈臺灣史前時代拔齒習俗之研究〉，《國立臺灣大學文史哲學報》第三十五期，1987 年 12 月。

16. 張珣：〈神、鬼和祖先〉，《思與言人文與社會科學雜誌》第三十五卷第三期，1997 年 9 月。

17. 張靜環：〈殷卜辭中之至上神〉，《嘉南學報》第二十四期，1989 年 11 月。

18. 楊向奎：〈禮的起源〉，《孔子研究》創刊號，1986 年 3 月。

19. 趙林：〈商代宗教信仰的對象及其崇拜體系〉，《國立政治大學學報》第七十二期（上冊），1996 年 5 月。

20. 劉善澤：〈說周官媒氏奔者不禁〉，《學衡》第十二期，1922 年 12 月。

21. 蕭冬然：〈周易新解（7）第四章──蒙卦〉，《中華易學》第十一卷第十期，1980 年 12 月一日。

22. Maurice Soutif 撰文；賴芬玲翻譯：〈奇異婚俗──世界各地的求愛儀式〉，《世界地理雜誌》第一九九期，1999 年 3 月。